强化训练短线快枪手

(2)

胜券在握

老 纪 著

地震出版社
Seismological Press

图书在版编目(CIP)数据

强化训练短线快枪手.2，胜券在握/老纪著. —北京：地震出版社，2015.1
(2015.8 重印)

ISBN 978-7-5028-4210-9

Ⅰ.①强… Ⅱ.①老… Ⅲ.①股票投资—基本知识 Ⅳ.①F830.91

中国版本图书馆 CIP 数据核字(2013)第 029010 号

地震版 XM3609

强化训练短线快枪手(2)——胜券在握

老 纪 著

责任编辑：朱 叶

责任校对：孔景宽

出版发行：地 震 出 版 社

北京海淀民族大学南路 9 号　　邮编：100081

发行部：68423031 68467993　　传真：88421706

门市部：68467991　　传真：68467991

总编室：68462709 68423029　　传真：68455221

证券图书事业部：68426052 68470332

http://www.dzpress.com.cn

E-mail:zqbj68426052@163.com

经销：全国各地新华书店

印刷：三河市利兴印刷有限公司

版(印)次：2015 年 1 月第一版　2015 年 8 月第二次印刷

开本：787×1092 1/16

字数：198 千字

印张：14

书号：ISBN 978-7-5028-4210-9/F(4898)

定价：35.00 元

前 言

短线操作是非常有魅力的，通过短线操作，我们可以距离市场很近，能够感受到市场波动的脉搏。通过短线操作，我们可以建立良好的盘感，在实战中快速把握住涨跌的步伐。

短线操作的难度其实是非常大的，做得好可以让账户资金快速获利，做得不好会让账户资金快速缩水。如何能够找到属于你个人的短线常胜密码，如何能够建立一套属于你自己的短线交易系统，这需要我们共同努力。

一本书可以让我们掌握几个知识点，一套书能够让我们学会一系列的操作方法，建立一个系统的思维模式。

通过第一本书的学习，我们掌握了部分短线操作的知识和技巧。知道这些知识可以让我们的短线操作水平大大提高，掌握这些方法会让我们在实盘中很容易获取短线利润。但是，每个人的秉性和操作习惯不同，所适用的方法会有差异，建立的交易系统也应该有所不同。

针对这些问题，我们在书中，将更多的操作技巧奉献给大家，从实战中寻找短线交易的密码，用五度分析正确认识股性特征，通过对短线操作更深层次地认知和把握，拓展交易思路，提高操作的成功率和准确度。

接下来，笔者将在这套强化训练短线快枪手之“胜券在握”的基础上，通过深度地讲解，把多年来在超级短线操作中所总结的经验和实战感悟，循序渐进地以直接地通俗易懂的方式奉献给大家。希望通过深入浅出地讲解，能够让广大读者迅速掌握短线操作的要点，少走几年弯路。

我相信，只要广大读者能够在今后的投资中，认真消化这些内容，做足功课、精选个股，一定能够走上持续盈利、快速盈利、短线常胜的道路。

为了感谢广大读者购买此书，我们将对前 5000 名读者赠送专业股校 10 节视频教学课件，大家可以登录投资时代 168 网站查询获取方式或直接与工作人员联系获取。

同时，我们将尽最大能力通过网络为读者朋友们建立一个学习和交流的平台，笔者也会参与其中，和读者朋友们一起学习，共同提高，感兴趣的朋友可以与工作人员联系。

网站地址：www.TZSD168.com(投资时代 168)

工作人员 QQ：791986698 (小美)

QQ：786129838(战神)

目　录

第一章

知己知彼——正确认识短线交易的秘密

要想做好短线，就必须有良好的交易品质。有些良好的交易品质是与生俱来的，有些良好的交易品质是需要后天培养的。你适合进行短线交易吗？你能够胜任短线交易吗？让我们在进行短线交易之前，先对自己进行一番剖析，因为知己知彼，方能百战不殆。

第一节　短线交易成功的秘密是什么

短线交易成功的秘密是什么？

胜多败少，小亏大盈，持续增值！

以上 12 个字就是短线交易的秘密。

道理说起来很多投资者都明白，但是在真正的交易中，有多少投资者能够接受亏损呢？

在笔者身边就经常有很多这样的投资者，和他们一起交易的时候，买入股票后股价只要一下跌就开始着急。买入的股票只要出现亏损就认为总结的方法有问题。买入股票后盈利时着急卖出手中的筹码，亏损后舍不得止损，坚定地拿着筹码不撒手。

其实，短线交易能够实现整体盈利的关键不是技术的高低，而是策略是不是够完善、够科学。不是买入的股票质地有多么的好，而是能够正确地应对股价涨跌的波动。

我们知道，一只质地优良的股票长期走势会是持续向上的，但是，短期的波动谁也不敢保证其是稳定向上。

本来盘面已经向好，资金也准备入场买入，但是突然大盘受到利空消息刺激开始狂跌，个股跟着快速下跌，这种短线的不确定性是谁也不能掌控的。

那么要想实现短线的成功获利，就必须要运用良好的交易策略。成熟的交易策略才是短线成功的密码，而能够掌握并正确遵从这个密码的投资者是少之又少。

1. 胜多败少

不难理解，只要你的交易中成功次数远远大于失败次数，总体累加起来就是成功的。

股票交易不同于其他，在考虑手续费后，如果交易成功的比例仅为 51%，而失败的比例仅为 49%，那么从概率上来讲，总的累加就是实现持续盈利的。

如果交易100次，只要总的成绩总和能够保持盈利1元钱，那么交易1000次就是10元钱，交易10000就是100元钱，这样长此以往，就可以实现持续盈利，况且我们追求的成功率远远不止是1元钱。

这就是短线交易胜多败少可以实现持续盈利的道理，虽然简单，但却是众所周知而难以遵从和执行的一个真理。

2. 小亏大盈

小亏大盈与胜多败少相比，更加重要。

如果能够做到小亏大盈，则可以淡化对胜多败少的操作追求。试想，如果我们每操作10次，每次操作失败造成账户的亏损是2%，而每次正确盈利10%，那么这样仅有的几次成功的操作，完全可以抵消掉失败的亏损，还可以让账户实现盈利。

我想这个账大家都能算得明白。

要想让错误操作的亏损降低，而成功盈利的幅度增加的办法是什么？

止损保护！止损保护可以让我们账户的亏损控制在有效范围，也可以采用止损跟随的方法，让盈利幅度无限度地扩大。

在发现形势不好的时候可以止损卖出，在股价走势与我们的预期不同的时候，可以止损卖出，甚至在我们对后期股价的波动方向看不懂的时候也可以止损卖出。

不要舍不得止损，小幅的止损不会让账户造成太大的损失，而我们在第一本书中强调的出手必赢的方法，选择一个比较合适的位置卖出股票，在盘中实现平盘出局，小利出局的机会非常多。

用小的亏损来保证实现较大的盈利。

3. 持续增值

在股票市场上做短线不可能百战百胜，我们所追求的就是一个高概率的盈利模式。

在股票走势出现了相对上涨概率比下跌概率大的时候，我们就进行买入等待上涨的操作，追求的是高概率事件的发生。

亏损＋盈利，构成了短线操作的重要元素。在我们正确地掌控了亏损的幅度，有效地扩大了盈利的幅度的时候，我们的账户就能实现累加的持续增值了。

要建立一个正确的思维：亏损也是短线操作中实现盈利的一部分，没有亏损就没有成功的短线操作，不能够正确认识亏损就没有机会接受盈利的机会。

短线操作追求的是在亏损和盈利中找到一个让账户持续增值的平衡点，而让这个平衡点不断地向盈利的方向靠拢，这样就是我们实现持续增值的秘密。

短线操作成功的秘密是什么？

是一个众所周知的秘密，是一个公开的秘密，关键要看广大短线爱好者能不能严格按照这个公开的秘密来科学地制定操作策略并严格执行下去。

4. 买入时的有利条件消失就离场

因为本套书主要针对的是1～5个交易日的持股交易方法，所以买入时的有利条件消失就离场这条法则与以上三条同等重要。

如此短的超级短线，要求我们必须有快速地决策和反应能力。当我们看好一只股票买进的时候，所期望的是它会按照自己分析的预期走势进行上涨。

当股价没有按照预期的分析思路走，就说明我们当初的分析判断出现了错误，这种错误所带来的偏差需要我们在最短的时间内将其斩断。而斩断这个分析与实际走势偏差的最有效的手段就是离场。

当然，我们这里所强调的偏差指的是不利因素增多的偏差。而有利因素增多就需要我们更加坚定持股的信心。

当股价的攻击性消失，我们可以考虑选择合适的机会离场。当股价的量能没有出现在我们孤量的预期中，我们要考虑寻找机会离场。只要出现任何不利因素增多，我们都可以选择离场。

1～5个交易日的持股操作，因其离场点与买入点的持股时间较短，只要在买入的时候准确把握分时，运用的操作方法和使用的技巧得当，再加上离场时的把握，较少的手续费不会对我们的操作带来压力。

在纠错过程中，平盘离场也是一种胜利。

第二节 检测自己是否真正适合进行短线交易

短线操作对投资者的交易品质要求非常严格，可以明确地说，不是所有的投资者经过训练都可以胜任短线操作的。

在笔者的上一本书中，已经明确地对短线操作前所做的必要功课进行了说明，从外部环境来看，只要不具备第一本书中讲的条件，严格地说，就不可以进行短线操作。

当我们创造了良好的交易环境以后，就具备了进行短线交易的基本条件。同时我们还要检测一下自己是否具有短线交易的品质，是否适合短线操作。

要想在股市中获取利润，方法很多。最有效的方法就是找一个好的上市公司进行长期投资，这才是股票投资的真谛。所以说，我们没必要必须进行短线交易。本书也只是进行短线交易的学习和探讨，是将一些好的交易方法讲授给适合短线交易和爱好短线交易的投资者。笔者也是把短线交易作为一种爱好，在频繁的交易中寻找投资博弈的乐趣，真正为了盈利的大量资金还是放在了中长线操作的账户里。短线交易是让笔者更加贴近市场，更加享受投资乐趣的一种交易方法。

你适合短线交易吗？请对照以下几点进行检测。

1. 你有充足的时间吗？

短线交易必须要有充足的时间做保障。上班一族肯定不适合进行短线操作。

我们进行超级短线操作，时常要根据盘面的变化考核预先定制好的交易系统，还要不断地通过观察盘面信息，为决策提供依据。

可以说，没有充足的时间，就无法把握住每一次交易机会，没有充足的时间，就无法了解到盘中的变化。边上班边进行交易，不但工作做不好，短线交易一样做不好。所以建议上班一族进行中长线的交易，不要垂涎短线交易。

短线交易还要进行大量的学习、收集数据、整理数据等等繁重的工作，看似很简单的一次下单，往往需要提前做大量的功课进行分析和预先制订操作计划。

如果没有充足的时间，功课做得一定不到位，将会严重地影响交易的准确性。

2. 你是一个理性的人吗?

短线交易需要天天看盘，盘中经常会受到各种因素的变化而影响着你的判断和分析。当大盘疯狂下跌的时候，很多人会恐惧，大家会跟风卖出手中的筹码。

当大盘疯狂上涨的时候，大部分人会贪婪，会看着每一分钱的利润都不想放过。

盘面的不停变化，会不会影响你的操作情绪呢？

如果距离市场太近，就会受到影响，若不能够正确地把握自己的操作情绪，喜欢感情用事，容易冲动的人，就不适合进行短线操作。

笔者就经常碰到这样的投资者，他们在收盘后总是说，盘后看什么都明白了，盘中总是犯错误，不能坚定地执行操作纪律，经常觉得不该买进，但是还是忍不住买进了。

你是一个理性的人吗？你能够让你的每一次操作都经过理性的分析，然后按照分析后的决定进行理性的操作吗？

如果你做不到，那么就请远离市场，远离短线操作。

3. 你的精力够旺盛吗?

你能够承受短线操作的压力吗？短线操作需要不断地进行决策，需要不停地面对对与错的奖惩，你有足够的精力投入到短线的分析上来吗？

短线操作需要做很多的功课，收集资料、分析研究、完善系统等等事情都需要我们付出比较多的精力，身体素质不强、精力不够旺盛、年龄过大的投资者建议多进行中长线的投资。

我见过很多投资者，天天开盘就盯着盘面看着股价每一分钱的波动，开盘 4 个小时在电脑前面死盯 4 个小时。几个月下来，全部都是满仓持有股票，也不进行一次的买卖操作和换仓。

我还见过一些投资者，白天看盘，晚上到聊天儿室听大家做股评，周末再到股友沙龙和大家进行交流。长时间下来，大部分时间都浪费在了股票交流中，而期间没有做任何的决策，也不敢做决策，死拿着一个长期被套的股票等待着解套儿。

这样的投资者适合与股票市场保持一定的距离，进行中长线投资。

而真正的短线操作不是只局限在看盘和与大家交流中，是需要真正地进行工作，是需要做功课的。

4. 你敢于认输，勇于承认错误吗?

不会止损就不要做短线！

止损就是短线操作的保险丝、生命线。如果你是一个不愿意承认错误的人，那么就不要进行短线交易。

短线操作就是对与错、盈利与亏损叠加起来的过程。没有止损，就不会带来下一次的成功。不愿意面对错误的操作，就没有机会把握下一次正确的买卖。

有些投资者看到账户缩水就心疼，更有的投资者看到账户缩水不心疼。看到账户缩水心疼不愿意进行止损的，将会让错误和损失进一步扩大。

如果是因为长期亏损而麻木了，看到账户缩水永远不心疼，任其随波逐流，那么，这样的投资者更不适合短线投资，甚至不适合进行股票投资。

我们要像第一本书中强调的那样，把每一次操作都视为一次战斗，在战斗中我们要尽最大可能地减少战友的伤亡，要怜惜每一个筹码。同时，我们还要尽最大可能地杀伤敌人，扩大我们的胜利。当发现我们的战术出现错误，再往前走就会出现重大伤亡的时候，就要勇敢地改正错误，在损失最小的情况下，迅速撤离。

不愿意认错的投资者，请远离短线。

5. 你的学习能力很强吗?

市场每天都在变化，我们的对手每天都在变化，大家的操作风格每天都在变化。

只有不断地学习，才能提高自己，才能掌握更多的方法。

今天炒作新能源，下周的热点又变成了医药，新的概念股不断推出，每天的经济形势都会因为新的局面而发生新的变化。

昨天我们还因为股票操作学习如何使用电脑，今天我们就要学习如何运用股票软件进行编写程序挑选自己想要的股票，明天我们还要学习如何对股票池中的股票进行动态管理。

只有我们掌握了别人没有掌握的技能，才能快人一步，才能比别人更具有敏锐的观察力，才能比别人先把握住下一个热点。

所以我们要不断地学习，还要善于学习，这样才能把握住当前股市的脉动。

6. 你是一个善变的人吗?

短线交易要学会随机应变，短线交易要学会与时俱进，短线交易要敢于把以前成功但现在不管用的交易系统淘汰掉。

不能接受新事物的人，是不能让自己的交易系统与时俱进的。

一个成功的交易系统，必须要在不断地更新和调整中完善起来，还要随着时代和市场的变革，进行不断地更新和调整。

在熊市运用的是如何在下跌市场进行操作的方法，在牛市就需要采用另外一套思路，所以要学会跟着市场变化而变化。

昨天坚决看好一只股票坚定不移地全仓买进，今天盘面发生变化就要立即改变思路，进行卖出操作。你能在短短的两个交易日内转变对一只股票的看法吗？

所以，要想做好短线，必须要有随机应变的能力。

7. 你能够自己建立并不断完善自己的交易系统吗？

短线操作必须要有一套属于自己的交易系统。这套交易系统可以吸取别人操作模式的精华，也可以借鉴别人操作系统制定的思路。但是，必须要自己在不断地交易中根据自己的交易性格和交易品质而制定。

自己的交易系统必须适合自己，这点很重要。

一个良好的交易系统的雏形可以从别人那里复制，一个良好的交易方法，可以从书本中学习得来。但是要把这些都吸收消化后，建立属于自己的交易系统，就需要投资者本人在不断地操作中摸索完善。

在交易系统建立的初期，你敢于在错误中不断完善自己的操作系统吗？你能够面对多次的失败而还依然坚定地在实践中检测自己的交易系统，同时在不断失败中依然坚定地执行纪律吗？

不要怀疑自己的交易系统，经过学习、借鉴和对交易系统的完善后，我相信，大部分投资者都能够建立一套属于自己的，而且还能够为自己创造利润的交易系统。关键是执行是否到位，如果是因为执行不到位而造成账户亏损，那么就需要进行另外一门功课的学习——如何让自己能够坚定地执行已经制定好的交易系统。这门功课我们会在今后进行详细讲解。

如果以上七点你都能够做到，那么恭喜你，你已经完全具备了短线交易大师的基本素质。如果你在某几个方面做得不好，那么也不要气馁，只要你热爱短线交易，能够正确认识短线交易的真正内涵，通过努力完全可以克服不利因素，成为短线交易高手。

第三节 培养短线交易的必胜心态

进行短线操作就必须要果断、坚决，下单的时候只要符合自己地交易模式，就必须要敢于下手。这种果断坚决的交易风格来源于交易信心的培养。

要么让自己成为一个毫无思想的机器人，在操作过程中无条件的执行提前制定好的交易系统。

要么就培养自己有一种出手必胜的交易信心，没有这种感觉的时候就等待，空仓观望。买入的时候是要有一种买进后股价会快速上涨的信心。持有股票时，若股价触及止损点，则同样要有一种执行止损是对错误操作进行纠正，是一种无比正确的决策信心。

千万不能听信别人的分析，要按照自己的操作模式来完成每一次操作，更不要临时地改变自己已经制订好的操作计划。

在操作中要寻找自己熟悉的个股模式，建立几种适合在牛市、熊市、牛皮市等操作环境下不同的操作模式，根据市场特点找到自己熟悉的形态个股进行操作。

在不确定性中寻找确定性，寻找自认为必然上涨，而且上涨幅度既快又大的个股果断买进，进行小波段操作。

如果没有信心，下单的时候感觉犹豫不决，就立即停止操作。这时候要查找原因，分析是否自己的操作系统出了问题，是否频繁地出错让自己对操作失去了信心，还是当前市况和寻找的个股不能更好地符合操作模式，不适合下单？

千万不能勉强下单，虽然股市每个交易日都在不确定性中涨涨跌跌，每一单无论正确和错误，都有让账户增值的可能，但是我们要做的是在一种良好的操作环境下，通过良性的复制实现账户的持续增值。

不适合自己的机会一定要舍得放弃。

第四节　短线交易需要远离的几类股票

当我们了解了自己以后，就需要了解我们的对手。

在股票市场上，我们的对手是谁？对于短线操作来说，对手是其他参与该只股票操作的投资者。而其他投资者对该股的操作又可以通过股票软件的描绘以图标的形式反映在电脑上。所以，就可以把我们的对手看作是股票软件描绘的每只股票的 K 线、分时线、成交量等等图标。

进行股票操作，我们有主动权。我们可以选择合适的天气(适合自己操作的市场环境)进行下单。我们可以选择合适的战场(热点板块)。我们更有权利挑选一只我们有把握打胜的敌人队伍(符合操作模式的个股)。我们还可以在进入战场后发现敌军深不可测，不利于我方作战时选择停止战斗(止损、止盈或者平盘离场)。

在这种我们占主动权的战役中，只要不草草出手，我想取胜应该不是什么难事。

什么样的敌军我们不与其交战呢？

1. 异常巨量的股票

在本系列书中，我们经常强调巨量，巨量也是我们作为离场的一个信号。在谈到这个问题的时候，经常碰到投资者问：换手率 5%或者换手率 10%算不算巨量？究竟多大的量能算是巨量？所以这里要引入一个孤量的概念。

如图 1-1 所示，图中 A、B 两点的量能就属于量能异常放大的巨量。在这两个位置，股票的成交量与之前的量能相比突然放大，成为一种独立的异常巨量。这种股票要么有突发消息影响，要么突然有盘中或者外面资金对该股进行买卖操作，不确定性因素增加，所以是我们所要必须回避的股票之一。

而在C点位置，虽然量能放大比A点的两个成交量还要高，但是该位置的成交量是稳定的持续放大，形成了一个比较好的放量格局。股价的快速上涨需要充分的换手，而充足的成交量说明了该股在盘中交易活跃，有了成交量的配合，股价的上涨才得以延续，所以这个位置稳定的放量是易于我们进行短线操作的量能。

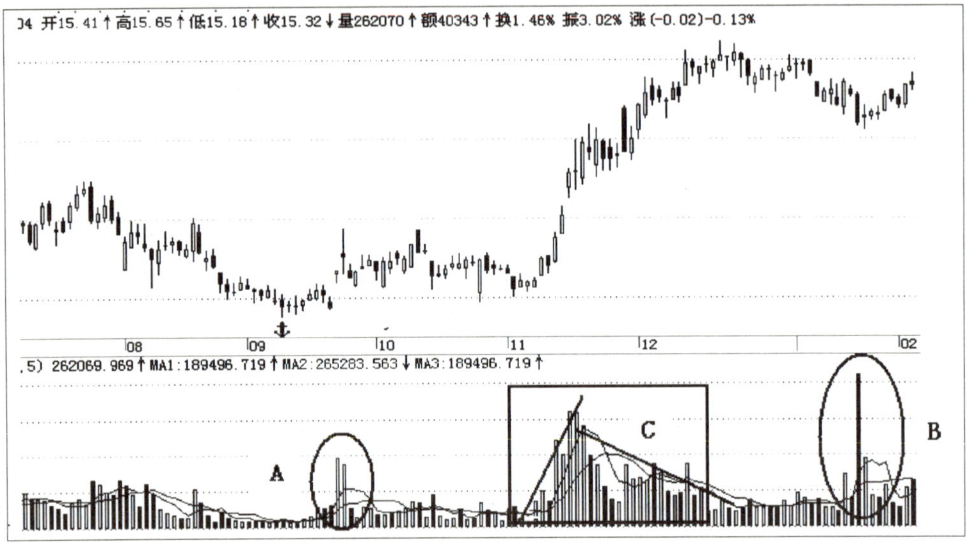

图 1-1

2. 没有波幅、成交量严重萎缩

我们进行短线操作，搏的就是股价涨涨跌跌的价差。如果一只股票没有多大的波幅，如同一潭死水一样一个交易日涨跌不过几分钱，那么，这样的股票对于我们来说丝毫没有操作价值。

如图 1-2 所示，该股在方框圈示阶段，虽然走出了一个高低点比较明确的操作区间，但是因为成交稀少，而股价的高低点距离较近，没有足够的利润空间让我们来操作，所以对于这种股票，做超级短线的投资者，可以进行放弃。

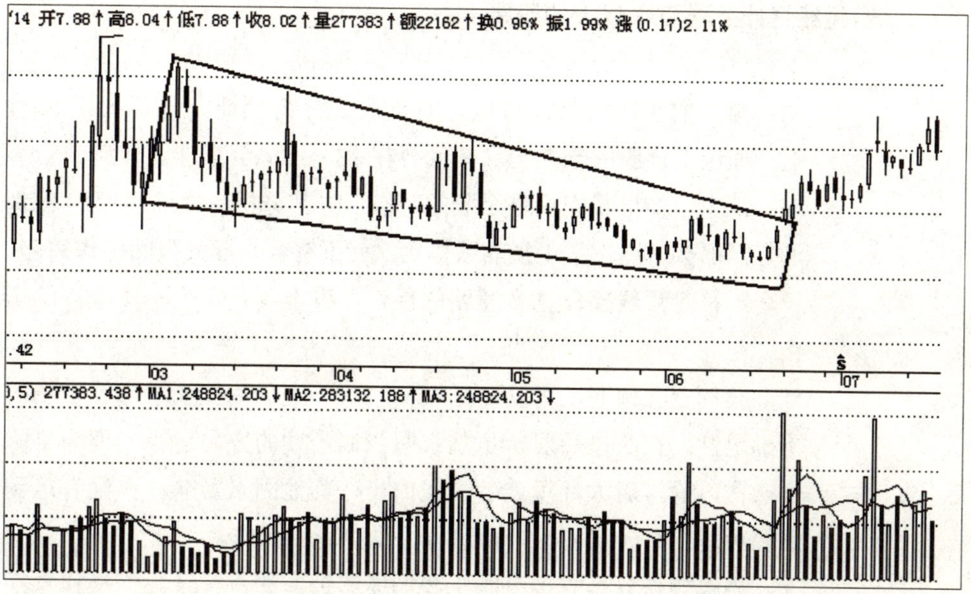

图 1-2

如果没有量能的配合，股价若出现大幅波动，其真实性也值得推敲。试想一只股票上面 5%的压单稀少，一个大户进行一次性买入，就可以迅速把股价打高，而这种上涨是否能够延续，是否是市场大众资金博弈的真实反映，值得我们认真思考。

一个大户的买入引发了股价上涨，同样，一个巨量单子的出逃就有可能让一只成交量稀少的股票快速下跌，这些单个的操作行为是很难把握的，所以我们要敬而远之，寻找那些有规律可以把握，易于掌控的股票进行操作。

当股价冲破下降通道的上沿，同时成交量开始放大给予上涨动力的时候，我们这时才可以对该股进行关注。股价的波幅变大，在盘中我们才可以寻找高低点进行买进或卖出，波段的高低点掌控，可以让我们很容易运用第一本书中介绍的当日获利的方法寻找最佳买卖点，这样交易的风险就会大大降低。

成交量能够稳定且持续放大的股票才可以放进我们的自选股中进行筛选，无量、没有波幅的股票，我们要回避掉。

3. 短线累计上涨 20%以上的股票

当我们买进股票的时候，对该股的分析预期一定要大于 5%以上，理论上该股的预期上涨幅度要在 12%～20%为最佳。

试想，如果我们买进个股的时候，对其分析后上涨预期连 5%都没有，那么对照正常止损的跌幅比，就不符合小亏大盈的操作思路。一个不符合短线操作基本思路的操作，根本就是一个不该进行的操作。

股价上涨预期之所以要在 12%～20%，是因为我们考虑了市场的不确定性，在买进后股价虽然按照我们预期的方向运行，但为了降低操作风险，对大环境或者个股的一些其他因素影响，在没有达到涨幅预期的时候我们也可以进行主动离场的操作。

短线操作只是吃掉个股中我们能够把握的、符合我们操作预期的那部分利润，其他的利润我们可以放弃。

综上所述，当一只股票已经短线快速上涨 20%了，如果再有 12%～20%的短线上涨，那么从概率上讲是非常小的。因为综合统计，能够在短时间实现 32%～40%的快速上涨的股票相对还是比较少的，我们要做的是大概率事件，所以需要放弃已经有快速拉升 20%短线上涨的股票。当然，更为保守的投资者也可以将 20%这个数值缩小到 15%，甚至 10%，这都需要根据个人的交易习惯和交易品质来决定。

如图 1-3 所示，个股连续 5 年的走势图在下方，我们挑选其中暴涨的两个阶段来放大观察。在图示中 A、B 两点给了投资者足够的利润空间，若进行长期持股则利润丰厚。但是就是在这个如此暴涨的阶段，我们放大到短线操作来进行观察，盘中依然存在着频繁地调整和洗盘的走势。1～5 日的持股操作模式，让我们完全可以放弃有调整要求的股票，等待其进行适当调整后再择机下单。

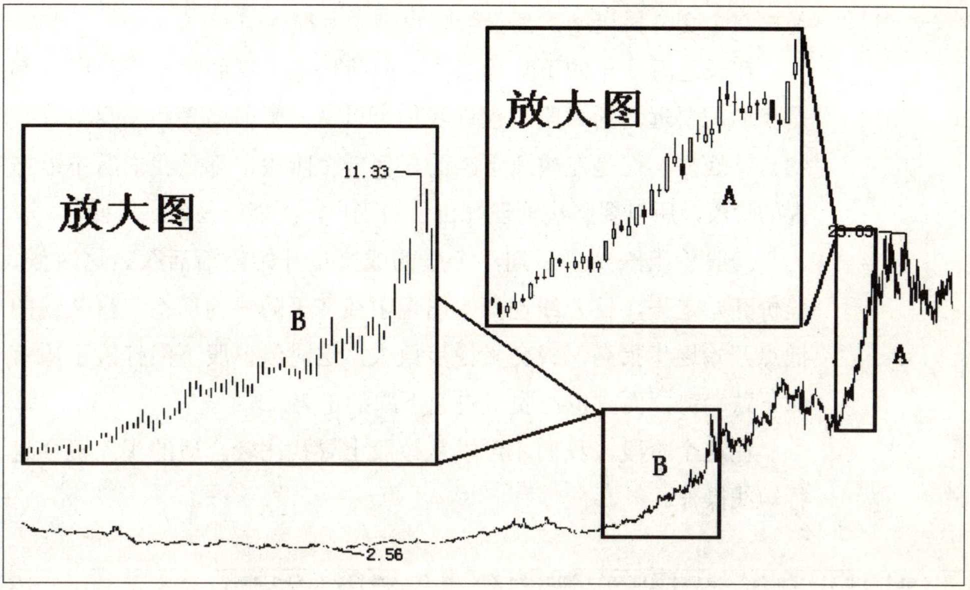

图 1-3

4. 下降趋势且加速下跌的股票

在下跌趋势中的股票，基本上都是阴多阳少、阴大阳小。在下跌趋势中，我们要尽量控制仓位，减少操作频率，或者干脆空仓不进行操作。

若在下跌趋势中碰到了加速下跌，则必须要坚决回避。当大盘在下跌趋势中进行加速下跌的时候，我们要远离所有的股票。当个股在下跌趋势中进行加速下跌的时候我们要远离该股。

下跌趋势中的加速下跌虽然有可能成为最后一跌，但更容易引发超跌反弹。请永远不要忘记，我们进行的是短线操作。加速下跌所引发的惯性下跌和恐慌盘的恐慌抛售是我们所不能预期的，也是一种大概率的事件，所以我们要回避该类股票。

如图 1-4 所示，个股处在一个长期的下跌趋势中，当股价开始快速下跌的时候，无论哪个理论的支撑位置都有可能被打破，加速下跌过程中，只有一个相对低点，其余无论在哪个位置买入，就算是第二个交易日离场，都会给账户带来亏损。

在长达近一年的下降趋势中，股价快速下跌的每一个阶段，都是我们需要远离的时段。也许我们可以从短暂的横盘和反弹中寻找到一丝战机，但是在快速下跌的任何一个阶段，都是我们所不能把握的阶段，所以要坚决管理好自己的账户，不能轻易地进场操作。

当股价下跌到了后期，个股的成交量开始逐渐活跃。这时候，股价开始走平，日 K 线也开始出现阳线多于阴线的形态。日 K 线的低点开始逐步抬高，成交量稳步放大，这时候该股不但打破了原有的下跌趋势，而且也摆脱了快速下跌的走势。

在这个阶段，我们才可以从该股上寻找比较合适的买入机会进行短线操作。

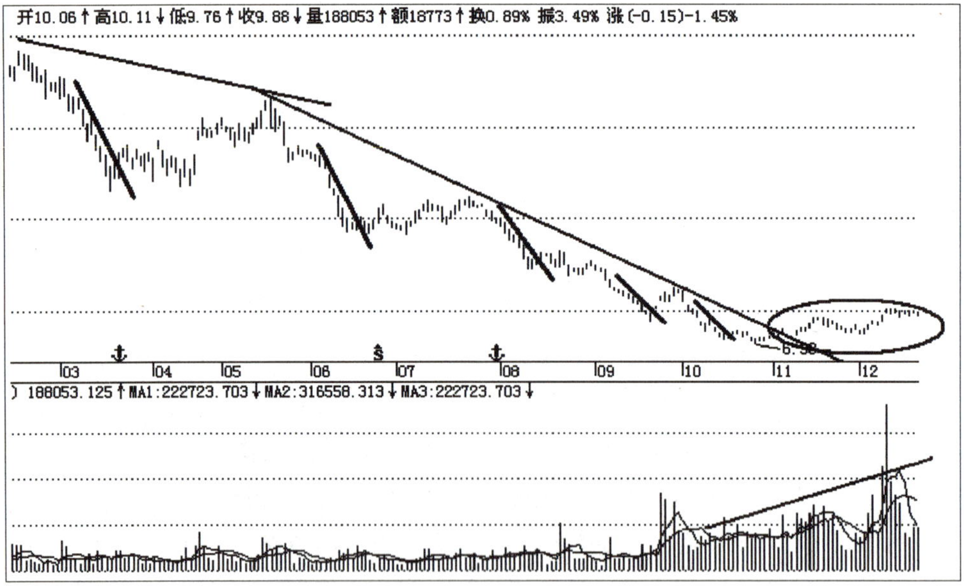

图 1–4

5. 频繁逆势的股票

大盘环境是股票的大环境，任何一只股票的上涨下跌，多多少少都会受到大盘的涨跌影响。大盘向好，个股的上涨会显得更容易一些。大盘暴跌，会给个股带来巨大的抛售压力。所以我们进行任何一只股票的操作分析，都必须要考虑大盘这个大环境。尤其是进行短线分析，大盘的涨跌可以作为对个股进行分析的一个重要工具来使用。

正常情况下，一只股票涨跌必定会受大盘的影响而涨跌。若频繁的逆势上涨和下跌，大盘上涨的时候个股下跌或横盘，大盘下跌的时候个股上涨或横盘，那么该只股票的走势就有一种外力作用。

短暂的、方向相同的外力对个股的涨跌造成影响是一种正常现象。比如个股有利好预期，将会逆大盘的下跌而上涨。个股有利空消息，就会在大盘上涨的情况下独自下跌。

那么，没有太多的消息影响而频繁地走出逆势的股票其不确定性因素就会增加，是一种我们难以把握和分析的股票。对待该类股票，我们要远离，不进行短线操作。

如图 1-5 所示，个股的走势多次与大盘的走势产生了逆反，大盘上涨得轰轰烈烈，个股却走出了下跌的走势。大盘开始见顶回落的时候，该股却逆势向上攀升。这种股票的股性怪异，在投资者中大家经常给其冠以妖股的名号。

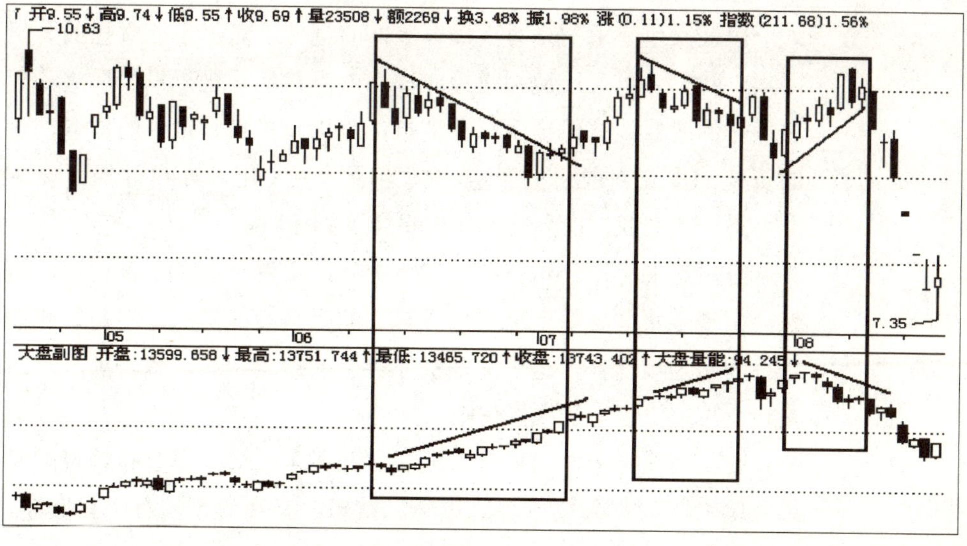

图 1-5

我们进行短线操作的时候，首先要分析的是大盘，当大盘的未来预期是上涨的，我们就会大胆地进行个股的操作，而当大盘的预期是下跌的时候，我们大多会采取回避的操作方式。

而面对这类频繁逆反大盘的个股，让我们的操作显得比较矛盾。如果只是大盘上涨，该股下跌，或者大盘下跌，该股上涨之类的单方向逆反，反而是对该股股性判断的一个重要信号。而上下均频繁逆反，就体现不出来该股的强弱和方向，属于一种我们短线操作回避的品种。

6. 有问题的上市公司股票

有问题的上市公司的股票走势会经常受到消息面的变化而涨涨跌跌，我们所做的是技术分析，难以把握那些无法预期到的消息面的变化，所以短线操作尽量回避消息面变化较多的股票。

我们可以通过盘面变化分析出来资金博弈的情况。我们可以通过大盘的预期分析出来个股所处的操作环境。我们可以通过成交量来判断出大家对该股的关注度。但是，我们无法判断一只股票在什么时间会放出什么样的利好或者利空消息。

短线操作追求的是对高概率事件的把握，对于不能掌控的分析因素，我们要尽可能地回避掉。试想，当我们买进一只股票进行短线操作的时候，突然出现利空消息，股价直接打到很低的位置，盘面资金的变化对股价的影响将会全面发生变化，账户亏损是一方面，另一方面我们的分析操作也将会受到影响。

有问题的上市公司负面消息会更多，所以对该类上市公司，虽然会出现政策面转好变成一只强有力的黑马股的情况，但是，我们进行的是短线操作，追求的是快速转手的短差利润，想骑黑马，还是转变思路进行中长线操作吧。

在实盘操作中，只要是近期要召开股东大会，要公布消息的股票，笔者一般都采取放弃的策略。试想，当我们正持有一只股票，在大盘暴跌的日子该股进行了停盘，次日复盘后必定是一个低开，账面直接产生亏损。而按照我们短线操作的方式，在暴跌日若该股不停盘，则我们有充足的时间和机会在个股破位或者达到止损位置的时候，以较小的亏损离场。所以，短线操作时，要尽可能地回避未来几个交易日停盘的股票。

只要我们当前的操作模式是短线操作，就不要纠结于个股的基本面的变化，远离那些时常被消息面影响的股票。

第五节 各类操作方法的正确运用

在本套系列读本中，我们会介绍很多的操作模式和小技巧、小方法。这些操作技巧和方法，每个的成功率都是比较高的，但是每个方法的使用环境和把握方式上各有不同。

能够在正确的市况环境中选择合适的操作模式，把这些高成功率的操作技巧发挥出其真正的效果，比知道这些内容更重要。

知道并不等于会用，理解并不等于掌握，掌握后能不能够克服不良心态，严格执行操作纪律显得更为重要。

学习，需要我们系统地进行反复研读，只要是系列读本，每本都很重要，都有想引导读者掌握其中重要知识点的作用，所以建议大家每本都要学习。

而在实盘操作中，我们不需要每个操作方法、每种操作模式都熟练运用，从不同的方法和模式上，我们可以明白更多的道理，开拓我们的分析思维。但是，我们每个人的操作风格不一样，所适合使用的操作方法就会大不相同。

我们可以选择自己熟练掌握，且认同度较高，能够和自己的操作风格相吻合的操作方法与自己完全融合，也可以通过改进和创新，形成自己独到的操作技巧。书中篇幅有限，我们也不可能将所有的操作技巧和方法都写出来，只是挑选了几十个有代表性的，拿出来与大家共同研究。

借鉴使用别人的方法，你可以获利一时，消化并使用自己的操作技巧，你可以获利一辈子。

在实盘操作中我们可以采用多个买入分析共振的操作模式。书中我们介绍的每一个操作技巧都可以单独使用，也可以共同在个股上进行分析。当个股同时有 2 个或者 3 个有效的买入理由，共同支撑我们对该股进行买进操作的时候，成功的概率会大大提高。

在良好的市场环境中，1 个以上有利于在该市场环境下使用的操作分析方法，对个股发出了买入提示，我们就可以进行大胆地买进。当多个适合当前市场环境使用的方法对个股产生共振时，我们就选择多的，放弃少的。

资金、市况、环境、预期、模式、方法与技巧多点共振，才是我们进行短线买进操作的关键因素。

第六节 怎样建立属于自己的交易系统

每个投资者都有自己的脾气秉性，每个投资者也都有自己的操作喜好，所以每个投资者都应该拥有一套属于自己的操作系统，才能适应自己的操作风格，让账户实现稳定增值。

本系列书籍中介绍的所有方法和技巧，都需要读者进行消化，不一定都要全部掌握，仅仅需要大家从中找到适合自己的进行吸收消化，然后结合自己的风格进行整合后打造一套属于自己的操作系统。

书只是起到抛砖引玉的作用，笔者也会尽最大能力给广大读者搭建一个平台，有机会大家一起互相借鉴学习，读者朋友可以通过书中前言中所留的联系方式联系到笔者，大家共同互助，共同向短线盈利的最高境界前进。

为什么说每个人都应该有自己的操作模式和适合自己的交易系统呢？

请看图 1-6。图中 B 圈示的大阳线当日，我们应该如何操作呢？笔者的答案是买入和卖出都是正确的操作。因为，对于不同投资者所处出的情况不同，所应采取的操作策略也是不同的。

我们来看看该股的日 K 线走势，在 A、B 圈示位置之前，该股经过了一个快速放量杀跌后，股价趋于稳定状态。成交量相对萎缩后，股价在一个较低的位置开始横盘，并且稳定地站牢了该区域。

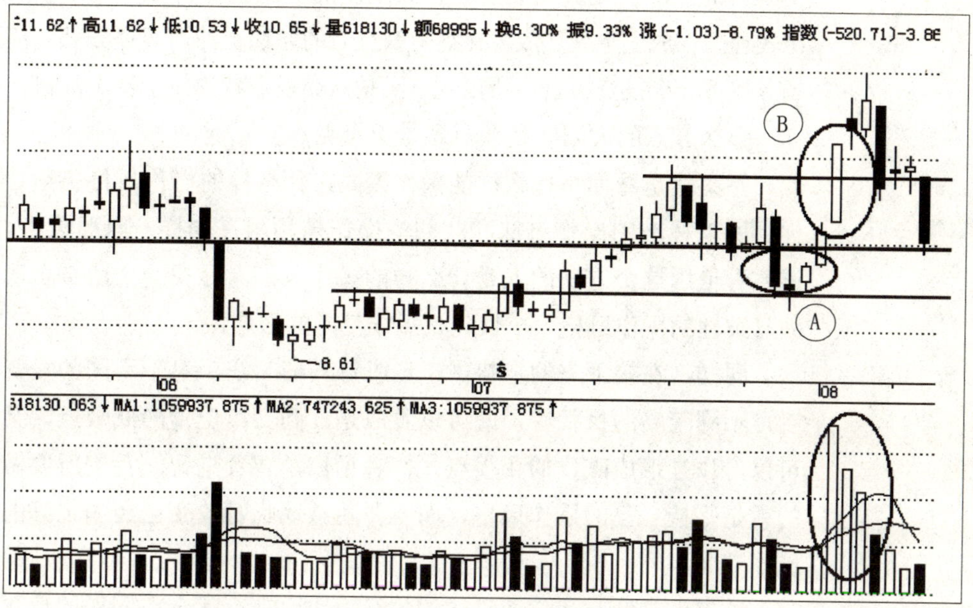

图 1-6

经过 15 个交易日左右的横盘后，股价在成交量的稳步推进下，逐步走高第一次触摸了前期的高点。因成交量不济，股价在触摸前期高点后，进行了主动的回调走势。在回调中，成交量比较理想，股价回到底部横盘平台的第一突破点之上，受到了有效支撑。

在支撑的位置就是我们圈示的 A 点位置。这个位置对于喜欢低吸的投资者来说，是一个非常重要的位置，伴随着股价的止跌走稳，成交量的极度萎缩，买点出现。随后股价有效地站稳并向上突破前期高点平台低位的压力线的时候，买点更加明确。所以在 A 点位置是一个标准的买点位置。

接下来我们再看 B 点的大阳线。这个位置是股价有效放量突破前期两个平台高点的位置，对于喜欢追涨的投资者来说，该点也是一个比较好的追涨位置，激进的投资者面对如此强势上涨的股票，完全可以追进博取一个短线快速拉升的短差。

同时，对于保守的投资者，若在A点已经买进股票，经过两个交易日的上涨，尤其是B点位置大阳线的快速拉升，账户短线获利比较理想，成交量突然放大在盘中开盘后的急速上冲，可以先获利离场寻找下一个投资机会。所以B点又是该类投资者的一个卖点位置。

那么B点的大阳线是买点还是卖点呢？

答案就是看你是什么样的操作模式，什么样的操作风格更适合你。所以标准的操作方法和共同的操作技巧用在同样一只股票上，还要看使用这个方法的人是什么样的操作风格。寻找一个适合自己脾气秉性的操作风格，个性化是短线交易的必修课。

同样，在接下来的走势中，该股每一根K线，对于不同的投资者，不同策略的执行者，既可以看成是打到支撑位置的低吸点，又可以看作是形成破位的止损点。仁者见仁，智者见智。我们所要做的就是坚持自己的操作风格，而不要随意地临时改变已经制定好的操作策略。

这仅仅是针对我们所讲述的超级短线而言，就会在同样的位置产生不同的决策方案。而对于持股周期不同，追涨低吸方式不同，资金量和操作时间趋向不同的投资者，其操作方案更是五花八门。

别人的方法只可以借鉴，要想成为一个真正的投资高手，必须要吸收消化别人的方法后，建立一套属于自己的操作系统，因为只有自己最了解自己。

接下来我们再来看图1-7，首先我们先排除该股进行中线持股的正确性，从短线思维来考虑该股的买卖操作。在图中我们可以圈示出比较有代表性的6个符合我们第一本书中讲述的买进点位。

其中3个圈示点属于追涨的操作风格，我们综合为A点位置。3个圈示点为低吸的操作方法，我们统称为B点位置。按照我们的操作习惯和总结的高概率事件，在A点位置买入股票的投资者，B点位置反而成为他们的卖出位置。而在B点位置买入股票的投资者，A点位置就是执行卖出的点位。

我们进行短线操作，不是要买在最低点，卖在最高点，而是要通过经验和分析，把握住我们能够把握住的短期利润。这个利润可以非常少，也可以只是一大块涨幅中的一小部分，但关键是我们要有能力把握住这块利润。

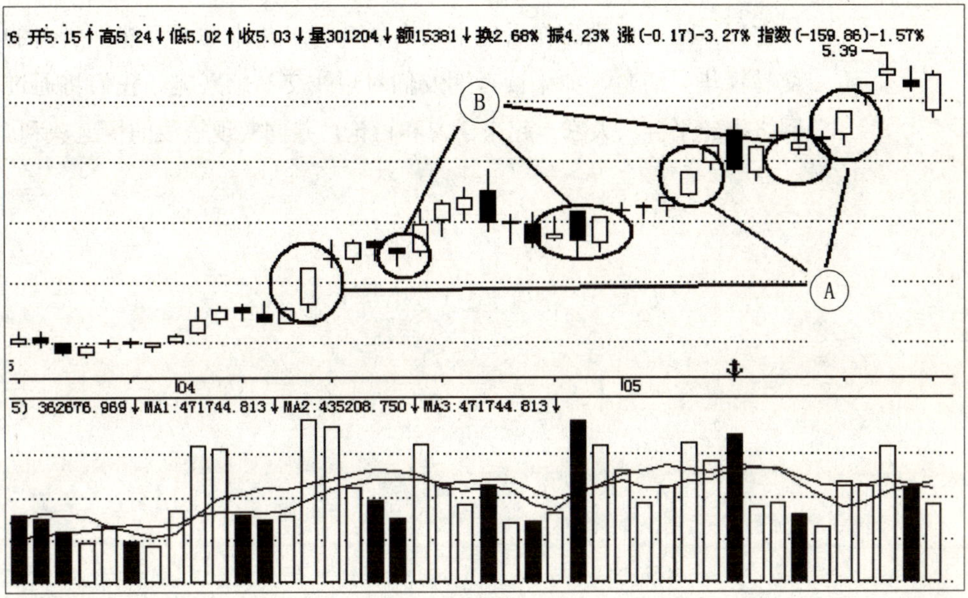

图 1–7

所以，短线操作的重点是策略，其次才是技巧+心态。在执行策略的时候，所有的卖出都要建立在你买入的基础上进行分析。操作的人不同、喜好不同、资金的共振点不同，在同一只股票上运用同一种方法进行的操作，选择的点位和决策方法就不同。

一个成功的投资者，一定会结合自己的风格经过不断地探索，首先建立一套操作系统的雏形，然后在不断地交易中进行完善。经过长时间的磨合，让自己的操作系统与自己的习惯、秉性完全融合。当投资者对自己的操作系统深信不疑，每次下单的时候都充满必胜的信心的时候，那么实现持续盈利就不是什么难事了。

随着市场的不断变化，任何一个操作模式都需要不断地升级和调整，能够紧跟市场的变化，对操作系统不断地进行完善的投资者，也必定会成为这个市场的常胜者。本系列书中，我们将共同学习几十套成功率相对较高的操作技巧，这些方法中有追涨的，有低吸的，还有一些利用指标来把握买卖点的，希望大家能够借鉴和学习。

成功的交易不是仅仅掌握这几套方法就可以了，如何能够运用好它们，还需要大家在看完书后多做功课。几本书不可能把所有的交易精华讲清楚，如果读者朋友们对短线交易感兴趣，我们将通过网络搭建平台，大家一起来学习和讨论，共同实现短线的快速获利。

第二章

精准打击——经典的短线操作模式(二)

经典短线操作模式的有效积累，可以让我们随心所欲地应对股市复杂的变化，只有熟练掌握这些技巧，并在合适的市场准确寻找到符合标准的操作模式，才可以让我们在短线操作中立于不败之地。

第一节　内在上涨动力推升的短线机会(1)

操作要点：

(1)个股随大盘形成了一波快速地缩量下跌。

(2)随着大盘的止跌和企稳，个股在成交量的稳定配合下迫不及待地快速拉升。

(3)快速拉升在日K线上形成了一个标准的V形反转。

(4)两三天的拉升后，在相对高位股价能够站稳并有向上攻击的欲望。

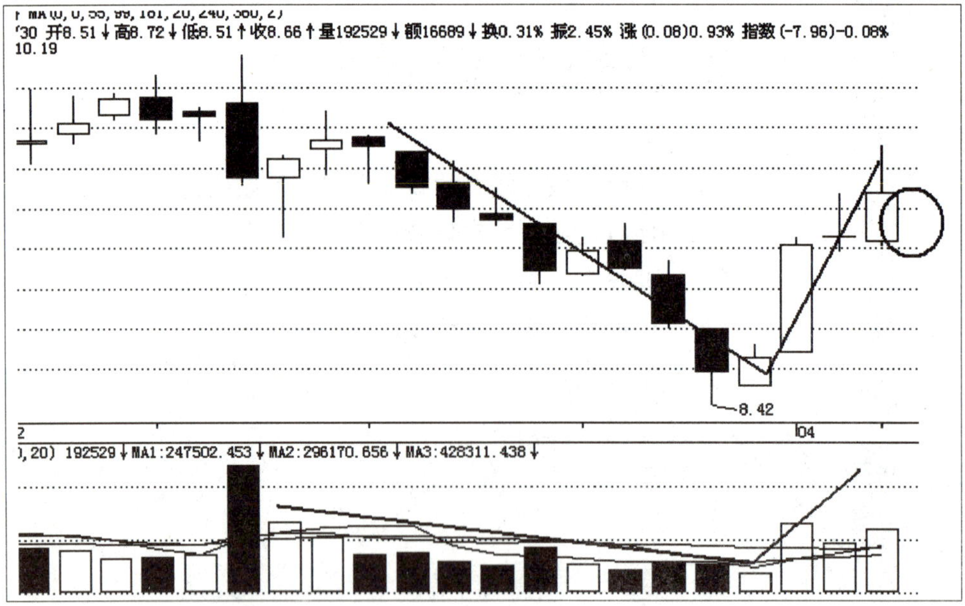

图 2-1

操作解析：

如图2-1所示，图中个股在高位形成了一段横盘的走势。在横盘的末期，股价随着大盘的回落而开始下跌，下跌的过程中成交量形成了有效的萎缩。连续几天的缩量下跌说明盘中个股成交量稀少，无论是买盘还是买盘都相对不够主动，而股价的下跌往往是因为大盘的下跌而下跌。

在下跌的后期，由于交易不活跃，想要成交的恐慌盘会主动地打低价格以便快速成交，这样在盘面中就表现出了加速下跌的走势。随后大盘止跌的同时，个股恐慌的抛压减少，只要有买盘入场，就会很快地将股价拉高。

之后买盘活跃快速拉升伴随着放大的成交量将想卖出的筹码全部吃掉，因为前期的下跌没有量能的配合，所以对相对高位的股价，无论是盘中持筹者还是盘外持币者都相对比较认同。这样，初期的拉升只能算是一种价值回归的拉升，对股票的上涨不会造成太大的压力。

随后股价盘中的表现就可以检验出压力的大小，如果股价在相对高位不能够有效站稳，就说明压力较大，而在相对高位能够形成有效的站稳，就可以分析出当前的价格能够得到市场的认同。

若在相对高位成交量能够表现良好，同时股价在盘中还能表现出上涨的冲动，那么在这个位置，只要我们对大盘后期的分析判断认为不会有太大的下跌，就可以果断地对该股进行建仓买进。

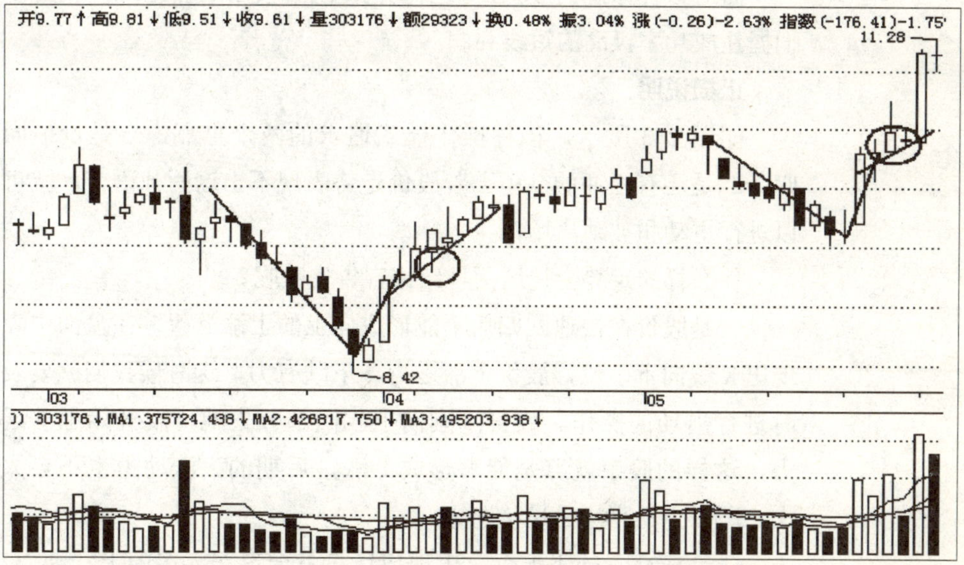

图 2-2

如图 2-2 所示，当我们买进股票后，股价形成了价值回归的走势，小阳线一路推升向上，虽然后面的几个交易日涨幅不算太快，但是我们完全有机会以相对的高位来卖出手中的筹码，让我们的这次操作获利离场。

小阳线的推进让股价形成了标准的价值回归的走势，在前期横盘位置，因为没有成交量的配合，所以股价的上冲力度显得不够，同时成交量的不配合，也让我们有理由主动离场。而这种走势对于大资金来说，让其在关键位置自由地波动，正是观察股性和市场资金动向的最佳位置，通过对该股的观察，大资金也可以制定相应的对策，让今后的操作更符合市场波动规律。

我们可以看到，在图中第二波圈示的位置，当股价完成了第一波的走势后，再次走出了标准的快速下跌后再次快速拉升的价值回归的走势。与上次不同的是，这次下跌后的拉升，成交量给予了有效的配合。

在成交量的有效配合下，股价在相对高位仅仅徘徊了 3 个交易日，在这 3 个交易日中，股价成交量比较完美，上冲势头明显。随后股价再次在放大的量能的推动下，形成了快速地拉升走势。

面对该种形态的股票，只要我们能够不贪心、不急躁，就可以把握住成功率极高的短线利润。

止损说明：

如图 2-3 所示，该种操作模式追求的两个重点，一是价值回归，二是还有上冲的欲望。若股价走势表现不出这两种语言，就可以进行主动和被动离场。

什么样的走势会让这两种结论宣告失败呢？

一是股价在快速回归后不能形成向上的上涨欲望，在盘面中表现出 K 线向下破位，股价上涨乏力，下跌有力，这时候我们就要及时进行离场的操作。股价刚刚向上收回部分失地，就开始上涨乏力，这样的股票就算是能够形成上涨，后期的上涨动力也不会太大，所以主动离场是最佳选择。

二是成交量的不配合，出现放巨量就会浪费太多的上涨动力，巨量必须配合以巨大的上涨幅度，否则放巨量滞涨，就是一种不良现象，需要主动离场。其次是严重缩量，没有量能配合的股价短线不会走得太远，所以碰到此类走势，也可以主动离场。

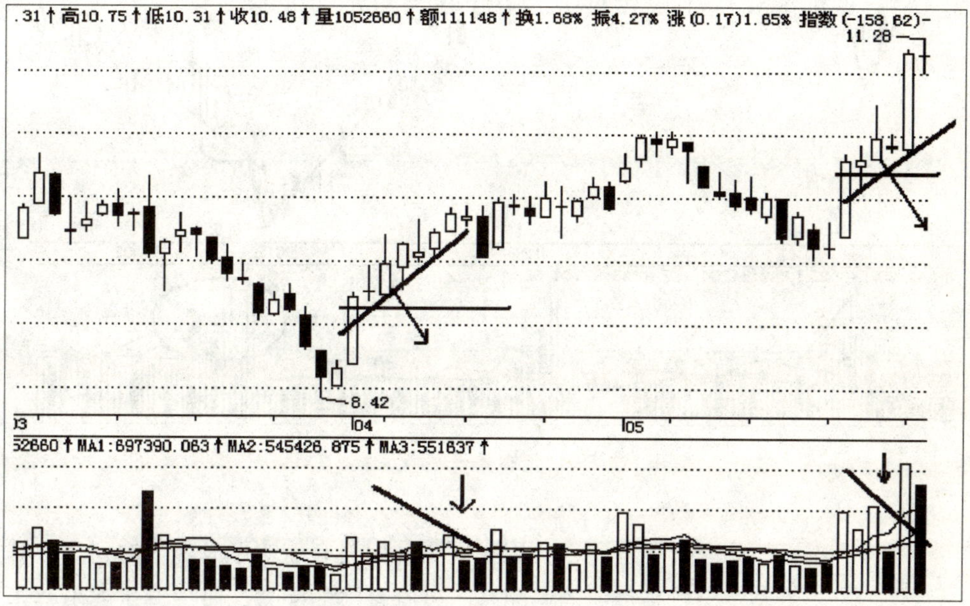

图 2-3

个案解析：

如图 2-4 所示，该股在盘中走出了两个符合我们本节所讲解的操作模式。我们先来看第一个圈示的位置。

首先股价形成了快速地下跌，如果能够结合该股的全景图我们就可以看到，该股的快速下跌与前期股票的走势相比，属于缩量下跌。缩量的快速下跌后，在大盘止跌的配合下，股价快速拉升回到了下跌前的状态。

快速地拉升让股价在很短的时间形成了价值回归的走势，说明市场对该股当前价位还是相对比较认可的，但认可的价位也并不一定代表着一定会再次形成快速拉升。场内和场外投资者共同维护这个价位形成了横盘的走势，让股票形成了一个为期一个月的横盘。

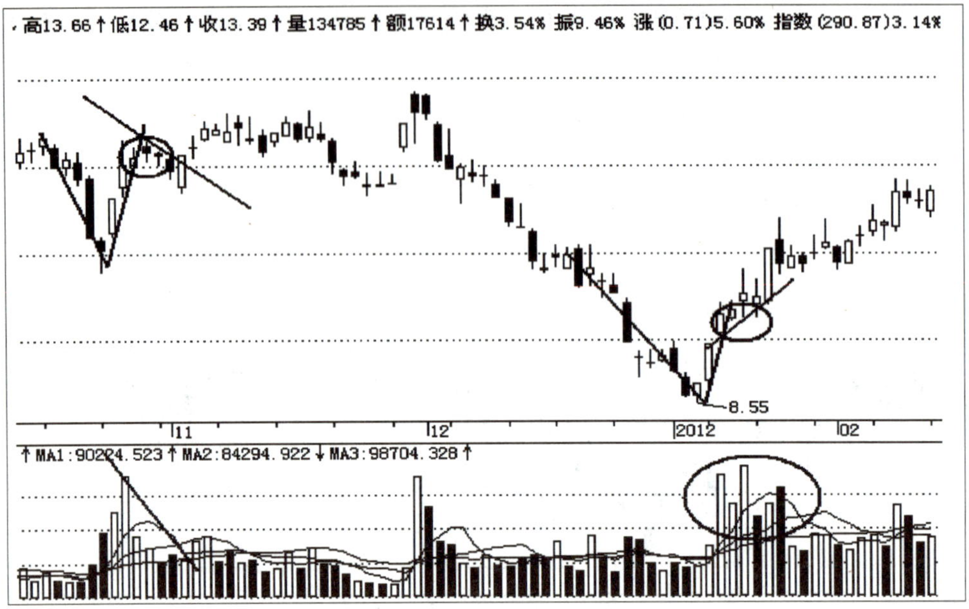

图 2-4

此段走势之所以会让我们买入后没有能够形成客观的利润，其主要原因就是量能的不配合。没有量能的配合，股价自然就不会走得太高，所以我们在看到盘中量能萎缩严重的时候，就应该寻找较好的时机进行离场操作。

在后期，股价再次形成了下跌的走势，跌势没有得到有效的放缓或止跌前，我们对该股不要抱有任何幻想，尽量不要进场操作。

在股价快速拉升对下跌进行第一次修复后，接下来的走势就是我们重点观察的位置。成交量配合，股价继续保持高位的向上小幅攀升的走势，这种形态是我们短线进场操作的最佳形态。

买入股票后，股价正如分析预期，给我们带来了短线的利润。随后股价的继续稳步攀升虽然可以让账户利润持续增长，但是那些不是我们所能够掌控的利润。我们本套系列书所能掌控的利润仅仅就是这超级短线所带来的短期利润，所以按照标准的操作模式，在获利后卖出股票就可以了。

本次操作以胜利告终，把后面我们所不能准确掌控的利润留给其他的投资者吧。

第二节　内在上涨动力推升的短线机会(2)

操作要点：

(1)个股处在上升通道或者横盘调整的后期。

(2)股价连续走出小阳线或者可以忽略不计的夹杂一两根小阴线，形成日K线小碎步儿的向上小幅推进。

(3)连续的小阳线数量在7～10根之间，且成交量相对温和。

(4)最后一根小阳线后，股价下跌收一根阴线，次日阳线反包收回失地。

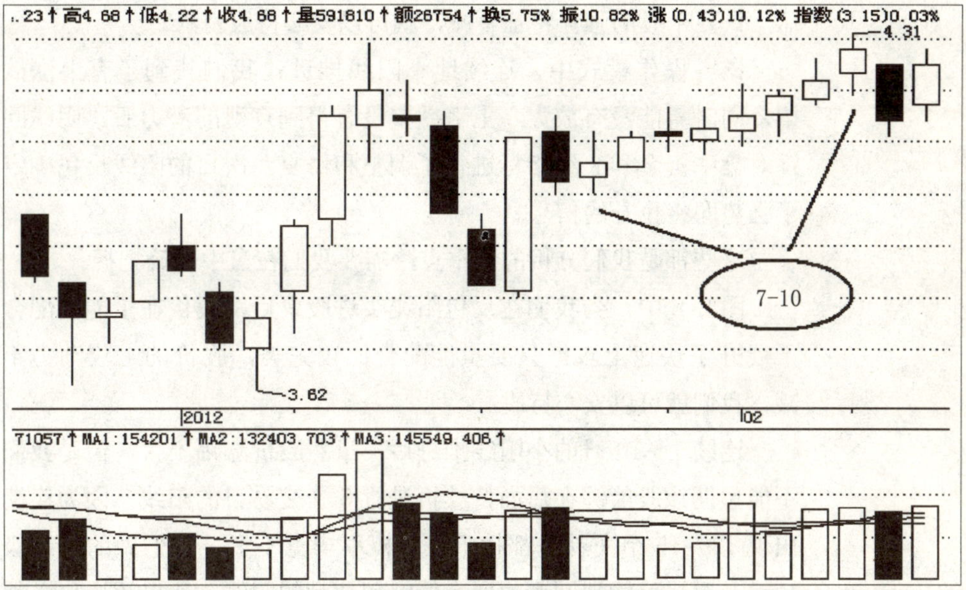

图 2-5

操作解析：

如图2-5所示，当股票有内在的上涨要求时，往往会不顾大盘的涨跌而连续地上冲收阳线。在个股抛压很轻时，若没有主动买盘涌进，只要随着市场的自然博弈，股价依然会小碎步儿地向上攀升。

当我们发现一只股票在上涨通道或者横盘的后期，出现连续的小阳线碎步儿推进的时候，就要对该股进行重点观察。无论在什么大行情的背景下，能够连续 7 个交易日以上的阳线推进，股票的上涨欲望都是强烈的。而同时还能保持连续地上涨交易日在 10 个之内，股价连续小阳线推进，使得涨幅不大，不会有太多的获利抛压，这种形态下的个股，后期将有很大的上涨概率。

发现该类股票后，在其出现的第一个阴线处做好下单的准备，连续地上涨后，能够随着大盘顺势进行一次调整，能够使得后市的上涨更加有力。若接下来股价在不大的量能推动下，有效地对阴线进行反包，该股的强势特征就完全显现出来了。

我们可以在该股阳线反包的时候，进行大胆地买进操作。买进后，只要个股的强势特征不减，就可以安心持股待涨。

该种操作模式中，连续地小阳线推进让我们找到了有上涨欲望，同时量能没有放大，上涨欲望没有得到宣泄的潜力股。阴线回踩对盘中资金和 K 线指标进行了调整和修复，次日的阳线反包确定了强势即将拉升的信号。

这些都是我们分析的侧重点，需要我们在盘中准确把握。

图 2-6 中，当我们在反包阳线买进股票后，股价在量能的配合下展开了快速上攻。只要量能配合比较完美，股价的上攻动力不减，我们就可以安心持股。

连续 7～10 日的小阳线推进后，虽然股价涨幅不大，但是我们不能预期该股能够在后面持续再进行 5 个交易日的阳线，因为连续出现 13～15 个交易日都拉阳线的概率毕竟不多。我们做的是超级短线，要尽可能地回避掉所有能够预期到的阴线。所以该操作必须要等到有阴线出现后，我们再寻找买进的机会。

若是在盘中没有阴线出现，该股就出现了大阳线的走势，破坏了小阳线推进的操作要点，投资者就可以对该股暂时放弃买进，寻找下一个更符合操作的股票，或者等待该股在接下来的走势中能够给我们再次创造另外一个有利的买点。

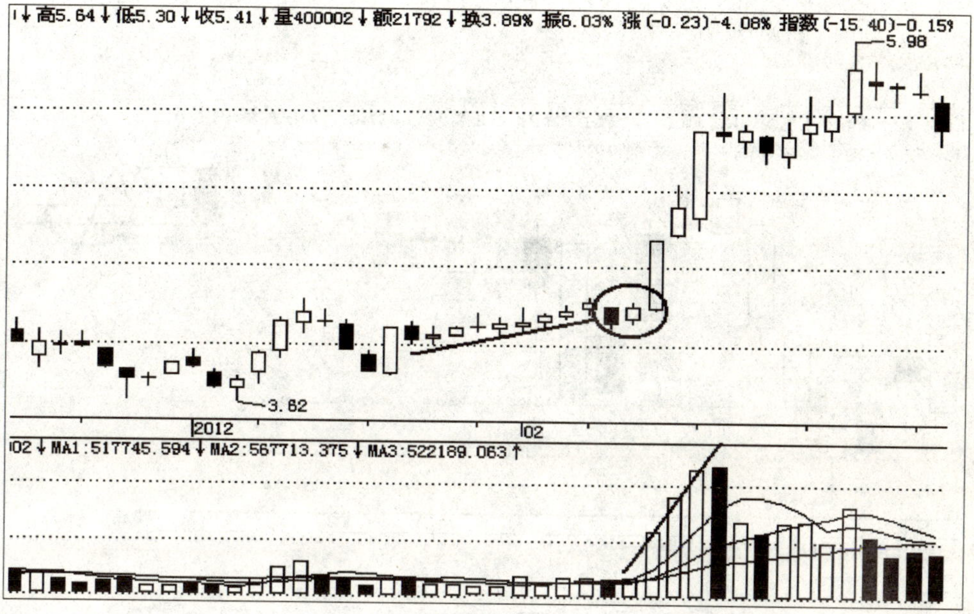

图 2-6

实盘操作中，不可以勉强对一只股票进行操作，市场的机会很多，所以一定要舍得放弃一些机会。所有的市场机会我们不可能全部把握到，过滤掉每一个有可能产生亏损的操作，减少那些胜算不高的操作，就算是操作的次数很少，也会让账户实现快速增长。

止损说明：

如图 2-7 所示，该类操作模式中，我们买进的理由是股价有上冲的欲望，有一种盘中压不住的感觉。所以，只要个股出现上涨乏力，甚至有下跌破位的走势，就要毫不犹豫地离场。

在实盘操作中，我们可以将下跌阴线的下沿作为止损位置，若股价跌破了调整阴线的下沿，则说明该股的反包阳线是一个失败的阳线，股价的下跌动力还是有的，所以要立即进行止损操作。

而股价若在当前位置进行止步不涨的走势，则我们持有股票的时候就一定要保持高度的警惕，该强不强的时候就是弱势的表现。

阴阳的势均力敌，诠释了市场内外的资金都比较认可该价格，所以后期的预期快速拉升是一种不确定性的分析，我们要进行主动离场的操作。

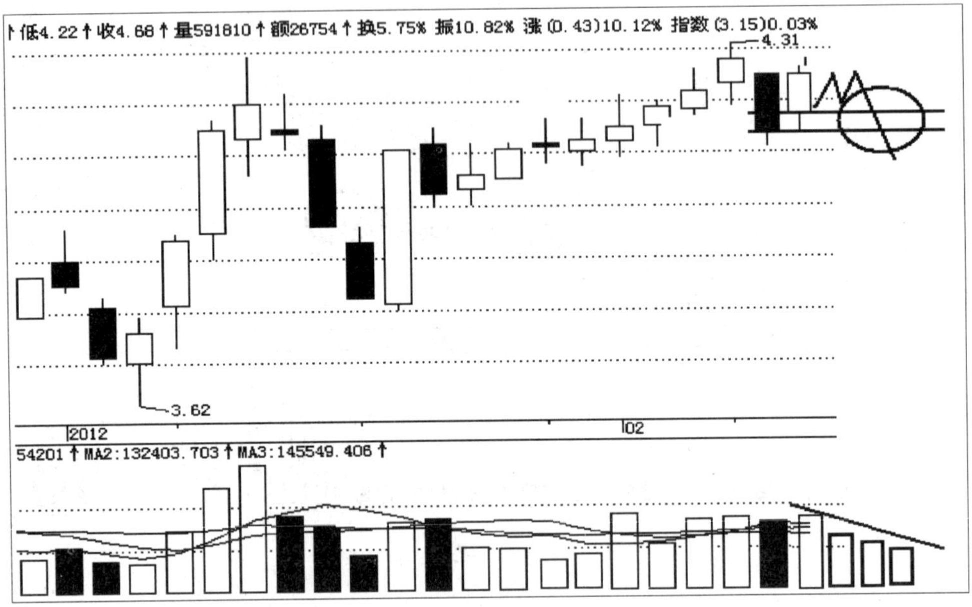

图 2-7

成交量对我们观察该股的强弱有着重要的作用，量能不济，没有主动的盘外资金参与，上涨的动力就会减弱。若缩量的调整伴随着股价的下跌破位，那么卖出手中的筹码将是最佳选择了。

个案解析：

如图 2-8 所示，图中个股在初期形成一个相对高点后，即形成了一波快速地杀跌。在杀跌过程中，成交量有效萎缩，短短的几个交易日，让持有该股的投资者损失惨重。

下跌后的止跌企稳，成交量依然保持萎缩状态，市场交易清淡，横盘与缩小的量能相互呼应，股价形成了短暂的平衡点，场内外的投资者都保持着观望的操作。1 个月左右的横盘后，股价在量能温和配合下，逐步小幅推进。

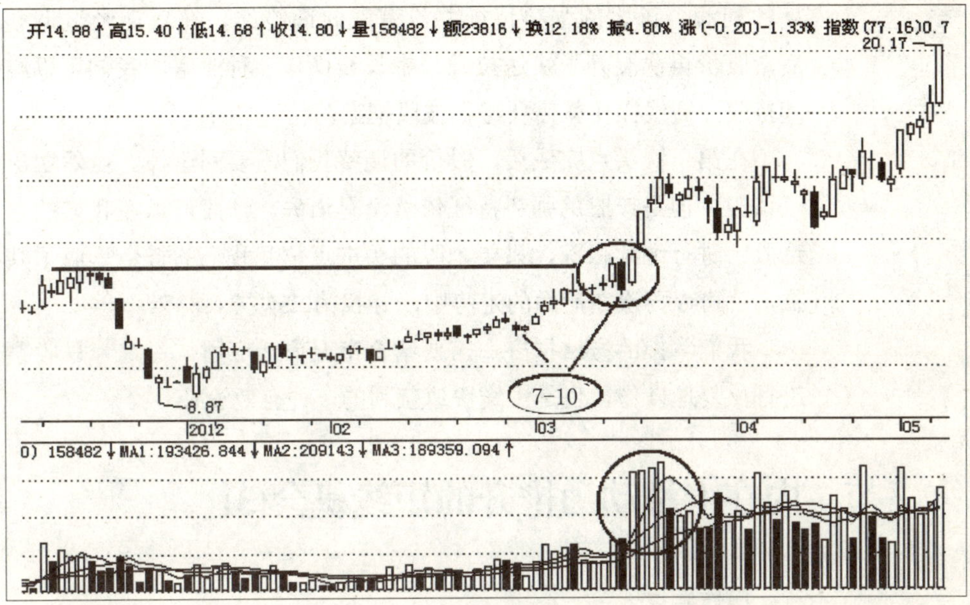

图 2-8

第一波小幅推进有效地激活了股性，股价上涨，成交量温和放大，股价下跌，成交量相对缩小，市场资金的自然博弈让该股形成了中规中矩的完美走势。

市场对股价的认可，让该股的上涨潜力在盘中表现了出来。连续 7～10 个交易日的小阳线推升，让该股股价接近了前期的高点区域。面对连续多日的阳线和前期高点的压力，一些对后市不看好的资金纷纷离场，使得股价形成了下跌的走势。

股价的调整给了我们一个有效的买入机会，在调整中成交量没有进一步放大，同时从盘中分时我们也没有发现恐慌卖盘的涌现。随后次日的阳线强有力地反包了调整阴线，使得股价的调整宣告结束，有力的上涨，让该股压抑多日的上涨动力得以爆发。

在反包阳线的当日，我们可在盘中寻找机会买入股票，成交量的积极配合，让该股形成了持续地快速上涨走势。买入后的短线快速获利，使得该次的短线操作顺利完成。

随后按照我们本书建立的操作模式，卖出手中筹码，吃到了短期的利润。该股的强势特征并没有就此而终结，在后期经过调整后，股价再次展开了快速拉升。中长线操作该种股票，我们可以继续持股，短线操作就需要进行波段把握。

在第一次买点完成后，股价的调整我们需要回避掉。虽然卖出了该股，但是该股的强势特征依然没有消失，该股可以在我们的自选股中进行继续跟踪，只要个股的买进点位和我们的资金形成了共振，就可以再次在后面的走势中，寻找第二次买入机会。

我们掌握的方法很多，需要结合市况灵活应用。追踪一只股票进行反复地操作，也是短线快速获利的一种有效途径。

第三节 内在上涨动力推升的短线机会(3)

操作要点：

(1)个股处在上涨趋势中。

(2)在完成一定涨幅后，随着大盘的调整个股进行了主动回调的走势。

(3)股价的下跌幅度在 10%以上，且前期上涨时成交量温和放大，调整时量能有效逐步萎缩。

(4)在相对比较明显的支撑位置，股价止跌企稳。

操作解析：

如图 2-9 所示，当一只股票处在一个长期有效的上升趋势时，回调经常是我们短线买进该股的最佳时机。如何能够把握住成功率更高的回调机会呢？这就需要我们追踪一些回调幅度较大，但是依然没有破坏上升趋势的个股进行分析。

一只能够长期稳定向上拓展空间的股票，若采用主动下跌的回调方式进行浮筹清洗，则其内在调整幅度一般会在 10%左右，最大的调整幅度往往不会超越 15%；若遇到大盘暴跌，则 20%的调整幅度将是极限；若幅度再大，则将会打破整体的上涨趋势。

图中个股处在一个上升通道之中，上涨时成交量能够温和地放大，对股价的推进形成有效支撑。当股价触摸到 5.37 元后，展开了一波快速地下跌走势。

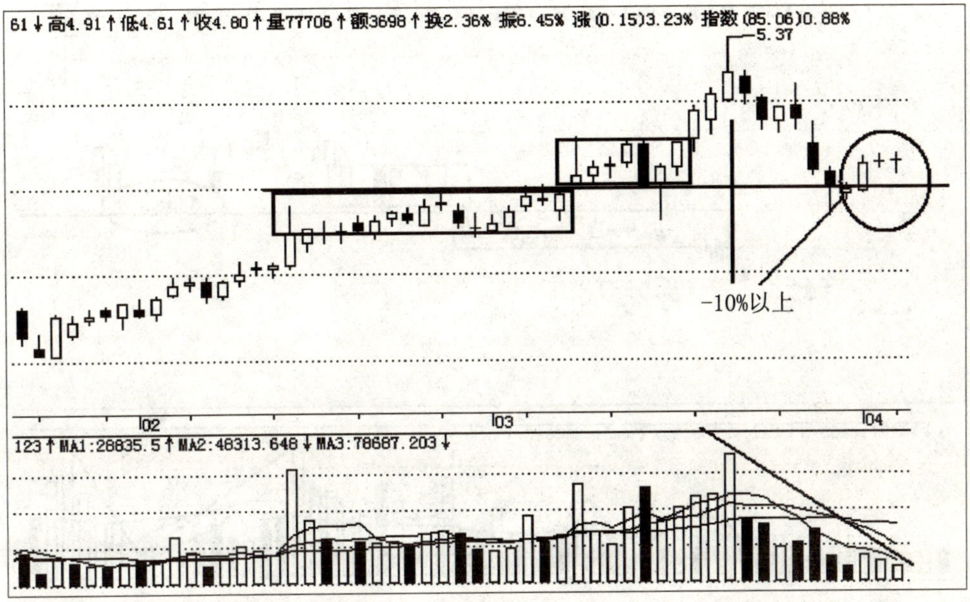

图 2-9

在下跌过程中，成交量有效萎缩，下跌的后期，成交量萎缩到了前期拉升时的最低量能。量能的有效萎缩，说明盘中交易清淡，没有更多的获利盘和恐慌盘会因为下跌而主动进行卖出的操作。此时的下跌已经处在了下跌的后期，我们可以对该股进行关注。

面对该类股票需要我们慢一步进场，前期上涨期间的两个小平台对当前价位有一个技术上的支撑作用。下跌后的空方量能释放，和前期平台对当前股价的支撑，是我们对该股分析判断的最佳参考。

在圈示位置，股价不需要成交量的配合就应该形成一个止跌企稳的走势，若不能有效站稳，该股就有可能依然存在下跌的动能，需要我们放弃对该股的操作。

在随后的几个交易日，没有主动买卖盘的出现，市场自然博弈的量能让股票在日 K 线上留下了缩量小阳线，股价有效止跌并且站稳该位置。对此，我们可以在设置好止损价格后，对该股进行买进操作。

后期，只要大盘给予配合，短线获利的难度不会很大。

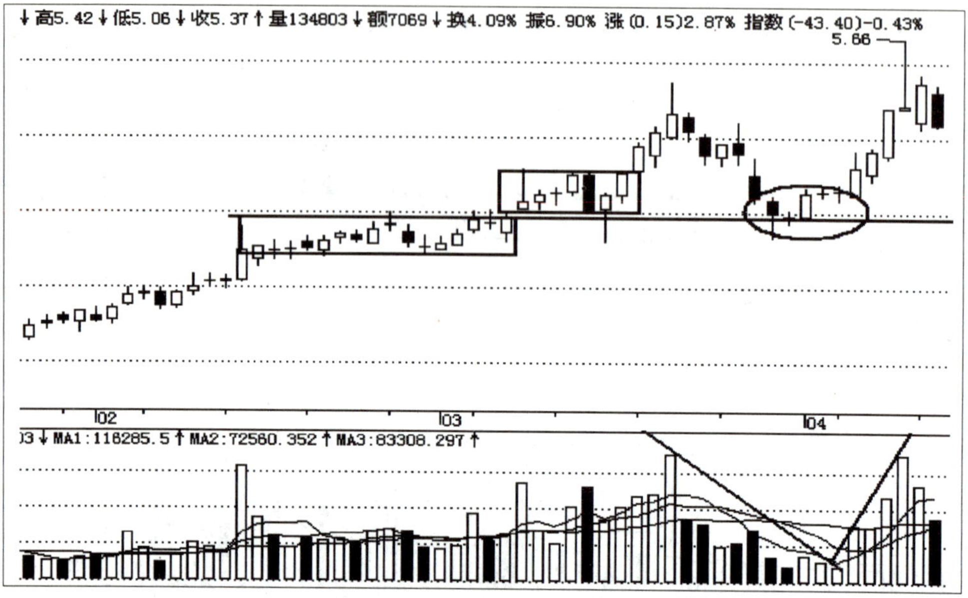

图 2-10

如图 2-10 所示，10%的下跌没有破坏个股的上涨趋势，在这个重要的位置，股价止跌企稳，开始向上拉升。成交量再次逐步放大，回到了前期同等水平。

经过调整的股票，盘中拉升显得更加轻松。在圈示位置我们买进股票后，随后的第二个交易日股价便展开了一个主动拉升，成交量摆脱了地量水平。

第三个交易日股价依然保持拉升状态，成交量继续保持温和状态，对场外的做多资金没有太多的消耗。随后面对前期的高点，解套后的短线筹码和获利的短线资金有了卖出的冲动。场中交易开始趋于活跃，成交量的有效放大使得股价能够继续上涨并且站稳了前期高点。

当股价创出新高后，我们的账户已经实现了 10%以上的利润。

当一只潜在上涨动力较大的股票在盘中形成 10%左右的跌幅的

时候，虽然下跌的幅度比较吓人，但是这往往是该股对盘中持筹者进行快速清理的时候。快速地下跌让持有筹码的投资者面对账面的缩水产生恐慌，卖出筹码的念头会随之产生。完成了洗筹后，个股会以比前期拉升力度更大的速率快速越过前期高点。

成交量的变化是我们判断是否继续持有该股的重要依据，股价在重要的位置，会做出如何反应，成交量是否给予配合，都是我们对股价的下一步涨跌进行分析判断的重要因素。

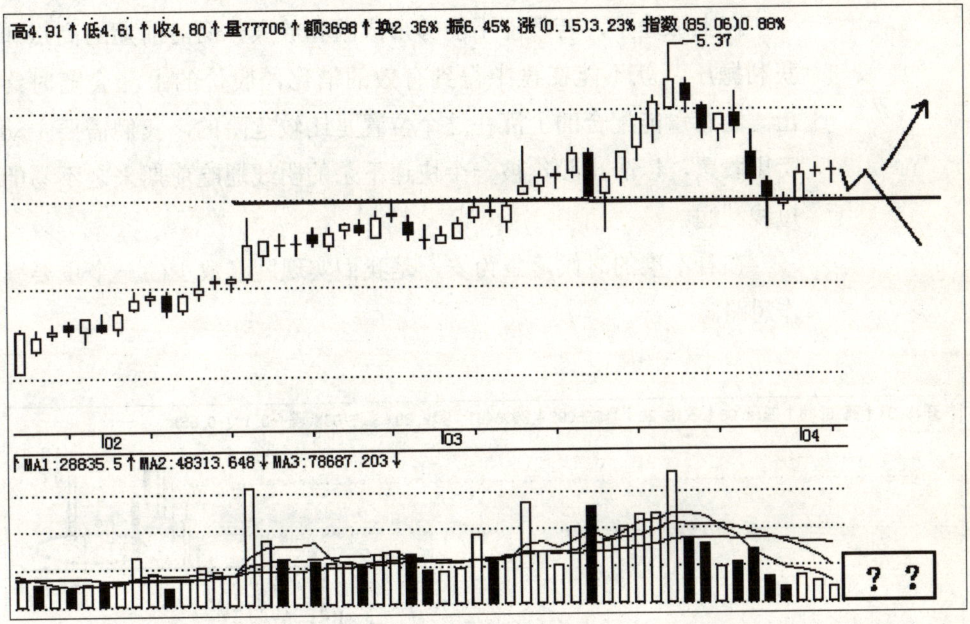

图 2-11

止损说明：

如图 2-11 所示，任何分析都有出现错误的时候，任何成熟的技术点都会被场中主力资金采用画线的形式来骗线。所以，我们在进行任何一次操作的时候，都要做好纠错的准备，只要操作出现错误的走向，就必须止损离场。

同样，该股的止损价格设置不需要离我们的买入点太远。首先第一个止损的位置是在股价见底企稳的最下沿。如果股价跌破了这个见底企稳的下沿，那么该股就没有能够有效站稳该位置。经过如此幅度的下跌调整，同时成交量和前期支撑位置的配合，都不能让该股有效的站稳，那么该股的上涨动力就值得我们抱以怀疑的态度。

成交量的变化依然是我们对该股是否能够继续持有的重要判断因素。股价的横盘、上涨或者进一步的小幅下探，都需要成交量的温和配合。若横盘不能破位且不能放大量，量能放大股价却不能够上涨，则是多空分歧加大的表现，后期的预期将会存在诸多不确定性，所以要寻找一个能够平盘离场的机会离场。

在上涨途中，若量能不能够形成温和放大，面对前期的高点和获利抛压，就不能在盘中得到有效的消化，股价的上涨会随时终止。没有量能配合的上涨在这个位置是比较危险的，我们需要主动卖出股票，以防止股价被一个快速下杀的阴线通吃前期来之不易的短线利润。

在看不准的时候落袋为安，是我们实现胜多败少的一个重要操作思路。

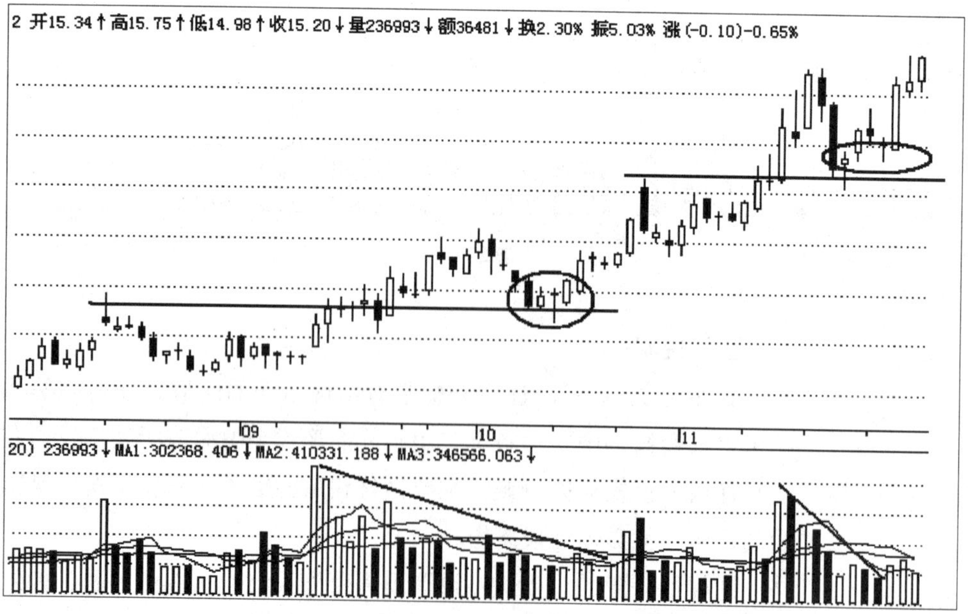

图 2-12

个案解析：

如图 2-12 所示，图中个股在当时的市况中能够保持持续稳定地上涨，算是一个强势股。股价在初期阶段形成了一个小幅的平台走势。从平台的高点回调来看，成交量能够有效萎缩，低点股价相对比较稳定，给股票后期的上涨积蓄了充足的能量。

当股价第一次放量冲破平台的高点，创出新高的时候，强势特征初步显现，我们可以运用第一本书中所介绍的买入操作技巧进行分析，对该股进行短线机会的把握。同时无论我们是否对该股进行操作，都要将该股放进我们的自选股票中进行跟踪，寻找下一次的操作机会。

当股价创出新高后，成交量没有持续跟进，股价见到高点后展开了一波小幅下跌。虽然股价走出了下跌走势，但是成交量有效缩小，同时该股的上涨波段没有结束，我们可以通过寻找低点低吸的方式，在该股中继续寻找比较理想的买入时机。

当股价下跌幅度达到 10%左右时，同时该股的下跌点位也与前期的高点形成了共振点，高点的突破支撑显现出来。我们通过对量能的分析，在盘中判断出股价下跌势头终止，股价在该价位形成了稳定的走势后，就可以对该股进行短线买进的操作了。

当我们在图中第一个圈示位置买入股票后，股价展开了一波小幅的拉升。量能的不配合，让该股的上涨幅度和力度都是很大。虽然获利的速度不是最佳的，但是能够实现账户资金的增值，对于短线来说就是成功的，我们的操作可以按照计划完美的获利出局。

第一次操作后，该股的强势特征和上涨趋势并没有结束，股价的波动依然支持着我们对该股进行继续跟踪。在接下来的走势中，我们可以寻找到几个比较良好的买入点位。

第二个圈示位置就是我们很容易把握的回调后的买入点。股价经过快速拉升后，盘中资金获利丰厚，主动快速地下杀，可以有效地清理浮筹。

两根强有力的大阴线，其力度和幅度都可以让持股不坚定的投资者离场。10%左右的跌幅后，股价再次企稳止跌。只要该股后期还能够走好，主力资金的做多意愿没有终止，该股在良好的大盘走势下，下跌10%左右已经可以完成所有下跌预期，所以在该位置我们可以买进，等待该股的短线利润进账。

对于一只强势个股，只要上涨趋势不被打破，量能配合完美，大盘环境良好，我们就可以在每次下跌回调中，寻找一个最佳的买点进行操作，这样成功率和获利幅度往往会非常可观。

第四节 运用四线进行短线操作(1)

操作要点：

(1)个股的5日、10日、30日、60日四条均线处在相对集中的位置。

(2)股价从一个平台位置下跌到四线之下，然后在这个四线集中的位置一举上穿四线，对四线形成了有力的突破走势。

(3)在突破四线的当日，成交量有效放大。

(4)大盘环境良好，大盘和个股都处在下跌后的第一个修复期。

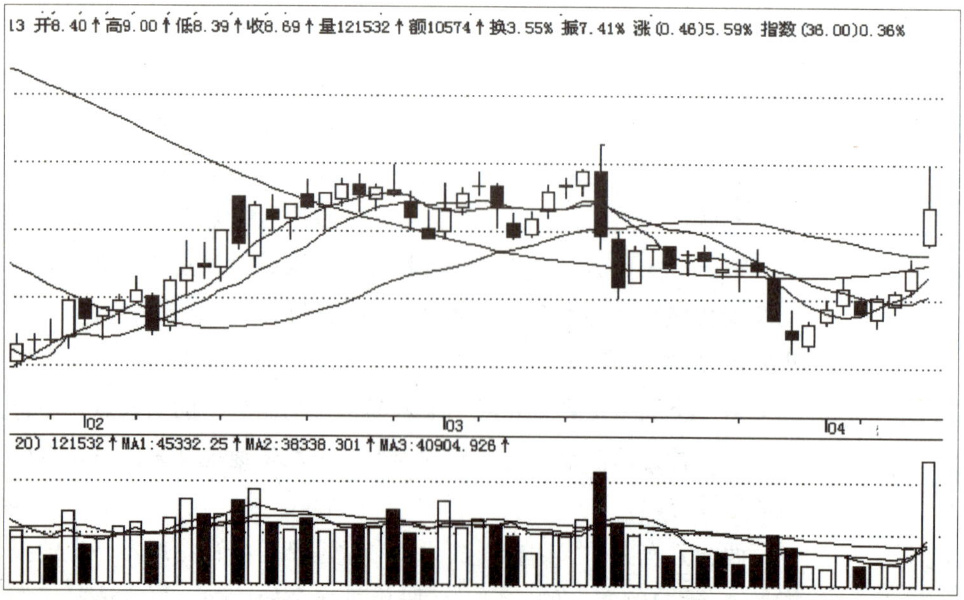

图 2-13

操作解析：

如图 2-13 所示，股票的 60 日均线向下并逐步走平，说明该股经过下跌后，正在以横盘的形式对下跌趋势进行初步修复。一个有效上涨后的横盘，有效地化解了下跌的势头，股价在一个低位的相对高点横盘调整，让空头能量得以释放，多头力量有效集聚。

股票的止跌让 5 日、10 日、30 日均线开始逐渐走平，并有向上的势头。在对下跌趋势修复的后期，股价下跌打破了横盘区间。下跌过程中，成交量逐步萎缩，量能的有效配合，让该股的下一步上涨具备了条件。

当股价的调整对四条均线进行了有效修复后，四条均线开始集中。在日 K 线中，均线代表着近段交易日投资者换筹的平均成本，当四条均线开始集中的时候，就是近日 5 日、10 日、30 日、60 日交易的投资者的平均换筹成本。

重要的四线换筹成本对股价的上涨下跌都将起着重要的影响作用，当股价在四线之下的时候，说明大家的平均持筹都是亏损的。当股价站上四线之上时，当前价位就是大多数交易者的获利位置。

当股价从四线下方有效上穿四线，并且有成交量的配合，那么股价的下一步短线上涨概率将是比较大的。作为短线投资者，我们就可以在该位置买入股票，进行短线操作。

如图 2-14 所示，当我们买入股票后，首先要对成交量进行观察，量能积极配合我们就可以放心持股。第二个交易日股价快速拉升，并且突破了前期平台的高点位置。股价能够创出新高，说明近期包括前期平台买进股票的投资者，都处在获利状态。

成交量的有效放大，有效消化了获利盘，让股价能够更加稳定地站在前期高点的位置。

随后该股在相对高点位置展开了一波横盘的走势，横盘对前期的平台进行一个突破确认，成交量继续保持相对高换手，对股价后期的上涨产生了有效支撑。该股的强势特征和蓄势走势都比较完美，属于一只比较好的短线和中线关注的股票。

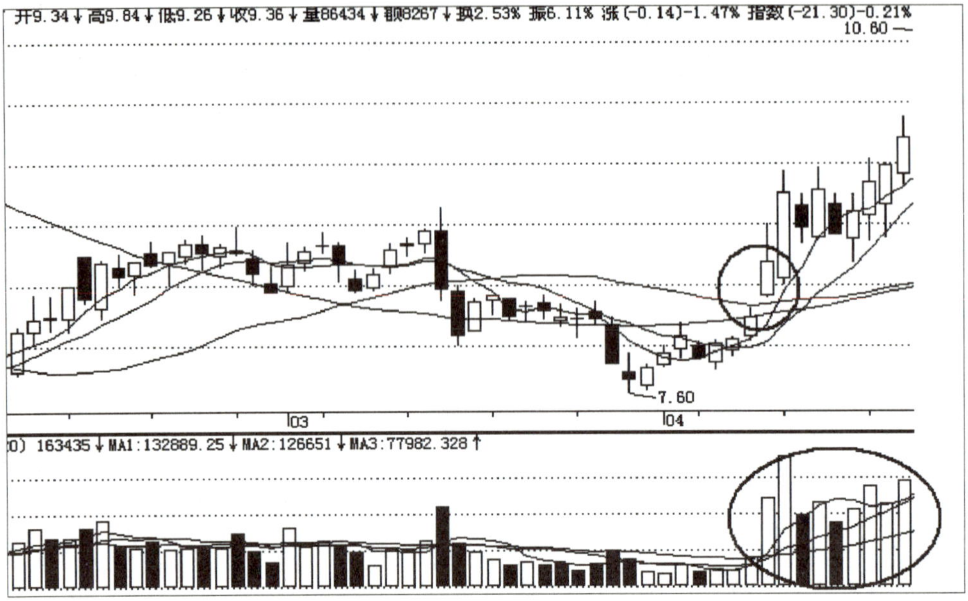

图 2-14

虽然该股依然具有可操作机会，但是我们进行短线操作，在预期的交易日中对该股进行一个卖出操作也是一种正确的决策。在卖出股票后，只要该股依然处在我们可跟踪操作的范畴之内就可以再次对该股进行买进。至于第二次的买点应该选择在什么位置，就需要我们在后期进行深度的跟踪了。

若我们在第二次对该股进行继续操作，则一定要抛弃第一次操作过该股的想法。每一次操作都是一次崭新的战斗，相互不要影响。我们要尽全力让每一次单独的操作都能够实现利润，这样就会让账户快速增值。

止损说明：

如图 2-15 所示，我们买进该股的理由是四线汇聚，同时股价有效突破四线。那么我们进行止损卖出的理由是什么呢？

买入理由消失就是我们卖出的理由！

这是我们第一章中所强调的一个重要理论，希望读者朋友们牢记于心。

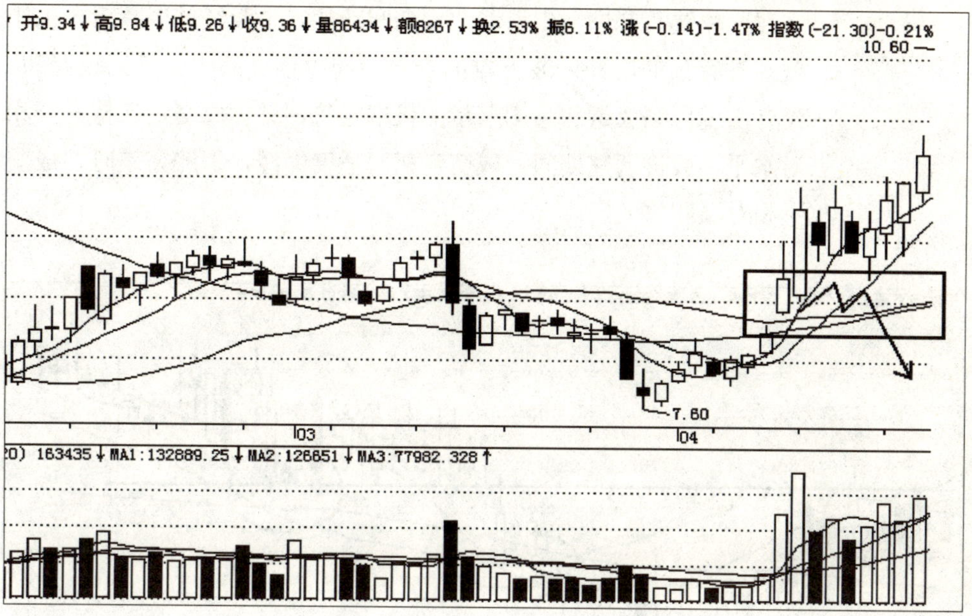

图 2-15

当股价不能站在四线之上的时候，就是我们进行止损卖出的时候。因为是短线操作，所以也不用担心四线从集中到不集中的现象。此时的止损，10 日、30 日、60 日均线的有效跌破更为重要。

当我们持有该种股票时，成交量若不能有效配合，就需要我们提高警惕。在四线刚刚突破的初期，若量能能够有效萎缩，股价在四线上站稳，那么并不构成离场的充分理由。若股价站稳四线，短暂的小幅波动，我们可以适当放宽持股周期，给股票一个适当的修正蓄势时间。若在四线之上，股票走出了放量滞涨的走势，就需要我们在四线之上对股票进行一个主动的卖出操作。

个案解析：

如图 2-16 所示，图中个股初期从小平台上向下走出了一个小型的底部，在跌破小平台的同时，股价有效跌破了 5 日、10 日、30 日、60 日四条均线。在四条均线的下方，股价始终受制于 60 日均线的压制，多个交易日处在 60 日均线的下方运行。

我们观察当时该股所处的环境状态，大盘处于上涨初期的一个小波段位置，有进一步上涨的预期和动能。个股经过调整后，也止跌并且有预期展开一波上攻的走势。同时该股的成交量比较温和，没有出现巨幅放量和急剧缩量的极端走势，整体成交量保持一个相对水平。股价调整期间，成交量相对适度缩减，上涨突破时，成交量相对温和放大。

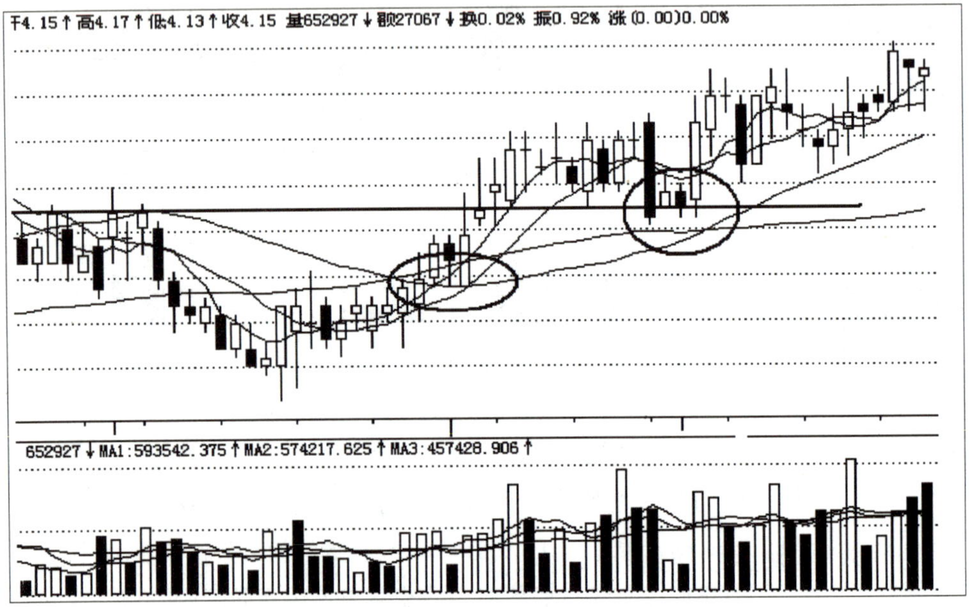

图 2-16

当股价经过底部一小段时间的调整后(图中圈示位置)，放量突破了四条均线的压制。突破点上，四条均线有效黏合，黏合的均线表明该位置是近期大多数交易者的平均持股成本，股价突破该价格也就宣告市场中近期交易的投资者，大多数从亏损转为了盈利。

在突破位置，我们可以设置好止损位，然后大胆地对该股进行买入操作。买入股票后，股价依托5日均线，展开了小幅的上涨行情。虽然上涨的幅度和力度不大，但是连续几个交易日的小幅上涨，让我们有充足的时间和空间实现一次短线盈利的操作。

短线操作的盈利预期不一定需要多大，也不一定需要每次交易都让账户利润快速增长。只要能够实现经常盈利，成功率不断提升，持续下去，就可以让账户实现暴利。一味地追求每一次操作的高利润，是不现实的，也会局限和制约投资者的正确思维。

股票的强势特征没有消失，我们在卖出股票后依然可以对该股进行持续跟踪。股价站上前期小平台后，展开了一段时间的横盘整理。在横盘整理后，股价再次回踩重要均线支撑，支撑生效，在第二个圈示位置，我们依然可以对该股进行买入操作。

当股价出现由弱转强的走势，一般有两个买点位置。第一个位置是突破的位置，第二个位置是突破后对突破有效确认的回踩位置。在实际操作中，我们既可以把握突破位置，也可以在回踩确认的位置对个股进行买入操作。

至于选择两个位置的哪个位置进行操作，则要根据当时对大盘后市的预判和个股的成交量的变化来分析判断。最为重要的一点，是要根据投资者个人的投资习惯和操作秉性来确定自己的操作风格，无论哪个位置都是可取的，都是对的，关键要看是否能够有效地执行自己的操作思路。

第五节　运用四线进行短线操作(2)

操作要点：

(1)个股和大盘均处在上涨趋势中。

(2)个股的上涨形态稳定，在比较明显的上涨通道中运行。

(3)股价触摸到四线中较为重要的长期均线后，总能主动地向上再次拓展空间。

(4)成交量能够给予完美的涨跌配合。

操作解析：

如图 2-17 所示，图中个股初始阶段依附 5 日、10 日均线稳步攀升。在上涨过程中，成交量能够给予完美配合，量能稳定且温和地支撑着该股持续走高。

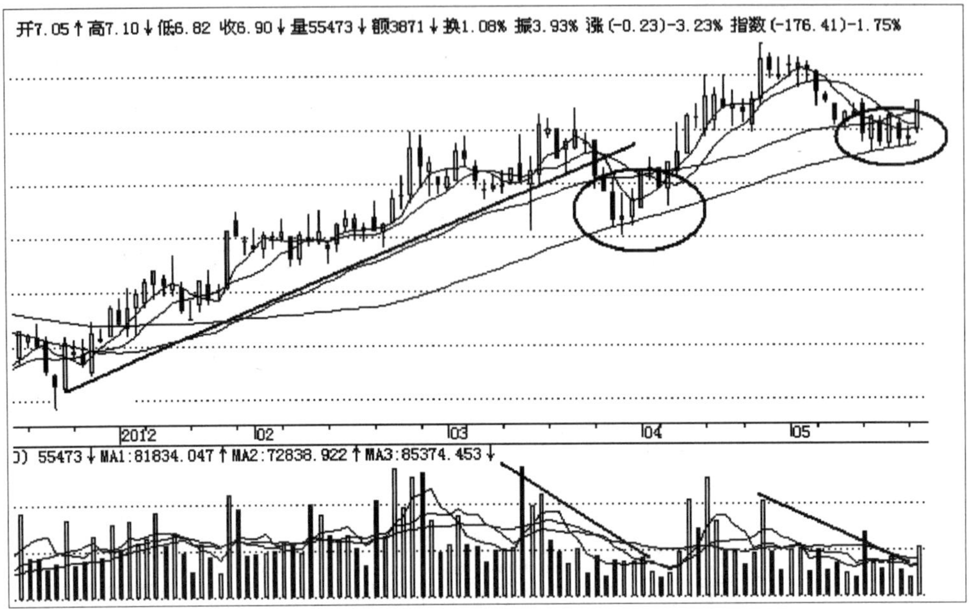

图 2-17

我们按照该股的上涨趋势可以找到一个比较明显的上涨趋势线，支撑着该股股价步步向上。在累积了一定涨幅后，股价触摸到了一个相对高点，盘中获利筹码比较多。这时候股价出现了一个调整的走势，在调整的阶段，股价下跌，成交量萎缩。

当该股的下跌有效跌破 5 日、10 日、30 日均线后，在 30 日均线上方形成了第一次止跌企稳。随着股价的止跌，成交量的有效配合，修整后的股票再次向上拓展空间。该股的上涨趋势比较明显，通道效果比较突出。30 日均线的支撑对该股的后期将起到重要的比照作用。

当股价再次触摸新高后，第二次下跌再次触摸 60 日均线，并在 60 日均线的上方形成了有效止跌。同样，在下跌调整中，成交量依然给予了有效配合。

在股市中，大多数投资者都有一种从众心理。同样，一只股票的股性一旦固定后，只要没有其他大资金对该股进行关注，个股就如同投资者一样有着固定的脾气和秉性。因为，只要没有新参与的大资金对该股进行操作，股价的涨跌是投资者市场博弈的反映，个股的秉性就是当前参与者的脾气秉性的真实反映。所以，在成交量和股价波动没有发生大幅变化的时候，我们可以依照前面的博弈规律，在重要的支撑位置，仿照前期的波动性质，对该股进行短线的分析操作。

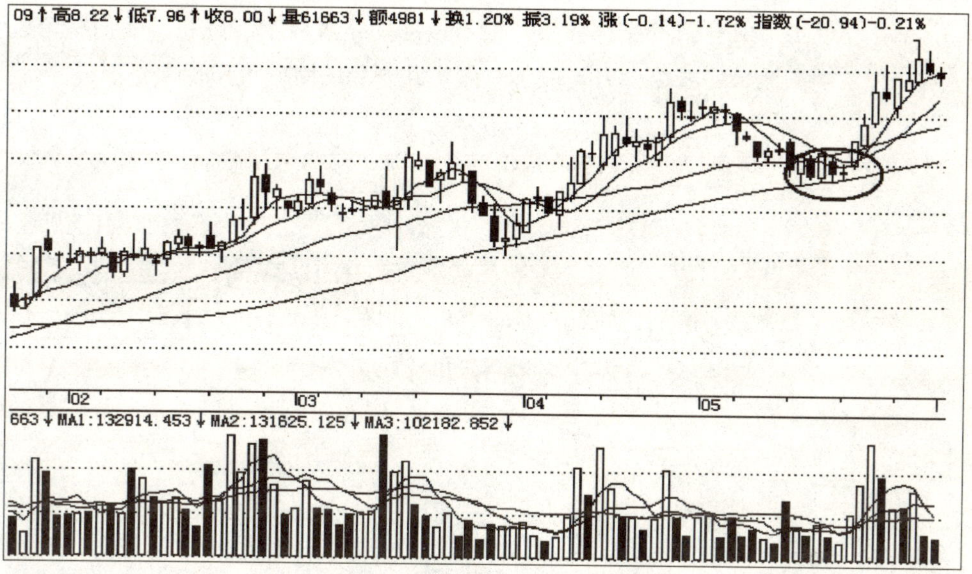

图 2-18

如图 2-18 所示，当我们在圈示位置买入股票后，股价在成交量的配合下，迅速地展开了拉升走势。第二个交易日、第三个交易日均以放量阳线加速推升节奏。前期高点在股价的上涨中，被轻松突破。

当股价创出新高后，我们需要再次对成交量进行密切关注。创新高的点位是分析和判断股票股性的重要位置。从创新高的位置，结合成交量的变化和分时的表现，我们很容易就能分析出个股的压力和动力。

对于压力明显的股票，我们可以主动地进行卖出操作。对于动力十足的股票，我们可以安心持股，或者寻找新的建仓机会进行持续地买进操作。

对于该只股票，我们不但可以在波段的下沿买进筹码并持股快速获利，还可以在短线卖出后继续对该股进行持续跟踪，寻找第二次、第三次短线操作机会。

当然，60 日均线是重要的支撑均线，同样，30 日均线也是重要的支撑均线。若个股上涨势头强劲，则 10 日均线也完全可以作为趋势支撑的重要均线。无论哪条均线，只要股价能够在该条均线上形成有效的支撑效果，沿着该条均线形成上涨趋势，我们就可以在该条均线的上方，股价有效止跌企稳的时候大胆地买进。

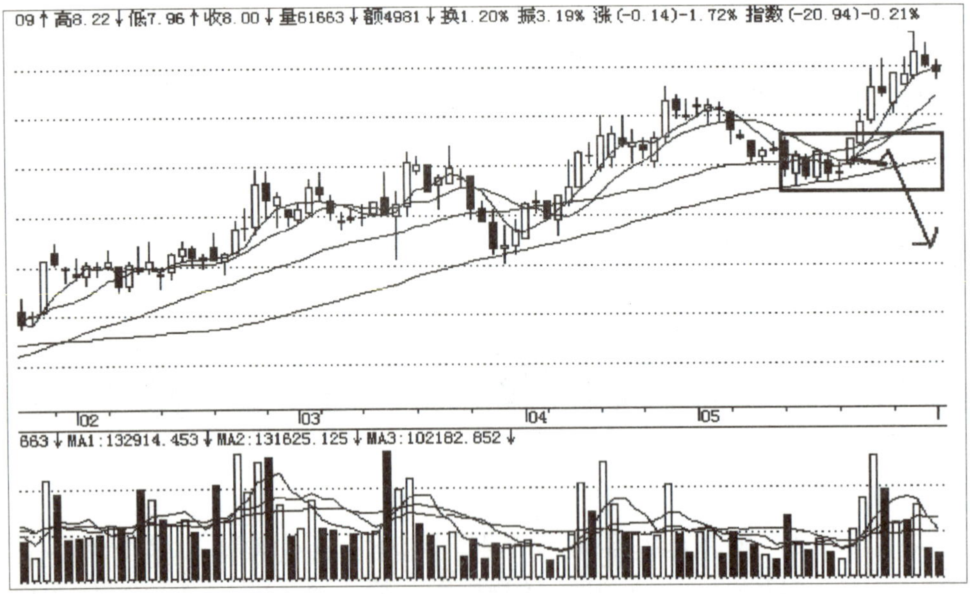

图 2-19

止损说明：

如图 2-19 所示，再完美的上涨趋势都有被打破的时候，当趋势被打破的时候，就是我们止损离场的时候。当股价对 5 日、10 日、30 日均线全部有效突破，并且牵引着 3 条均线对 60 日均线进行重重打压的时候，我们一定要对 30 日均线的支撑效果进行认真地观察。

当股价稳定地站在该条均线之上，我们就可以观察或者买进并持股。当股价对该条均线形成有效跌破的时候，无论什么原因，都要进行坚决的止损操作。

如图中方框圈示位置所示，当股价波动跌破了下沿，并且对60日均线形成了突破，那么止损就是势在必行的操作了。

因为前期个股是处在上涨趋势之中的，长期均线呈现出逐日升高的趋势。均线的每日攀升必将对个股形成助涨的推动作用，若股价止跌后，不能够形成攀升的走势，就会被逐日抬高的均线超越，形成被动的日K线破位的走势。这种情况下，个股的表现依然属于弱势特征，需要我们进行止损操作。

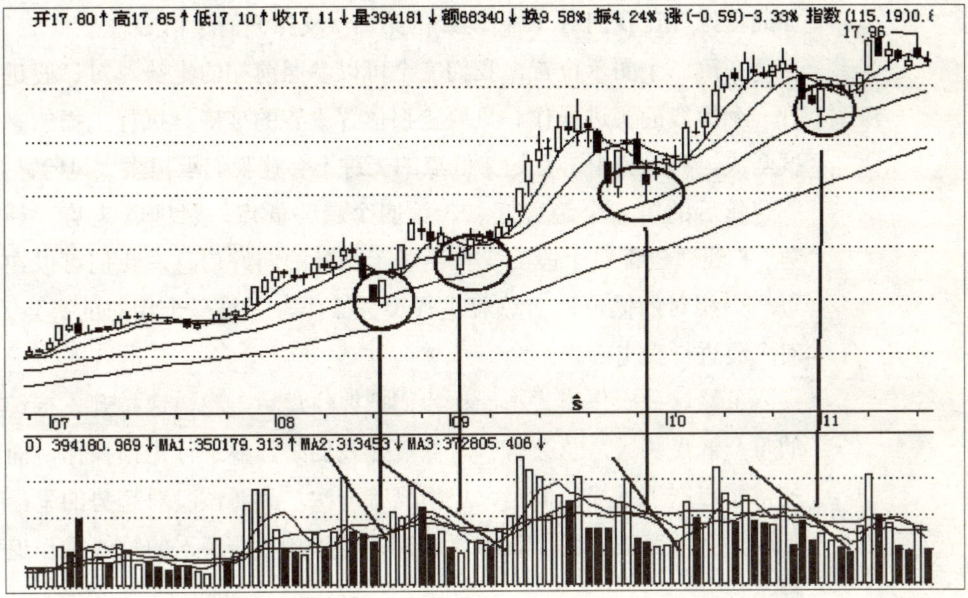

图 2-20

个案解析：

如图2-20所示，图中个股处在上涨趋势之中，事后我们对该股进行复盘，可以看到如果坚持中线持股，则获利非常可观。但是若我们能够把握好盘中的波段，在每一相对低点买进股票，在高点抛出，同时再在其他股票中寻找机会配合操作，那么利润将会成倍增长。

不能够把握住波段高低点的投资者，往往会事与愿违，不但不能获取高额利润，反而会让账户亏损。所以我们要想成为短线高手，在短线操作中实现更大的利润，必须要苦练内功，有过硬的本领才可以扩大一只中线牛股的整体利润。

当该股形成上涨趋势后，获利盘和场外做多资金形成了一个波段的推升共识，初期的 5 日、10 日均线助涨形成趋势后，首次大幅调整在 30 日均线上形成了有效的支撑。股价的波幅对 30 日均线形成了依附。

在第二次调整到 30 日均线的时候，该股的成交量比较稳定，阳线的温和放量和调整过程中的缩量，加之波段的趋势特征保持的如此良好，让我们对 30 日均线的第二次支撑充满了信心。

在第二个圈示位置，我们完全可以参照前期的走势，对该股进行一个短线的买进操作。只要止损位置设置的准确，执行止损的态度坚决，在趋势中进行趋势低点的买进不会让我们承担太大风险。

随后的第三个趋势低点、第四个趋势低点，量能、走势、趋势、K 线轨迹都对个股的操作给予了充分的向好信息。我们可以在每一个相对的低位，对该股进行买进操作，在每一个相对的高点，对个股进行卖出操作。

虽然这种操作模式不能让我们把握住最后一次快速拉升，持续的每个低点买进，总会有一个低点让我们必须要进行止损操作，而使得账户产生亏损。但是，止损只有一次，只要该股对趋势的下沿形成了有效突破，我们就需要放弃该股趋势下沿买入的短线操作追踪。

多次、大概率的进行趋势下沿买入获利操作，与仅有的最后一次错误操作止损相互 PK，让我们不难发现，这是一个胜多败少，赚多亏少的买卖。

所以，此操作模式值得我们使用。

第六节 运用四线进行短线操作(3)

操作要点：

(1)个股和大盘均处在快速拉升的暴涨期，上涨后劲十足。

(2)个股属于当时的操作热点，有集体板块上涨效应。

(3)在30日、60日均线的上方，股价从5日、10日均线上方调整回落，短时间掉回到5日、10日均线的下方，并牵带5日均线黏合10日均线。

(4)短暂的跌破后，股价再次向上突破5日、10日均线，站到了四条均线的上方。

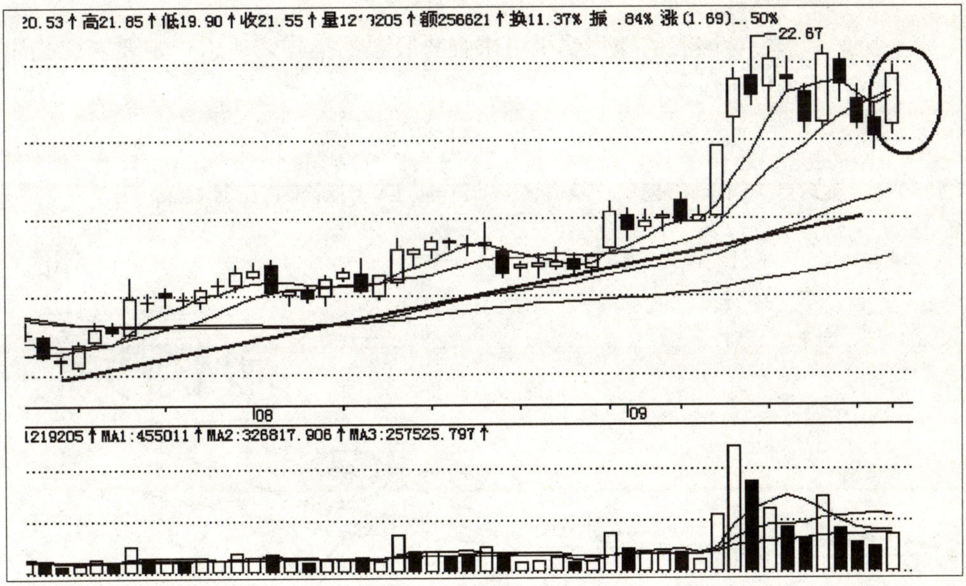

图 2-21

操作解析：

如图2-21所示，个股处在上涨趋势之中，始终在30日、60日均线的上方运行。在上涨中，股票的低点不断抬高，高点逐步向上扩展。同时成交量也相对比较温和配合，上涨温和放量，调整温和缩量。

在经过一段不温不火的上涨后，股价步入了快速拉升阶段。成交量开始放大，股票的日 K 线实体放大，股价每日的成交变得比较活跃，涨跌幅度增大。此时该股进入了投资者大量关注、交易换手充分的阶段，股价的拉升往往伴随着板块的整体联动。

在股价第一次快速拉升后，上涨趋势依然保持。经过一个小高点的小幅调整，股价短暂跌破了 5 日、10 日均线，同时牵引着 5 日均线向 10 日均线靠拢。在两线靠拢后，股价再次向上突破了两条均线的位置，从两条均线的下方站到了两条均线的上方。

在对两条均线突破的当日，我们可以对大盘和个股进行一个预判。大盘环境若处在良好的上涨阶段，有比较好的后市上涨预期，同时个股整体形态和板块效应向好，我们就可以对该股进行大胆地买入。

对该股的操作属于追求强势股票的操作，所以一定要密切关注强势变化。

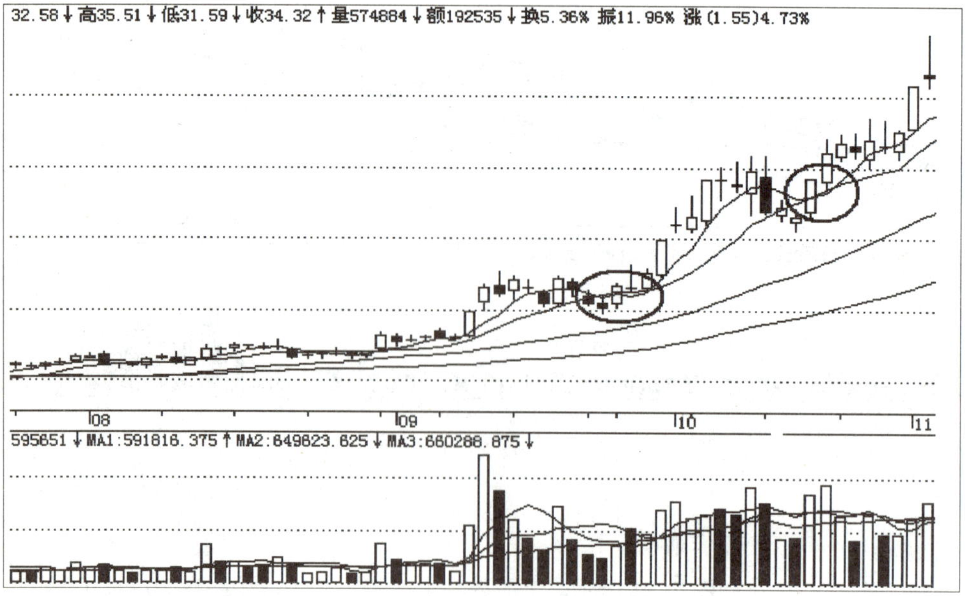

图 2-22

如图 2-22 所示，当我们买入股票后，股价在 5 日、10 日均线的上方再次展开了上攻的走势。因为我们对该股进行的是一个强势买入，预期就是属于选择强势股票，买在强势上攻的位置，所以买入后，对该股的跟踪要始终关注 5 日均线的支撑效果。

只要个股站在 5 日均线的上方，我们就可以对个股进行持股操作，有效跌破 5 日均线，就可以考虑进行卖出。

强势股票在上涨中，调整往往采取的是蜻蜓点水式的短时调整，对 5 日、10 日均线进行确认就足以完成调整。同时结合大盘的良好上涨，个股的板块热点效应，强势的股票没有理由长时间的滞涨。同时，我们为了提高操作的成功率和充分利用资金，选择在强势股票进行短时调整后的起爆点进行买入，这样对我们的短线操作效果是一个更好的提升。

买入股票后，个股一般会在很短的时间内给账户带来盈利，而持股的重要信息就是能否继续保持强势。只要个股强势特征不减，就可以进行持股操作。

图中个股在完成了第一次短期调整再次快速上攻的走势后，在图中第二个圈示位置，再次走出了异曲同工的回踩走势。

在回踩点上，我们可以再次买入该股，对强势股票进行第二次短线买入。很多强势股票在快速拉升的时候，经常会采用此类蜻蜓点水式的调整加上快速拉升来完成整体的涨幅。

实盘操作中，我们可以把握住热点板块，将多个目标股同时选入自选股中，对这些股票进行轮换操作。有效的轮换操作，等于拉长了个股的利润空间，同时也扩大了资金效应。

止损说明：

如图 2-23 所示，当我们买入股票后，要密切地对 5 日均线进行跟踪。在上涨的初期，要设置止损位置。上涨的后几个交易日，设置的就是止盈的位置。

上涨初期，个股刚刚对 5 日、10 日均线进行了有效突破，所以 5 日、10 日均线就是重要的参考点，只要股价不有效突破两条均线就可以进行谨慎持股。当股价跌破两条均线时，我们就要进行止损卖出的操作。

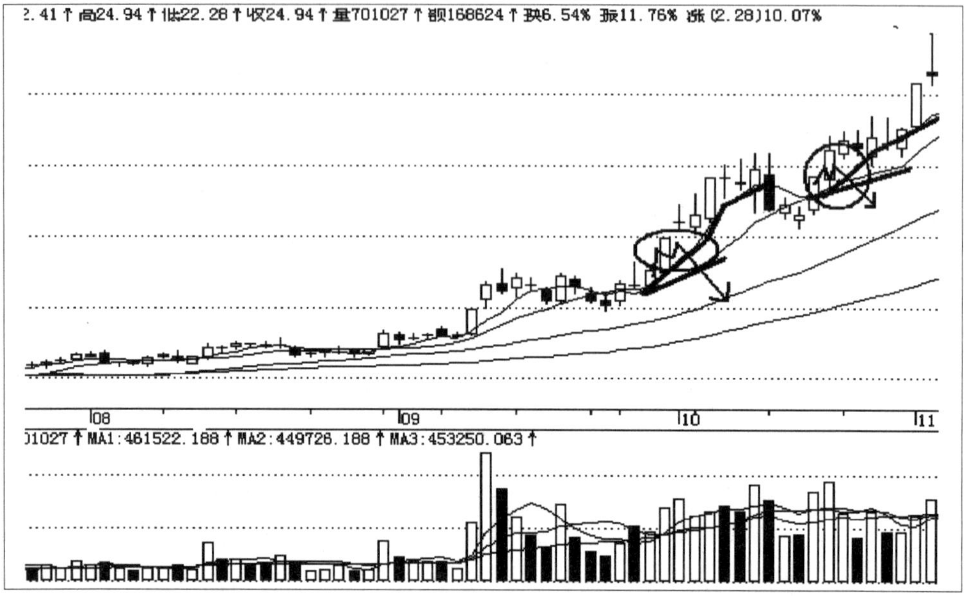

图 2-23

当我们买进股票后，股票向预期方向发展，展开了上涨，此时，5 日均线会紧跟股价快速向上拉升。我们操作的是强势股票，所以追寻的也是强势特征，在良好的大盘环境下和热点板块效应下，追求更加快速的获取利润。

只要股价不跌破 5 日均线，我们就可以进行持股操作，当股价对 5 日均线进行有效跌破，或者在盘中分时走势中，明显滞涨不强的时候，我们就可以对个股进行卖出的操作。

在实盘中，我们需要结合成交量的变化，若股价急速拉升，短时间上涨幅度非常大，远离了 5 日均线，为了防止利润回吐，成交量只要出现异常巨量，股价出现放量滞涨，上涨乏力的走势，则依然是我们卖出手中获利筹码的最佳时机。

个案解析：

如图 2-24 所示，图中个股处在良好的上涨趋势之中，在此类股票中，若进行中长线操作，那么我们可以有效吃掉所有的利润。中长线的操作也有其优越的一面，适合一些稳健的投资者。后期我们会做如何把握中长线操作的系列介绍，新的书籍出版后，希望有兴趣的投资者关注。

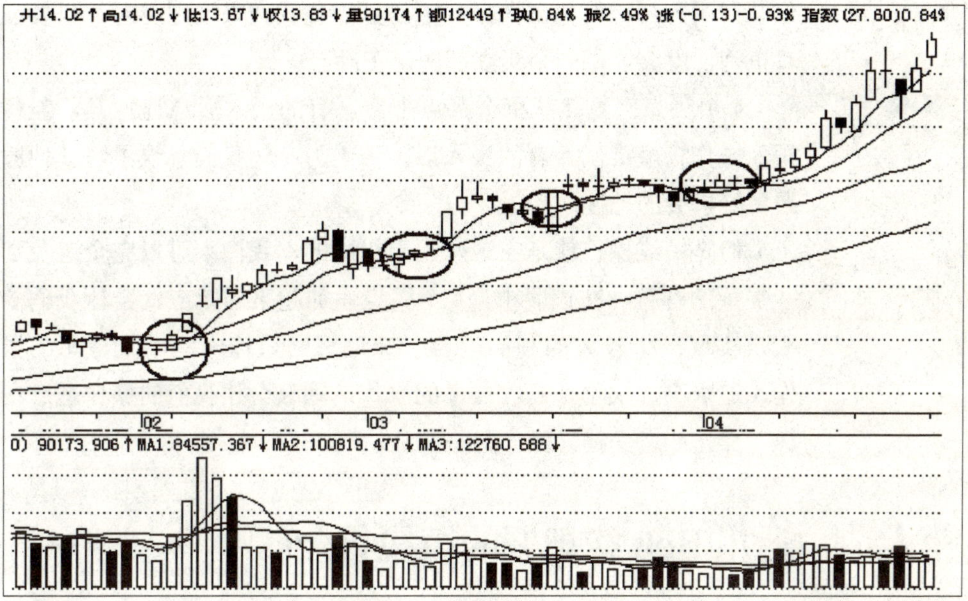

图 2-24

任何一种投资方法都需要进行系统地研究，并通过不断实践和磨合，才能够达到人和股市的有效结合。一套书、一系列的方法介绍只能起到领路的作用，熟读书本后还需要大家共同研讨，共同学习，共同提高。若投资者感兴趣，我们也会尽最大能力搭建平台，笔者也将参与到大家的共同学习之中，这样，可以将自己总结的经验分享给大家，也可以从大家的身上学习到更多好的操作方法。

在股票市场上不断地丰富自己，不断充电，才能让我们进入长期持续盈利的队伍中。任何一个投资者都必须这样。

从图中可以看出，该股处在良好的上涨趋势中，上涨势头较好，我们可以在圈示位置对个股进行买入操作。当我们买入股票后，股价的上涨伴随着5日均线的拉升。在股价上涨中，我们既可以主动地进行不强就离场的分时监控，也可以参照5日均线进行持股操作。

4个圈示买点，有买入后快速拉升的，也有买入后进行横盘调整的，无论哪种买入点位，只要符合我们的操作模式都可以进行操作。在买入后，股价出现哪种走势都需要我们来区别应对，只要应对正确，就会让每一个买点都变得正确。

4个买点，虽然从单个买点来看，有的买入后急速拉升，显得买入操作极度准确。有的买入后上涨乏力，让我们耽误了对其他股票更好机会的把握。

但是短线操作就是由这些因素组成的，我们不可以完全避免那些复杂的音符，在该股中，4个买点累加起来的效应就会让我们的账户实现一个较大的利润。若一味地想回避掉一些不太理想的操作，追求高成功率，高收益率的操作，则只会让我们的操作理念变坏，操作心态变糟，操作思路变乱。

第七节　运用Boll线把握的短线机会(1)

操作要点：

(1)股票和大盘均处在明显的上升趋势中。

(2)个股在相对高位走出了一个平台整理的形态，平台有逐步抬高趋势为更佳。

(3)股价在横盘的末端，同时对Boll线的上轨和平台的上沿形成了有效突破。

(4)股价调整期间和突破时点的成交量配合完美。

操作解析：

如图2-25所示，图中该股在Boll线轨道中形成了下有支撑、上有压力的走势。股票的走势形成了一个比较标准的上升通道，同时形成了横盘调整的走势。在当前大盘环境下，大盘的趋势也是向上趋势，给个股的下一步上涨带来了动力。

随着股价的横盘调整，成交量区域稳定，且在调整的低点，成交量萎缩明显。市场交易趋于平衡状态，在平衡状态中，多头稍有动作，股价便向上拉升，反映在盘面上个股的趋势有向上抬高的趋势。

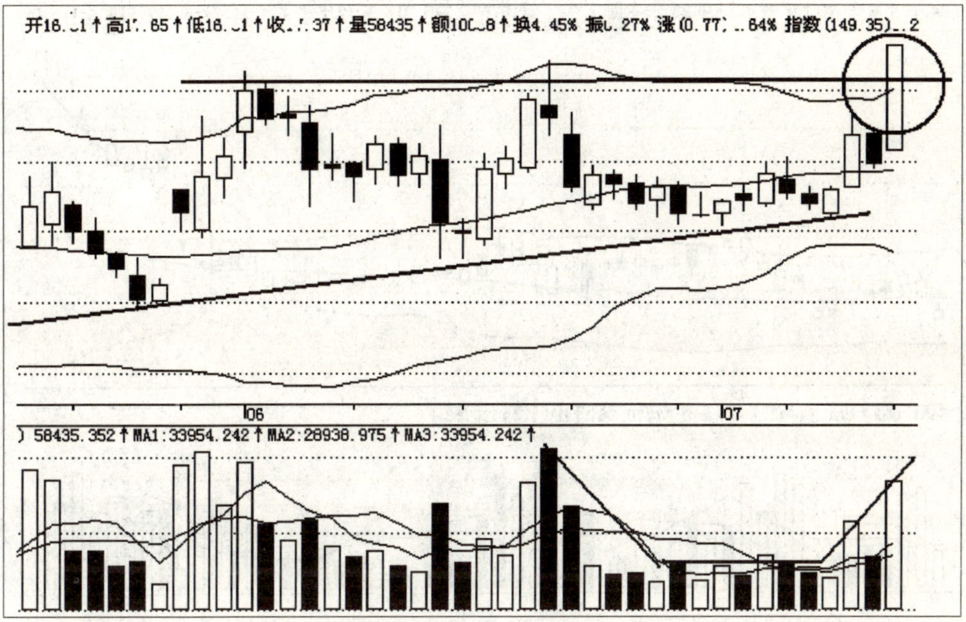

图 2-25

经过一段时间的整理走势，Boll 线指标会对股价的波动空间进行修复，支撑、中轨和压力线逐步靠拢，股价的波动空间逐渐变得狭小。当前位置股价在 Boll 线的压制下，很容易向上或向下拓展空间。

当股价在成交量的配合下，向上有效形成突破的时候，我们就要对该股进行密切关注了。股价有效突破了 Boll 线的上轨，同时也有效突破了调整区间的上沿压力。成交量的配合，预示着该股的动力比较充足，所以我们可以在该位置买进股票。

当我们进行短线买入操作的时候，一个技术点和一个指标对该股的判断不一定会非常准确，所以我们应尽可能地将几个技术点一同来进行参考。多个技术点产生的共振，对个股的分析判断非常有用，可以大大提高分析判断的准确性。

本系列书中所介绍的各种操作技巧和方法，在实盘中若能够结合起来使用，则会让我们的短线买进时机更加准确。

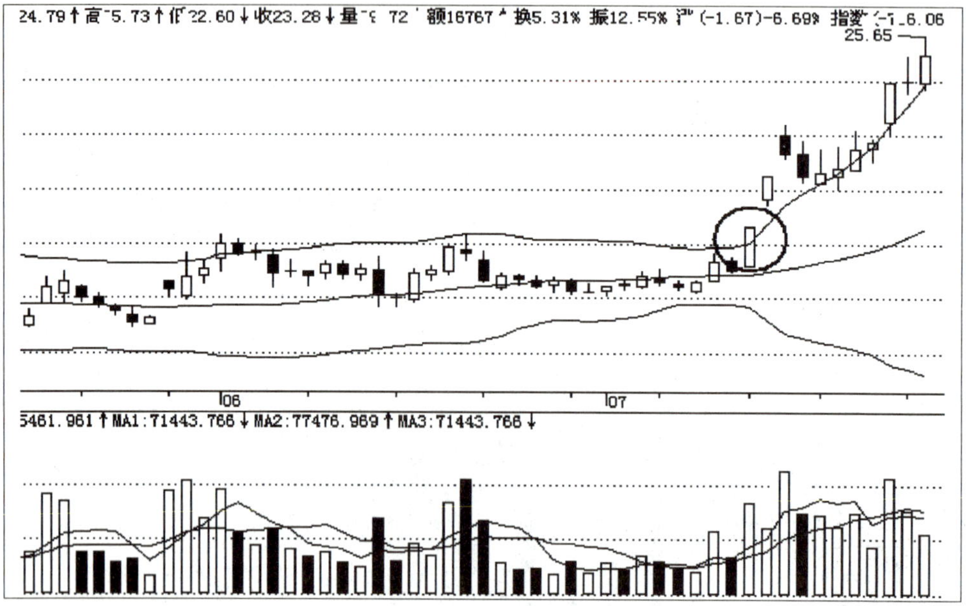

图 2-26

如图 2-26 所示，当我们在股价有效突破 Boll 线指标的上轨和横盘区间的上沿买进后，股价在成交量的配合下，第二个交易日直接急速拉升。面对如此有力的走势，只要量能不出现异常变化，我们就可以进行坚定的持股。

当我们在股价突破 Boll 线指标，有效站在该指标的上轨之上时，上轨线就成为我们对当前股价操作的重要参考。只要股价持续上涨，始终能够站稳上轨线，同时成交量不出现异常变化，那么我们就可以安心地对该股票进行持有。

只要股价保持强势，Boll 线上轨支撑不破，持股时间可以适当地放长。股票处在超级强势时，股价往往会持续地运行在 Boll 的上轨之上，用不破Boll线上轨作为持股的重要参考，可以让我们在遇到急速拉升的股票的时候，能够拿下主要波段的快速拉升部分的利润。

面对股价的快速拉升Boll线的开口会越来越大，开口张得越大，股价的回调欲望也就越强烈。根据指标的特性，需要股价进行回调，对Boll线指标进行一定的修整，修正后的指标三线靠拢，形成向上趋势。

因为在向上趋势的支撑下，股价会再次展开上攻，所以当Boll线开口异常大的时候，我们要密切关注回调的压力。若成交量不完美配合，股价盘中出现压力现象，我们就可以进行主动离场。

在股市操作中，当我们所操作的股票上涨的概率大的时候，我们可以进行买进。当股票回调的概率大的时候，我们就可以卖出。短线操作中，追求卖完就跌，买完必涨是不现实的。

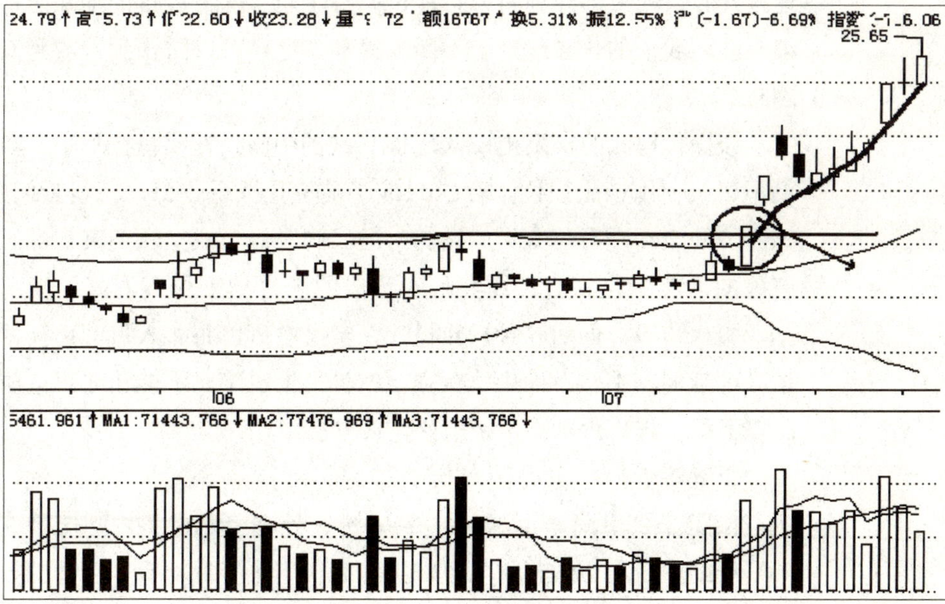

图 2-27

止损说明：

如图 2-27 所示，当股价有效突破 Boll线的上轨后，Boll 线的上轨就成了我们对该股操作的重要参考。若在突破的当日，突破的点位不多，为了给股价适当的波动空间，则我们可以将止损位参照突破 K 线进行百分比的设置。

若突破的力度和幅度较大，则我们就可以以 Boll线上轨来进行止损设置。或者也可以参照横盘的上沿，结合 Boll线的上轨，进行一个综合止损位的设置。

在设置止损位的时候，还需要我们参考大盘的未来预期对个股进行一个综合考虑。成交量是对个股有效突破后的综合分析，当成交量走势不合理的时候，我们也可以进行止损。

只要股价持续上涨，Boll 线的上轨会沿着股价快速跟随，快速跟随的 Boll线上轨就会对股价的上涨起到重要的支撑作用。把 Boll 线的上轨作为短线止盈线来进行止盈操作，可以让我们拿到快速拉升股票的大部分利润。同时 Boll线上轨会随着股价的上涨而持续上涨，我们的止盈线也会不断地提升，这样可以防止到手的利润回吐。

该操作模式的极限止损位是 Boll线的中轨，在实盘操作中，我们不建议使用该止损位。若 Boll线当前位置严重收口，三线紧闭，该股价的波动没有留太大空间的时候，则股价形成上轨突破，同时突破的力度不是太大。而我们对该股的未来预期极度看好的情况下，买入该股。面对这种操作模式，实盘中可以将买入后的止损位适当地延伸到中轨，而中轨止损，在价格上也绝对不能让账户造成5%以上的亏损，否则不可采用该止损方法。

个案解析：

如图 2-28 所示，图中个股初始阶段处在上升趋势中，股价在 Boll线的中轨上方运行。当股价上涨到一定幅度后，有了回调的要求，成交量放大，股价滞涨。

在量能不济的情况下，股价出现了一波主动的回调走势。回调中，成交量萎缩，交易逐步清淡，看空的投资者抛压逐步减少。经过一个多月的调整后，股价开始逐步回稳，在大盘的配合下，在成交量的支持下，股价触摸到Boll线的上轨。

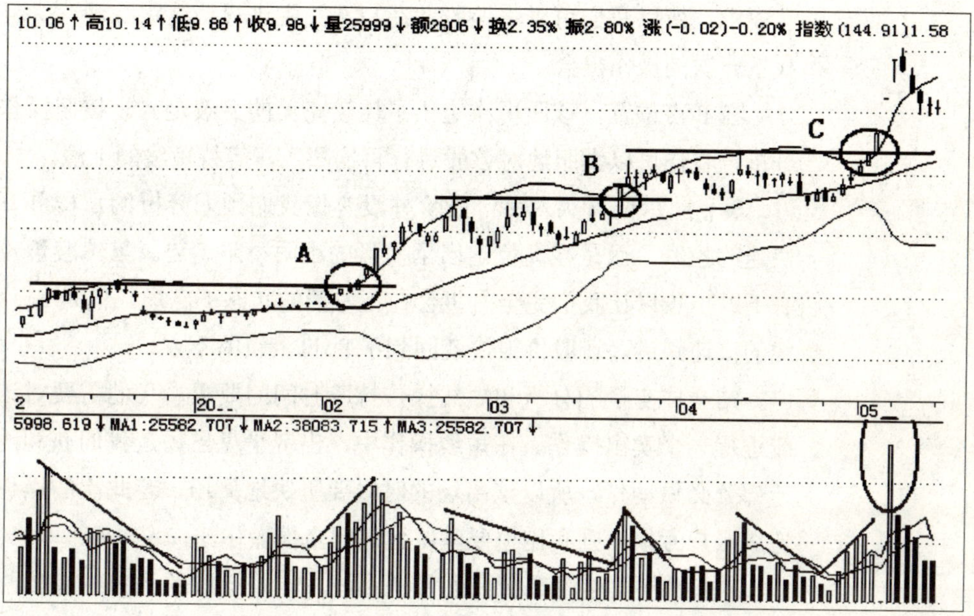

图 2–28

当股价接近Boll上轨时，面对这只处在上涨趋势中，且调整充分的股票，我们应该密切进行关注。在A点位置，股价形成了有效突破，同时成交量也给予了有力配合。我们可以在A点圈示位置对该股进行大胆买进，等待短线利润。

当我们第一次买入股票后，股价正如我们预期走势展开了上攻。在上涨中，股价始终站在Boll线的上轨。只要股价能够站稳上轨不破，我们就可以进行持股。在股价跌破Boll线上轨时，我们可以看到，股票的后几个交易日的上涨成交量是相对萎缩的，所以更加坚定了我们对该股进行止盈卖出的操作。

虽然卖出股票后，股价再次向上涨了一小波，但是我们已经拿到了我们有能力把握住的大部分利润，剩下的另外一部分利润不属于该套操作模式应该吃到的利润，理所当然应该放弃。而第二波的拉升成交量并没有配合，所以第二波的拉升具有风险特征。

当股价缩量在高点展开第二轮调整时，成交量继续保持较低水平。大趋势、大方向的完美走势，预示着该股后期将有进一步的上涨要求，所以我们可以将该股放在自选股中进行持续跟踪观察，寻找下一次的操作机会。

在B点位置，该股再次走出了比较完美的突破走势。按照操作分析，我们可以大胆地对该股进行再次买入，等待短线的上涨。

B点圈示位置买入后，股价并没有像我们预期分析的那样展开快速的拉升，而是在高位走出了横盘的小阴小阳走势。虽然股价没有下跌，可以让我们完全有机会在不亏损的状态下离场，但是Boll线的快速跟进，让股价很快就回到了Boll上轨的下方。

结合成交量的分析和短线操作持股时间的要求，我们需要对该股进行一个卖出操作。在短线操作中，出现平盘出局是我们获利的一部分必做动作，所以该离场的时候要坚决地离场。若此次的操作造成账户亏损，则我们也要坚决地进行止损操作。

B点操作虽然没有给我们带来利润，但是该股的强势特征依然明显，上涨趋势依然值得我们继续跟踪。只要上涨趋势不破，大盘未来预期向好，个股的成交量始终处在完美的配合状态，我们就可以在该股中继续寻找机会。

在C点的圈示位置，再次出现了我们所预期的买入点。实盘操作中，不能因为上一次的止损而手软，只要符合我们的操作计划，就要敢于果断下手买进。在C点圈示位置买进股票后，股价快速拉升给我们带来了丰厚的利润。

当股票在高位放出异常量能，且伴随着股价开始滞涨的时候，我们就可以对该股进行主动离场了。

第八节　运用Boll线把握的短线机会(2)

操作要点：

(1)大盘处在上涨趋势中，个股处在强势上拉的阶段。

(2)股价的上涨始终远离Boll线的中轨，处在Boll线的上轨上方运行，或者紧贴Boll线上轨的下方，顶着Boll线上轨线上涨。

(3)股价从Boll线的上轨上方滑落到Boll线上轨下方后，继续上涨或强势上涨几个交易日，再次突破Boll线上轨，或者初次从顶线上涨阶段突破Boll线上轨。

(4)个股成交量保持温和量能。

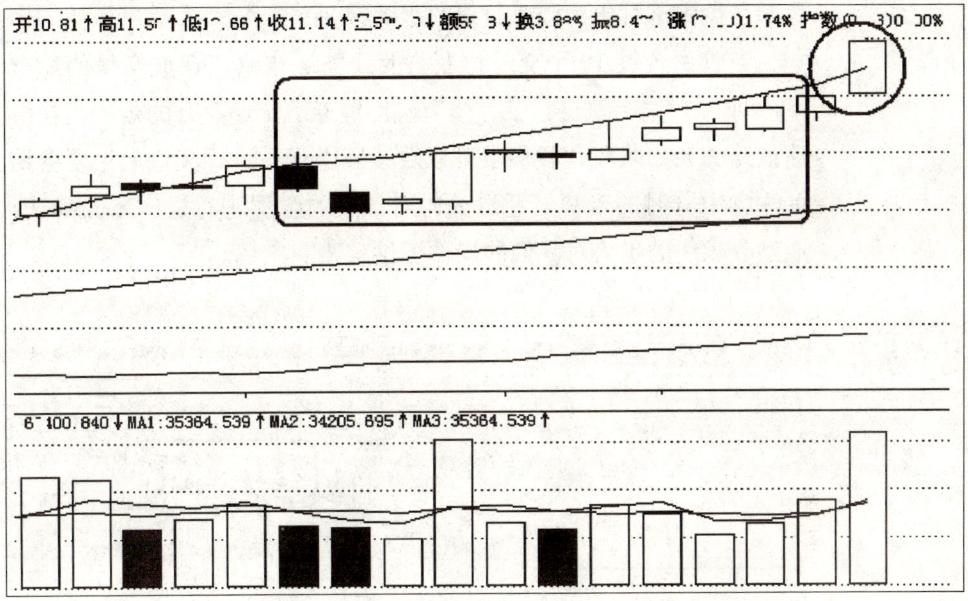

图 2-29

操作解析：

如图 2-29 所示，当大盘处在牛市阶段，大部分股票都会展开拉升。而拉升的股票中，也有长得快和长得慢之分。在大盘趋势向好阶段，我们作为短线投资者，就需要寻找那些强势股票进行跟踪操作。

个股的强势快速拉升，往往都会与Boll线的上轨相结合展开线上、线下的强势走势。我们在实盘操作中，要寻找那些远离Boll线中轨、成交量相对比较平稳的强势个股进行操作。

强势股票在上涨的主升段中，调整往往也是强势调整，通过在Boll线上轨线的下方，进行贴线或者短时间的离线调整后，会再次展开快速的拉升。而我们就需要把握住这种短时间稍作调整的强势股票，抓住主升段，进行快速的获利。

图中个股的K线形态是股价从Boll线上轨的上方滑落到了Boll线上轨的下方，进行了一个强势的线下上攻调整的走势。在牛市中面对众多的强势股票，我们需要回避掉这种上涨幅度较小的股票，在盘中进行更为强势股票的跟踪。

当股价经过10个交易日左右的线下运行后，在成交量的配合下，对Boll线上轨进行了有效突破，展开了快速拉升的走势。在快速拉升的初始阶段，我们就可以对该股进行买进。买进后，要密切关注盘中分时的走势，通过分时对该股的强弱进行进一步的确认，通过分时线的走势对我们的操作提供重要的参考。

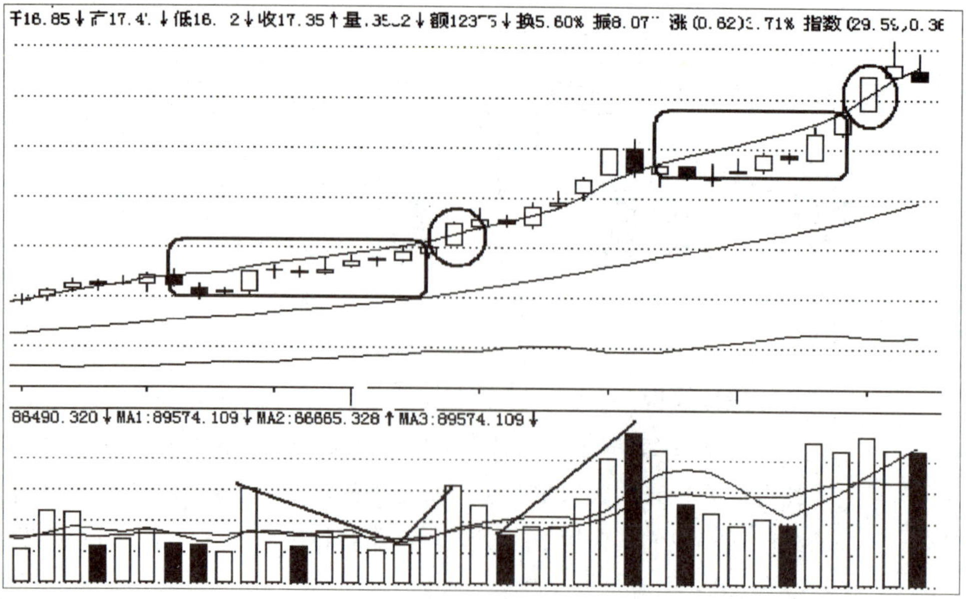

图 2-30

如图2-30所示，因为处在牛市中，所以大盘的上涨会带动大部分股票的上涨，在良好的大环境下，个股的成交量会相对的稳定而不会有太大的波幅。虽然波幅不大，但是走势健康的股票，其成交量依然会遵从上涨稳定放量、调整持续缩量的走势特征。

股价虽然不像其他市况中上涨时股价向上拔高，调整中股价下跌。而在大盘和个股都处在强势上涨中，个股的脚步放慢，小阴小阳碎步儿推升也可以归类为调整走势。这种调整属于强势调整，属于一种滞后上涨的调整。

因为强势调整的特点和Boll线上轨快速跟随，当股价突破Boll线上轨后，想远离Boll线上轨上涨的概率较小。只要股价能够有效站稳Boll线的上轨，或者在短暂的跌破中，成交量能够给予比较完美的配合，我们就可以进行持股操作。

Boll线上轨的快速跟随效果，会让我们的操作始终处在主动状态。实盘中，我们要密切结合分时线的走势对个股进行强弱判断，只要强势特征明显，成交量比较完美，我们就可以大胆持股。

图中的两个圈示位置都是买入的较佳位置，相比之下，第一个圈示位置处在股价突破的初期阶段。而第二个圈示位置，因为股票累计涨幅较多，同时股价在突破的前3个交易日上涨幅度较大，所以对买入后强势跟踪的要求更加的苛刻，只要不符合操作模式，就必须离场。

Boll线的操作分析还要结合其他操作模式进行共同参考，若能形成多个指标共振的情况，那么操作该类强势股票，将会让我们的账户产生暴利。

而对大盘牛市环境的判断和对后市的预期，也要有深厚的分析能力，只有对大环境判断好了，进行此类的追涨操作，才会让我们的账户利润快速增长。大环境判断错误，止损就必须坚决。

止损说明：

如图2-31所示，该操作模式的止损方式有两种。两种止损操作一个是主动止损，适用于大盘环境良好，同时个股处在热门板块之中的强势操作。第二个则是属于常规模式中的稳健操作模式。

在止损设置中，第一种止损设置是依照Boll线的上轨进行止损，若股价再次跌破 Boll线的上轨，在跌破当日股票的分时走势中没有丝毫的强势特征，大盘没有对该股的下跌造成拖累，下跌的幅度、力度和有效性都对该股不利的时候，我们就需要对该股进行坚决的止损操作。

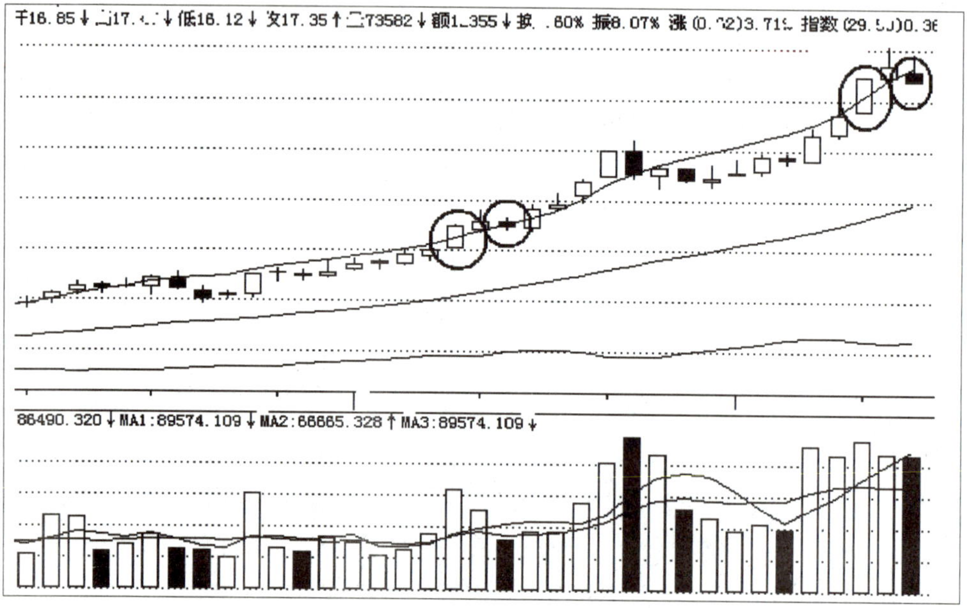

图 2-31

第二种止损是依照突破 K 线进行分析的。为了验证突破的有效性，股价必须运行在突破 K 线的中上方，不能对这根 K 线进行有效的跌破。设置 K 线止损幅度的大小，需要依照突破当日 K 线的力度和幅度。止损的幅度设置在 3%为最佳，而吃掉突破当日 K 线全部涨幅为极限位置。

有效的设置止损，让我们在该操作模式中可以预期到更大的利润，而只会承担着小幅的亏损。

个案解析：

如图 2-32 所示，图中个股处在强势的上涨趋势中。股价虽然在初期上涨幅度不大，但是成交量相对稳定，重要的是股价始终远离 Boll线中轨。该股在初期的调整是采取小幅横盘和温和上攻，小阴小阳的形式完成的。

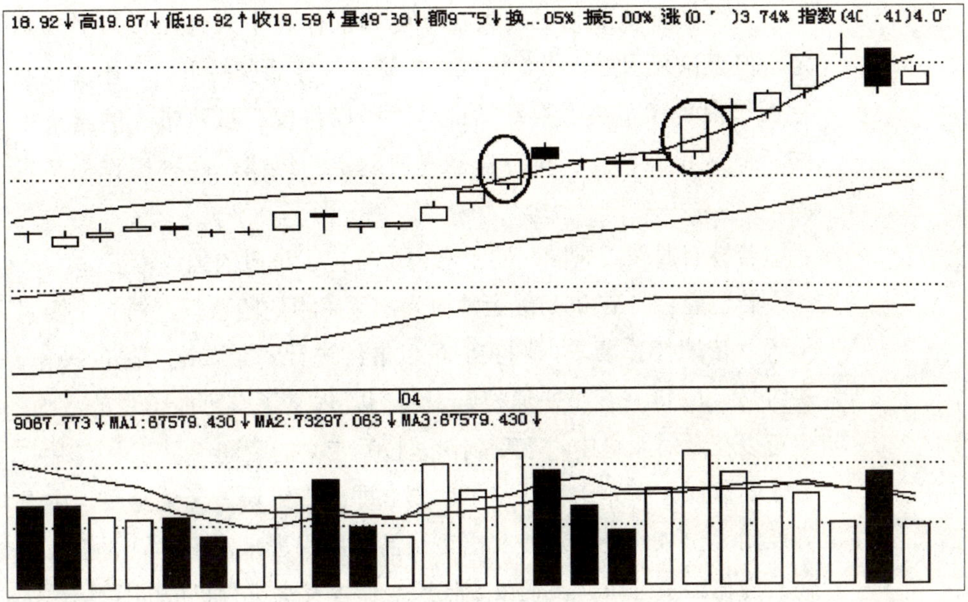

图 2-32

在调整中，成交量相对前期依然保持稳定，充分地调整使得Boll线指标逐步收口，在大盘良好的大环境下，个股的上涨趋势中，Boll 线收口让该股的调整接近尾声。

在成交量的温和放大下，股价终于突破了 Boll线上轨，有效突破给我们的操作带来了机会，激进的投资者可以在突破当日进行买进操作。由于此次的突破前股价已经连续上攻多日，所以突破后股价没有继续展开快速上攻。

突破后的回调打破了 Boll线的上轨，在这个位置我们可以从两个方面来进行实盘操作。一是选择继续持股，从盘中我们可以看到调整中成交量萎缩，对前期的拉升进行了一个确认。同时调整过程中，K 线回调力度较小，所以可以谨慎持有股票。另一个选择是进行坚决地卖出操作。若我们在买进之前制订的操作计划就是破线后立即止损，那么就要毫不犹豫地进行止损操作。

当然，在盘中我们是选择第一中操作模式，还是选择第二种操作模式呢？

这个就要依照当时的大盘环境和操作者个人的操作习惯来确定，但无论采用哪种操作模式，投资者一定要坚持下去，不能在实际操作中犹豫不决。换句话说，两种操作模式虽然带来的结果不同，但是我们只要能执行自己提前制定的纪律，两种操作都是对的。

若持有股票，则随后的上涨再次确定了该股的强势特征。

若已经在打破Boll线上轨时卖出了手中的股票，在第二个圈示位置，依照操作要求，则我们可以继续进行一个二次买进的操作。买进后，股价展开了快速拉升，我们既规避了有可能出现的亏损，也可以在及时跟进中，享受到快速拉升带来的利润。

实盘操作就是这样，错了就要立即改正错误，无论是买入错误需要用卖出来修正，还是卖出错误需要用买进来修正，只要符合我们的操作因素分析，我们就要按照操作模式来进行机械的操作。

虽然在这一卖一买中，我们可能失去了一小部分利润，或者有可能会错过一次良好的获利机会，但是这样的操作可以让我们把握到短线操作的主动权。同时，我们通过这一次卖买操作，空闲了资金，把握得当的话，可以提高资金的利用率，提升资金的机会价值。

这也是利用较小的损失来换取更大的机会，把握更有把握的买入点的有效方法。

第九节　运用Boll线把握的短线机会(3)

操作要点：

(1)大盘和个股均处在上涨趋势中。

(2)股价始终保持在Boll线指标的中轨和上轨之间运行。

(3)日K线温和调整并回踩Boll线中轨，回踩时盘中分时走势有明显止跌现象。

(4)个股上涨趋势中成交量始终保持温和。

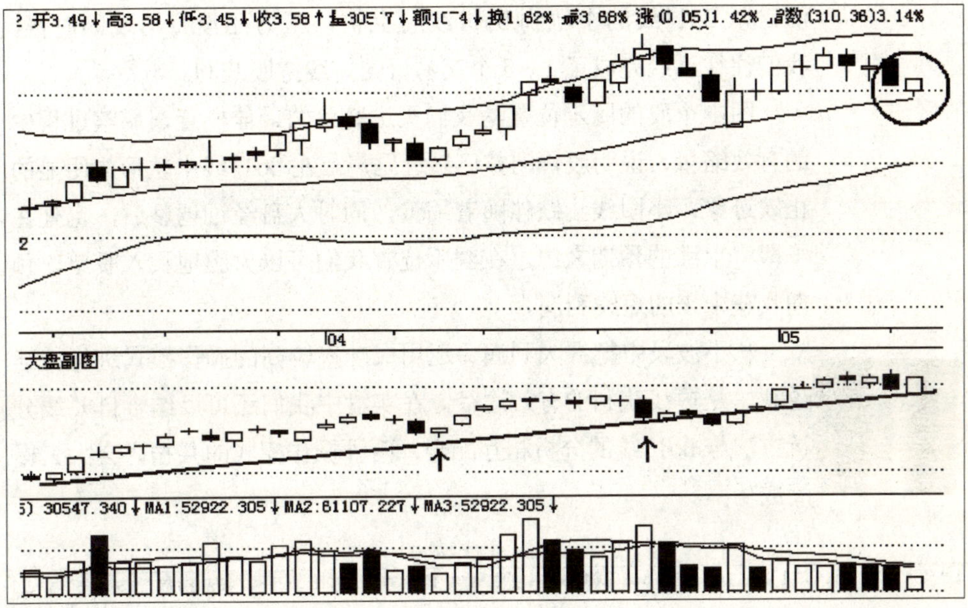

图 2-33

操作解析：

如图 2-33 所示，当大盘处在上涨趋势中的时候，大部分个股都会保持持续上升的态势。在这种市况下，需要我们把握住个股的相对低点，然后在低点买进，在相对高点卖出股票。这样反复地对几只个股进行轮换操作，可以有效避免短期的回调，等于把几只个股的 K 线拉伸，扩大了有效利润空间。

在上涨过程中，有温和攀升的股票，有急速拉升的股票，我们此节所介绍的就是把握温和攀升股票的高低点的操作。

当股价在 Boll线的上轨和中轨之间运行的时候，向好的大盘和保持上升通道的个股，再加上成交量的温和配合，会让个股始终保持一个温和上升的态势。Boll线的中轨对个股的上涨有着极强的支撑作用，所以我们可以选择在中轨附近，寻找盘中有明显止跌现象的个股进行跟踪操作。

买入该类股票后，只要大盘趋势点把握得好，个股和大盘的低点产生共振，大盘开始波段拉升时，个股会立即配合展开快速上涨。从Boll线的中轨到Boll线的上轨，压力还没有出现的时候，我们往往已经完成了1～5个交易日的短线持股获利。

图中个股的圈示位置是我们买进股票的最佳位置，调整过程中的有效缩量，说明股价调整已接近尾声。在Boll线中轨形成明显的止跌迹象，小阳线止跌伴随着缩量，同时大盘经过调整后，也处在了即将上涨的预期之中。在圈示位置我们可以大胆地买入股票，预期收获未来的短线利润。

从小波段中把握大利润，运用成功率较高的操作模式进行持续盈利，是短线获利的有效途径。在实盘中我们还可以结合日K线分析方法与Boll线的分析相互配合，两种操作模式的共振，会大大提高成功率。

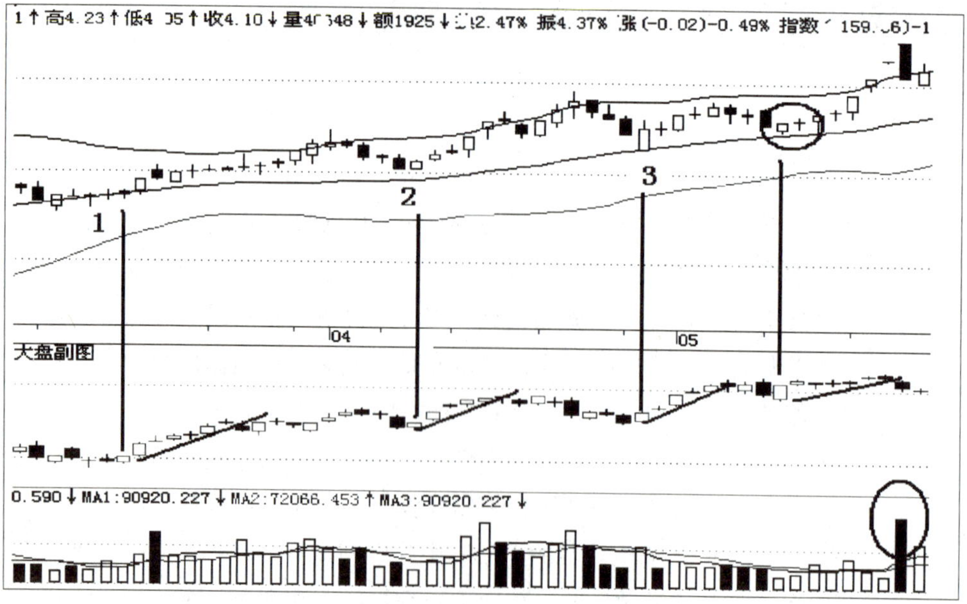

图 2-34

如图2-34所示，当我们在圈示位置买进股票后，股价以小阳线的形式稳步推进。因为个股处在温和的上涨趋势中，同时成交量是温和配合的，所以股价的上涨继续延续着温和的股性。

在买进股票后，我们可以延续前期的上涨趋势，在股价接近Boll线上轨时主动地卖出操作。也可以对股票的分时走势进行重点关注，在远离Boll线中轨后，只要分时走势中的分时线保持强势特征我们就继续持股，分时线走势疲软，或者量能出现异常，我们再考虑离场。

盘中该股后期的走势从小阳线稳步上攻变为急速的强势拉升，面对该类股票，我们在分时中发现股价上攻势头强烈，就可以进行持股操作。同时，我们可以发现在股价接近和突破Boll线上轨的时候，突破点位属于我们前面所介绍过的一个有效买点，在有效买点上，我们有理由进一步持股。

当股价高开低走的时候，成交量急剧放大，这时候是主动离场的最佳时机。

图中个股的1、2、3标识点均属于有效回踩Boll线中轨的买入点位。当股价出现Boll线回踩止跌的时候，我们对大盘进行一个后期走势预判，只要大盘同步处在即将上涨的位置，我们买入个股均可获得波段利润。

通过对大盘的准确判断，可以大大提高个股操作的准确度。

止损说明：

如图2-35所示，在大盘的持续上涨趋势中，个股Boll线的中轨往往是强弱分界线，当股价跌破Boll线中轨并且远离Boll线中轨的时候，该股就属于标准的弱势股票。因此，只要股价不能有效保持在Boll线中轨的上方，我们就要放弃对该股的操作和跟踪。

当我们在股价回踩到Boll线中轨并且明显受到支撑止跌的时候，大胆地买进股票。当股价在后期走势中，不能有效站稳，对Boll线中轨形成向下突破时，就是我们止损卖出手中股票的时候。在Boll线中轨上方买进，有效跌破后卖出，这样的止损价格，不会给我们的账户操作带来太大的损失。

Boll线的中轨对股价的支撑效果有时候会因为大盘的波动而瞬

间打破，当股价打破Boll线中轨后，紧密贴附中轨继续向上推动中轨，该股的弱势特征还没有完全显现，只要大盘配合，个股再次有效站上Boll线中轨我们可以再次关注该股的点位。

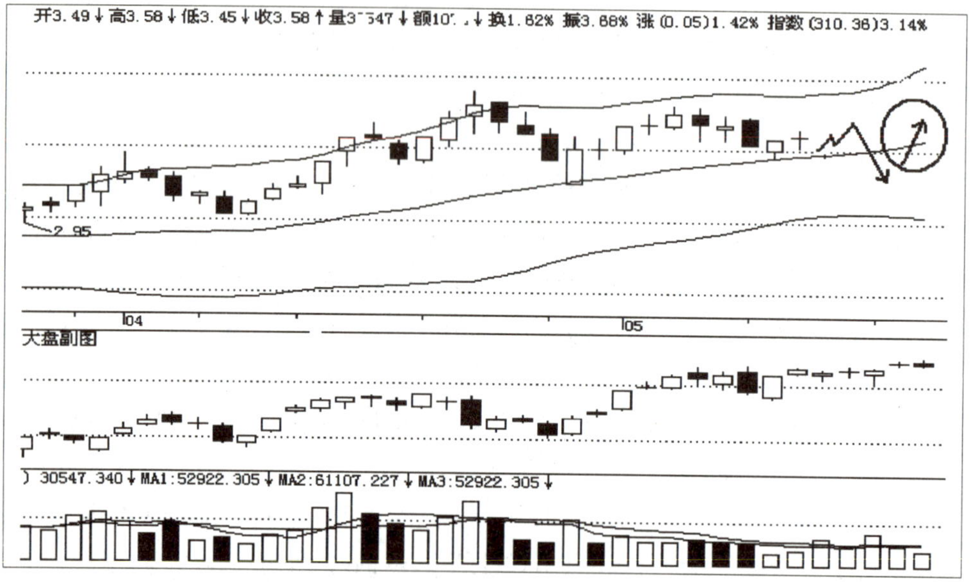

图 2-35

在Boll线中轨操作，对大盘的走势把握非常重要。买入和卖出操作都要对大盘进行严密地跟踪。

个案解析：

如图 2-36 所示，任何一种操作方法，都不可能完美的如同教科书中的标准案例，实盘中，我们总会遇到这样那样的复杂局面。本节我们特意寻找一只符合操作模式，但又比较复杂的个股进行个案解析，希望通过对该股的解析，读者朋友们可以掌握如何运用有效的操作方法，灵活地处理复杂盘面。

图中个股初期始终在Boll线的中轨和上轨之间保持稳定地上涨态势，大盘也处在良好的上升通道之中，且后市的预期较好。我们有理由对该股进行密切跟踪，放入自选股中，进行持续地观察，寻找最佳的买入机会。

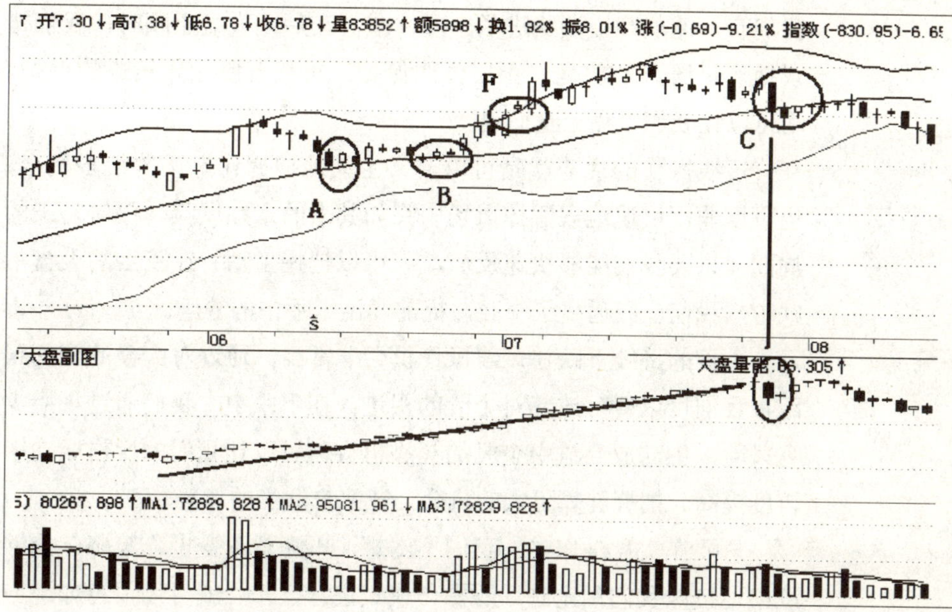

图 2-36

当股价经过一段上涨和下跌后，步入了第一个回踩Boll线中轨的位置A圈示点。在该位置，股价形成了止跌，随后的小阴小阳让我们有充足的理由买进股票。

当我们在A点买入股票后，没有出现预期的快速上涨走势，由于Boll线的收拢走势，加之成交量不能给予配合，个股继续延续着横盘形态。当持股周期达到预定时日后，或者在盘中我们不能从分时中寻找到丝毫的强势上涨的特征时，离场放弃该只股票是可取的。

B点位置，该股在成交量的配合下，有了上涨的欲望。此处我们依然可以对该股进行买进操作，同时对分时走势进行密切地跟踪分析。当股价触摸到F圈示点位的时候，只要对大盘后市看好，大盘和个股盘中表现向好，我们就可以继续持股。

C点位置依然是一个回踩Boll线中轨的位置。在大盘的单日大幅下跌牵引下，个股也拉出了一个大阴线，大阴线对Boll线的回踩，从盘中我们丝毫看不出有止跌的迹象。在C点圈示位置，虽然我们有可能误判错误买进了个股，或者在后期大盘止跌时，我们错误地买进股票。但是，止损位的保护，短线持股操作策略的保护，均可以让我们平盘全身而退。

短线操作的优势就是可以非常主动地把握住市场的很多机会，也可以非常快速地规避掉市场中突如其来的未知风险。任何复杂的局面，只要我们能够快速反应，就可以把握主动。在随后的大盘下跌中，我们已经远离了个股，提前卖出了手中的筹码。

大盘的持续下跌让短线操作机会非常少，通过对大盘的密切跟踪，我们可以暂时放弃对个股的买进。在下跌中，我们通过规避大盘风险，主动放弃盘中个股的买进机会，可以让我们的操作成功率再度提高。把握胜算更大的机会，让账户适当的休息。

只要在实盘操作中，我们不幻想、不随意改变操作策略，能够严格地按照我们预先制订的操作模式进行操作，就可以很自如地应对盘中复杂环境。短线操作相比中长线操作的另一个优势，就是可以在大盘见顶初期快速离场，有效避免了利润大幅回吐的局面。

第十节　K 线位置与 K 线形态带来的短线机会把握(1)

操作要点：

(1)个股处在一个比较敏感的重要变盘位置。

(2)经过调整后的个股盘中止跌迹象明显，走出一个下影线较长的 T 形日 K 线。

(3)成交量配合比较完美。

(4)对大盘的后期预期较好，大盘经过调整后处在即将上涨的关键位置。

操作解析：

如图 2-37 所示，当个股经过调整后处在一个比较重要的变盘位置。在这个位置上，股价的每一个变动，都会对后期股价突破方向有着重要的影响作用。在这个位置上，我们可以通过对个股的仔细观察，寻找到盘中的蛛丝马迹，来预判个股的后期走势。

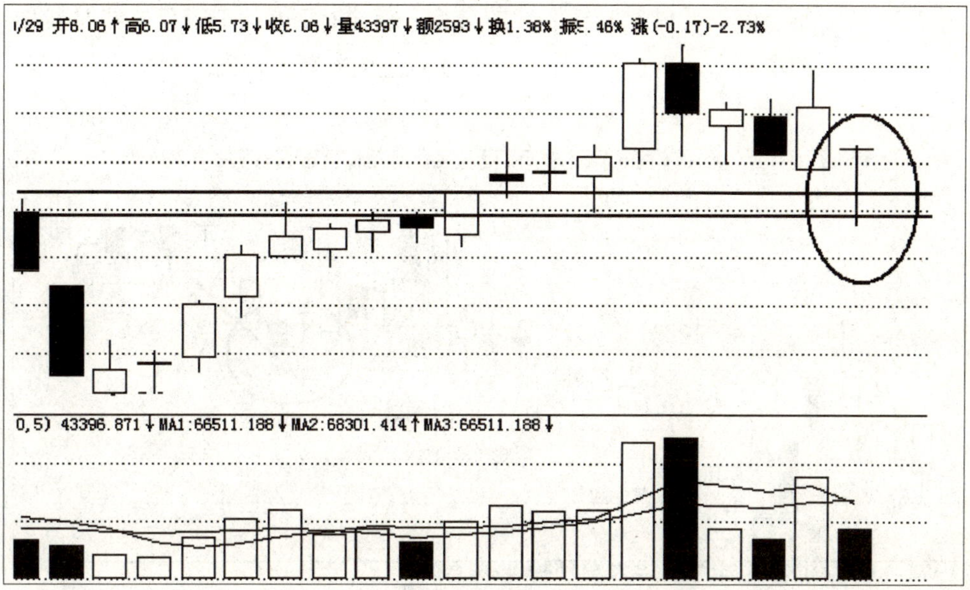

图 2-37

T 形日 K 线的形成，往往是盘中开始下跌，后期再次上涨所造成的。个股处在下跌调整中，早盘止跌往往会引发卖盘的涌出，较弱的盘面特征，不会吸引到大众投资者的买盘。而个股在盘中若能经过下跌后，在下午或者尾盘收复失地，则反映出了盘中买盘的主动性进入。在关键位置，违反盘中自然博弈特征的主动买盘进入，往往是主力资金所为，通过这一盘面特征，我们可以对个股的盘中表现进行密切观察和跟踪，以便从中寻找良好的短线机会。

在关键位置，主力资金的买进行为，预示着后期股价进一步上涨的概率极大。同时，对大盘的预判，让我们有更充足的理由对个股进行买进操作。在大盘处在调整后即将拉升的时机，对个股进行买入点的把握，是提高操作成功率的重要基础。

T 形日 K 线的上半段是快速离场资金开盘后的恐慌离场和下半场入场资金对后市看好的快速入场。成交量的良性配合，让盘中的资金博弈处于可控状态，使得我们的分析判断准确率再度有效提升。

多条件的共振，是该种操作模式的必要条件，同时，将该操作模式与其他操作方法共同使用，是更佳的选择。实盘操作中，我们不能仅仅凭借对一根 K 线的分析，就进行下单。T 形日 K 线是我们的观察点，重点是对 T 形日 K 线位置的判断要正确。

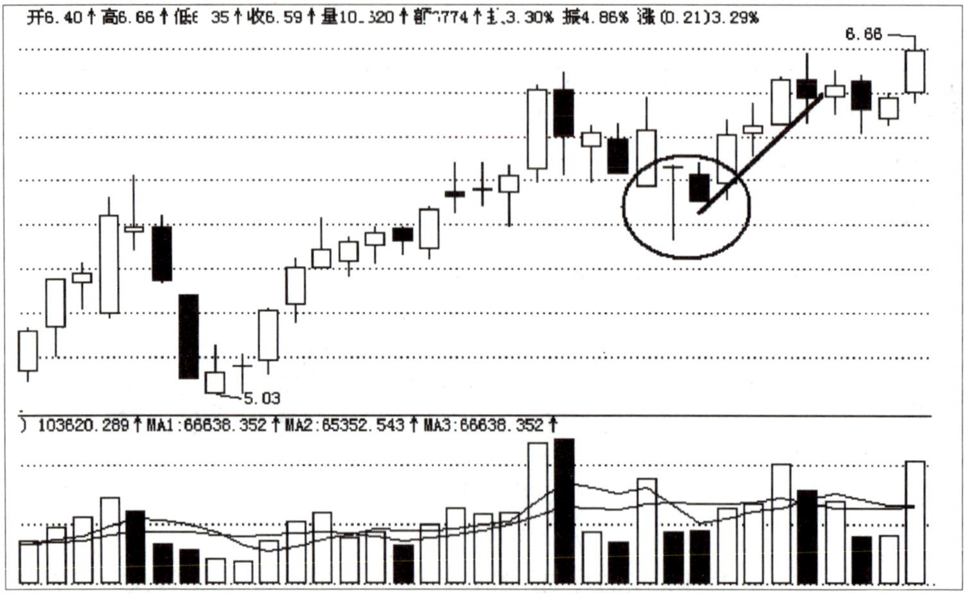

图 2-38

如图 2-38 所示，图中个股处在上涨趋势中，连续的阳线推进，让近期买进该股的大部分投资者都处在盈利状态。在获利盘越积越多的情况下，个股有了调整的需求。在盘中，该股在走出一个波段高点后，进行了主动回调的走势。

回调时，成交量有效萎缩，萎缩的成交量让我们有理由对个股进行持续跟踪。经过 4 个交易日的调整后，第五个交易日中，该股触摸到了上一个阶段高点的位置，在上一个高点位置的上沿，股价盘中有了明显的止跌现象。

当日(图中圈示位置)，盘中的下跌在买盘的主动涌进下，有效收复了下跌的失地。反映在日 K 线上，形成了一个 T 形的日线。通过对个股位置的判断，我们有理由对该股进行关注，若该股有进一步上涨的需求，则没有理由经过几天的上涨和调整后，再次回到上一个高点的下方区间。只要主力资金对该股有长期上推的计划，就要在该关键位置对个股进行主动性的买入。

此时，还要对大盘的后期进行一个有效的判断。水会向阻力最小的地方流动，资金也是如此。只有在大盘和个股的涨跌形成一个良性配合的时候，才是我们进行买进操作的时候。

在图中圈示的位置，我们对个股进行了买入操作。买入后，第二个交易日股价再次下跌，收出了小阴线。第三个交易日便展开快速拉升，同时伴随成交量温和放大。第四个交易日、第五个交易日股价再次上涨。

通过对T形日K线的把握，我们可以寻找到一个上涨概率较大的买入点。因为是主动在盘中进行逢低买进的操作，所以获利的概率较大。同时因为是买在下跌的弱势中，所以我们也不要对个股利润空间预期较高，若盘中股价上涨强势特征不是很明显，则我们就可以依照持股时间来对个股进行卖出的操作。

在上涨趋势中，个股出现该类走势后，展开快速拉升的概率也是极大的。依托5日均线的快速拉升和成交量的温和配合，也可以让我们吃掉后期个股快速拉升的大部分利润。所以，攻守兼备的操作模式，也是该操作的优势之一。

止损说明：

如图2-39所示，T形K线下影线的长短，和分时盘中成交量的分布，以及上涨的持续度都是我们对个股进行持有和卖出的重要分析因素。

在实盘操作中，我们需要对下影线的长短进行区别对待，若下影线较长，则止损位置可以设置在下影线的1/2处；若下影线较短，跌破下影线的最低点则是最后止损价格。

同时，止损价格的设置要与T形K线所处的位置密切相关。在重要位置出现的T形K线必定会与以往的走势有着相关联的因素，否则就算不上是重要位置，而仅仅是一个只能反映当日走势的日K线。所以，应当参照以往日K线的走势，对当前位置进行判断，结合T形K线的分时，设置一个相互关联的止损价格。

止损价格的准确定位虽然需要我们下一番功夫进行研究，但是，止损价格定位的准确度也仅仅是一个相对数值。止损的真谛不是要求怎样的科学和准确，而是首先要做到的是防止形成巨幅亏损，其次要做到的是有利于执行。

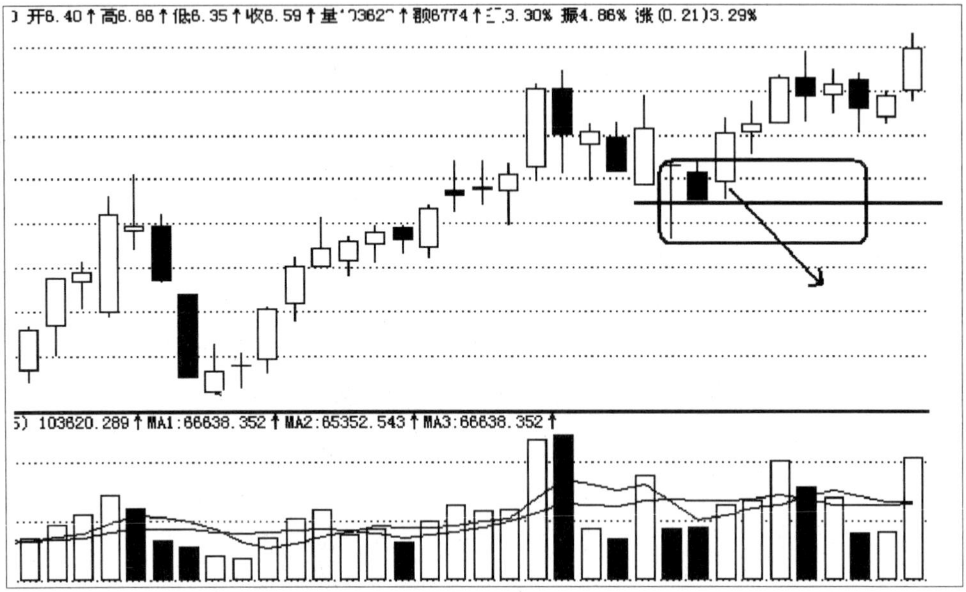

图 2-39

止损的关键是能够坚决果断地进行计划止损。

个案解析：

如图 2-40 所示，图中个股处在一个震荡的下跌区间，同时还伴随着波浪形箱体震荡走势。在这种走势中，我们很难把握到较为大幅的上涨走势，短线的快进快出给我们操作带来了机会。

按照正常的操作思路，该类没有走出明显上攻趋势的股票，我们需要回避掉。但是，在实盘操作中，若大盘环境不配合，则在一定时段，个股的机会也会很少。要想在盘中找到极好的上涨趋势股票，同时还要规避掉上涨带来的回吐压力，寻找到合适的买点相对比较困难。

要知道，资金空闲必将造成资金成本的增加、机会成本的浪费，而通过寻找一些攻守兼备的股票进行短线操作，既可以让我们不至于远离股市，还可以让投资者在个股的小波段中寻找到短线利润。

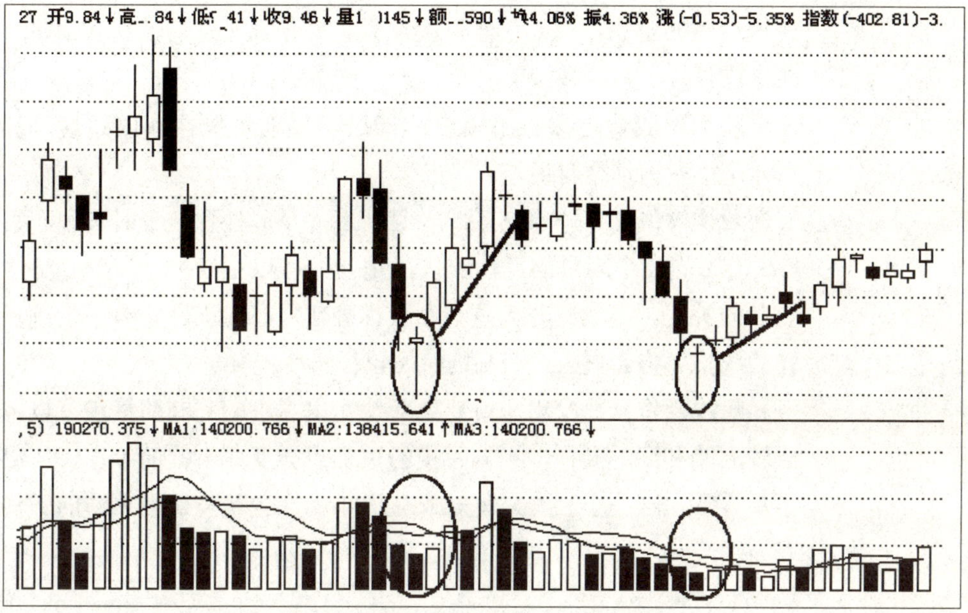

图 2-40

该股初期经过一段小幅上涨后，快速回落。几根有力的阴线夹杂着较长上下影阳线的打压，让股价有效回落的同时，对投资者的持股耐心进行了有效考验。

再度的涨跌波动，让股价来到了一个重要的区间。为了更清晰地反映股票 K 线图的细节，图中只截取了日 K 线的一部分，没有将该股的当前位置与以往走势进行详细比较。在实盘操作中，我们一定要对所操作个股的分析位置与以往走势进行一个分析判断，寻找那些重要的位置对股票进行分析。有了重要位置作为参考，股票所提供给我们的信息也会大幅增加。

在第一个圈示位置，股价走出了先跌后涨的走势，反映在日 K 线上是一根 T 形 K 线，同时成交量给予了良好的配合。我们通过多方面因素分析，在该位置买入股票。

随后股价展开了上攻走势，短短的5个交易日，账户产生利润，短线利润可以顺利地落袋为安。

在第二个圈示位置，在同一个价格区间，股价再次波动走出了先跌后涨的走势，我们依然可以在设置好止损价格后，大胆地进行买进操作。

随后，股价走出了小幅波段推进，我们可以在获取短线利润后，毫不费力地全身而退。

两次短线操作，成交量、大盘环境、个股位置、分时表现、日K线形态等几个因素的良性支持，是我们可以在横盘、下跌趋势中获利的关键。当然，若大盘和个股都处在良好的上升趋势中，则操作的成功率将会更大，获利的空间也会再度提升。

短线操作只要卖出，就要果断地卖出。小幅利润的累积可以形成较大的利润，同样，小幅亏损的累加也会变成大幅的亏损。所以不要看不上这些小利润，有时候获取小利润也是规避大风险的一种有效手段。

第十一节　K线位置与K线形态带来的短线机会把握(2)

操作要点：

(1)大盘处在良好的上涨趋势中，市场交易活跃，板块效应明显。

(2)个股经过适度地调整后，迅速触及日K线的重要压力位置。

(3)股价在没有任何利好消息影响的前提下，完全依靠资金自然博弈以跳空缺口的形式突破压力，并且盘中强势上攻势头明显。

(4)成交量温和放大对个股的上涨给予有力支持。

操作解析：

如图2-41所示，在大盘有良好预期的上涨趋势中，寻找那些有力突破压力位的股票，往往可以抓到急速拉升的股票。在重要的压力位置，若能形成快速突破，且以跳空缺口的形式对压力位进行突破，后期只要股价依然保持良好的上涨势头，不对缺口进行回补，那么，该股成为黑马的概率也将极大，需要我们进行重点跟踪。

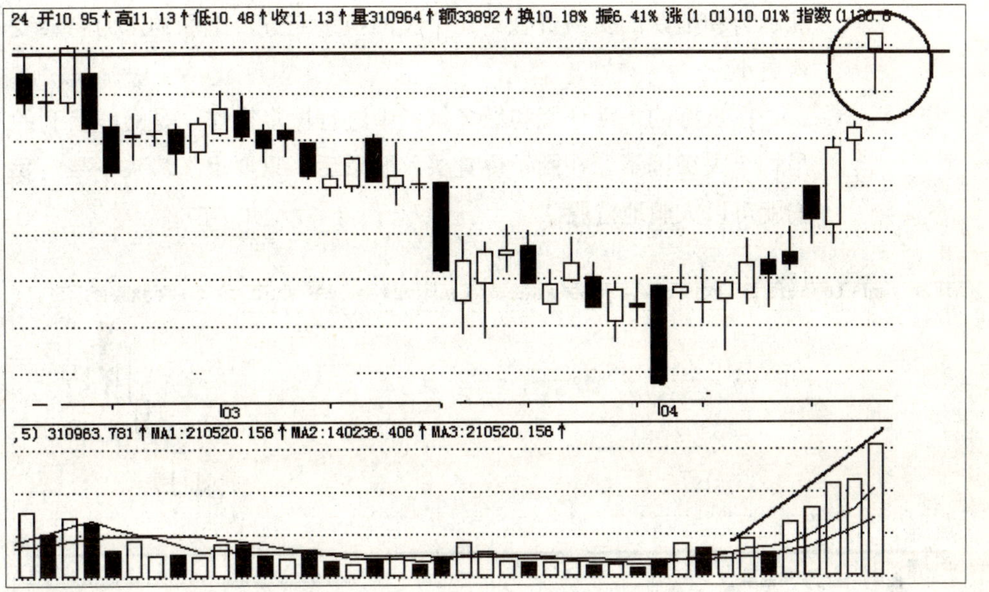

图 2-41

图中个股通过一段时间的下跌，股价处在一个相对的低点位置，在下跌中成交量明显地萎缩。下跌后期，成交量萎缩伴随着股价的止跌，预示着该股有调整到位的迹象，当前只要大盘形成上涨，个股跟随的可能性极大。

在成交量的配合下，个股展开了步步攀升的走势，成交量放大推进股价涨到了前期高点位置。此时获利盘和前期高点的套牢盘都有了卖出的欲望，而该股以一个跳空高开的形式，给所有想抛售的投资者充分地出逃机会。

跳空高开后，获利盘和前期的套牢盘在利益的驱使下纷纷卖出股票，而充足的买盘资金毫不犹豫地通吃了这些卖盘的压力。成交量温和放大，没有形成异常巨量，多头资金没有消耗太多的能量，后期的进一步上涨可期。

在圈示位置，我们可以大胆地买进股票，虽然在该位置有追涨的嫌疑，但是此时的追涨不等同于追高。我们在操作要点中强调过，大盘要处在良好的上涨趋势中，市场的交易要活跃。良好的上涨趋势和活跃的交易资金，让个股的换手充分，上涨的压力将会变得更小。

在良好的上涨环境和做多氛围中进行做多操作，是短线获利的另一个关键因素。在圈示位置买入股票后，只要上涨势头不减，我们就可以大胆地持股。

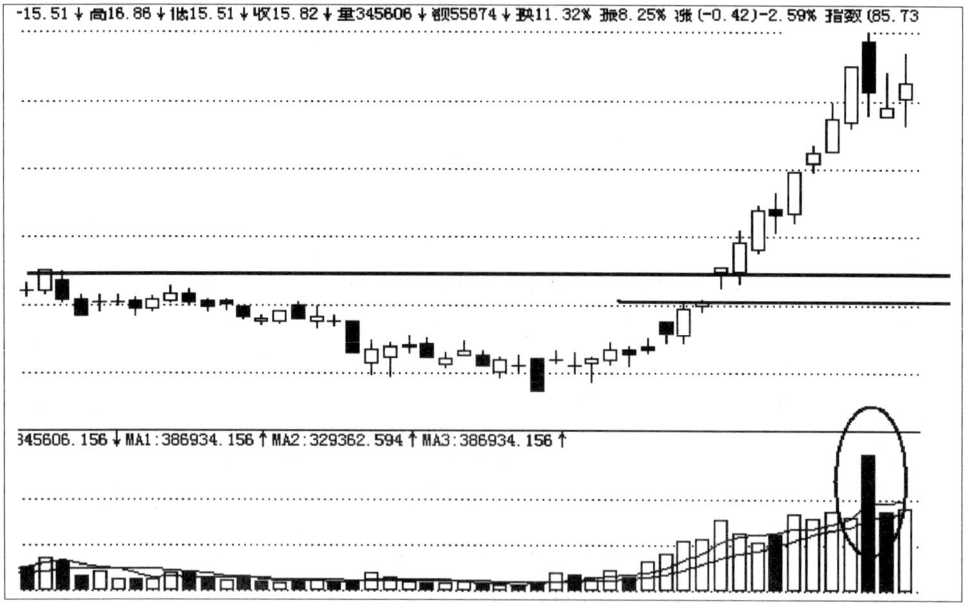

图 2-42

如图 2-42 所示，跳空缺口和前期高点对个股股价起到了重要的支撑作用，股价随后在跳空缺口的上方形成了明显的强势特征。

第二个交易日，股价依然保持强势快速拉升，第三个交易日再度拉升。在此位置，面对获利盘和前期高点的通盘解套，依然可以保持跳空缺口后的强势上攻，该股的上涨动力十足，一个主升浪被有效把握。

接下来的几个交易日，股价依然强势上攻，盘中成交量没有出现异常变化，盘中分时进行了消化浮筹调整后，在日K线上没有丝毫调整迹象。强势上攻的股票，依靠5日均线的支撑上涨，只要上涨的势头不减，此时，5个交易日内持股的操作条件将被放宽。第六个交易日、第七个交易日、第八个交易日……只要股价稳步上攻，我们就坚定地持股。

在股价上攻到一定高度后，获利盘需要消化，高点再次高开没有有效站稳。高开阴线形成了盘中调整，我们要重点对成交量进行密切关注。高开阴线并不可怕，可怕的是高开阴线伴随放大量，股票的抛压开始涌现。个股有调整的需要，上涨压力进一步增加。

阴线缩量需要累积，阴线的放量点也是我们对该股放弃持股的点位。在盘中，高开后，只要我们判断出个股当日量能出现异常，高开不能有效站稳，我们就可以果断地进行卖出操作。

该类强势股票，卖出后可以放进自选股中继续跟踪，尤其是那种大盘上涨预期比较强烈，同时个股又处在热点板块的股票，就需要长期跟踪，从中寻找良好的短线操作机会。

强者更强是牛市特征中我们要把握的短线机会，同时，牛股的短线机会也可以进行分割操作，用多个短线利润，多只牛股的波段，拉长牛市利润。

止损说明：

如图2-43所示，重要位置的跳空缺口是个股诠释强势的一个重要特征，若跳空缺口被有效打破，或者重要位置的支撑和突破被有效破坏，那么我们买入的理由就消失了，就需要进行卖出止损。

针对图中个股我们能够设置两条重要的支撑线。

一个是前期高点的上沿，高点的上沿价格是个股形成有效突破的重要位置，个股在该价位之上调整属于强势调整，只要量能有效配合，就可以进行持股操作。

第二个重要的支撑位置就是跳空缺口的缺口支撑，股价可以受到大盘的影响短暂的回试缺口支撑的有效性，但是不能够对缺口进行完全回补，完全回补后的最下沿必须形成强有力的支撑效果。

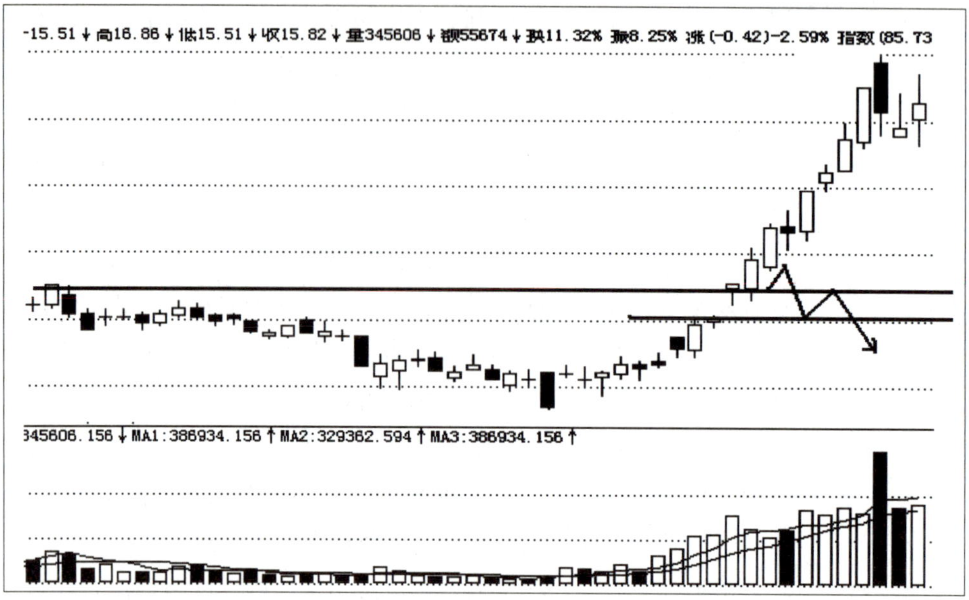

图 2-43

若不能形成强有力的支撑，往往是跳空高开形成突破对多头资金消耗过大造成的。没有实力的买方力量就不足以推进股价进一步地走高，对此类股票我们就有理由寻找高点，在盘中择机卖出。

跳空缺口形成后的量能变化也非常重要，要对量能进行持续跟踪，若量能变化异常，不能和日 K 线的走势相互呼应，就要谨慎对待该股。毕竟买点位置属于盘中获利盘和前期套牢盘共振的位置，该止损的时候必须坚决止损。

止损有时可以是一个点，有时可以是一个区间，这个需要根据实盘灵活制订，选择合适的止损方式，是短线操作的必修课。

个案解析：

如图 2-44 所示，跳空上涨的缺口代表着强势，在重要的压力位置形成的跳空缺口则是强势股票强势上攻的表现，只要跳空缺口不回补，成交量不异常变化，就可以对个股进行长期跟踪。

图中个股的初期处在上涨的推升阶段。在股价达到一定高度，获利盘较多的时候，成交量放大但不能有效推动股价上涨。量能放大，股价震荡不涨的放量滞涨形式，是盘中压力明显的表现。

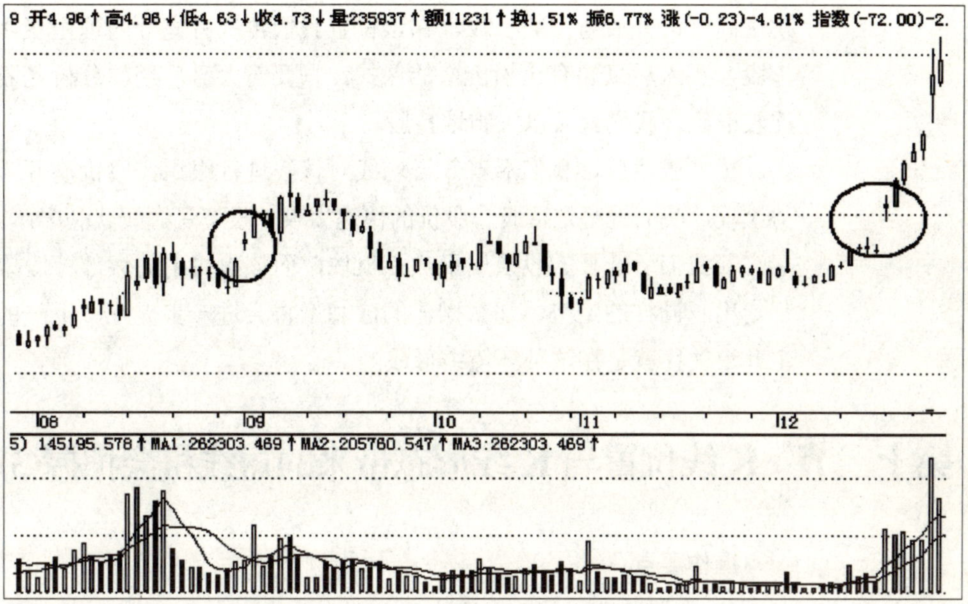

图 2-44

在股价有了调整需求的时候，股价缩量进行了一个小波段的调整走势，小波段的调整使得股价有效消化了获利盘，后期的上涨可期。

在第一个圈示位置，股价在量能的配合下，一举突破前期高点，形成了一个跳空上涨的日 K 线。通过对量能的观察，以及对该股所处位置的分析，我们可以在圈示位置大胆地买进股票进行短期持有的操作。

当我们买入后，股价随后虽然没有快速拉升，但是依然走出了让买入者获利的走势。成交量没有持续跟上，买盘资金的匮乏让股价的上涨空间并不是很大，股价没有向上走得很远。虽然此次买入没有获得很大的利润，但是短线操作的优势让买入的投资者依然可以收获利润。

没有了量能的支持，股价展开了一次为期 3 个月的调整。调整期间成交量持续萎缩，股价从急跌变为缓跌，再到横盘止跌。

充分地调整给股价后期上涨带来了机会，在第二个圈示位置，股价面对前期高点的压力和调整再创新高的获利抛压，毫不犹豫地跳空高开，并放量强势上攻。在该位置我们再次有充分的理由买入该股，买入后只要有止损价格的保护，只要对大盘后期的分析判断比较准确，我们就可以大胆地持股。

买入股票后，我们沿着5日均线对该股进行跟踪，股价展开强势上攻，我们就坚定持股。股价的快速上攻让投资者短线获利丰厚。

若我们所选择的股票属于热点板块，而该板块中的大部分股票都走出了同样的走势，那么操作的成功率将会进一步提升，上涨的主升浪往往就是在这种环境中形成的。

第十二节　K线位置与K线形态带来的短线机会把握(3)

操作要点：

(1)个股处在震荡的走势中。

(2)在震荡的低点，股票走出小阴小阳的日K线形态抵抗下跌。

(3)成交量在该位置形成明显的萎缩特征。

(4)当股价在分时走势中抗跌且有上涨的冲动时，可以对个股进行逢低买入的操作。

操作解析：

如图2-45所示，在震荡走势中，只要能够把握好高低点，同样可以实现盈利。如何在震荡的个股中，寻找到一个较好的低点？需要我们在盘中通过多个信息点来进行分析判断。

当股价走到相对低点的时候，没有了抛压盘的抛压，同时也没有买入盘的买进，股价就会处在相对稳定的平衡状态。在平衡状态下，股价会保持小阴小阳的走势，盘中分时呆滞，成交量严重萎缩。

萎缩的成交量和小阴小阳的横盘，是股价止跌平衡的重要信号。当发现该类股票的时候，我们要对个股的位置和大盘的后市进行分析判断。只要大盘处在即将上涨的后市预期中，我们就可以择机对个股进行买进操作。

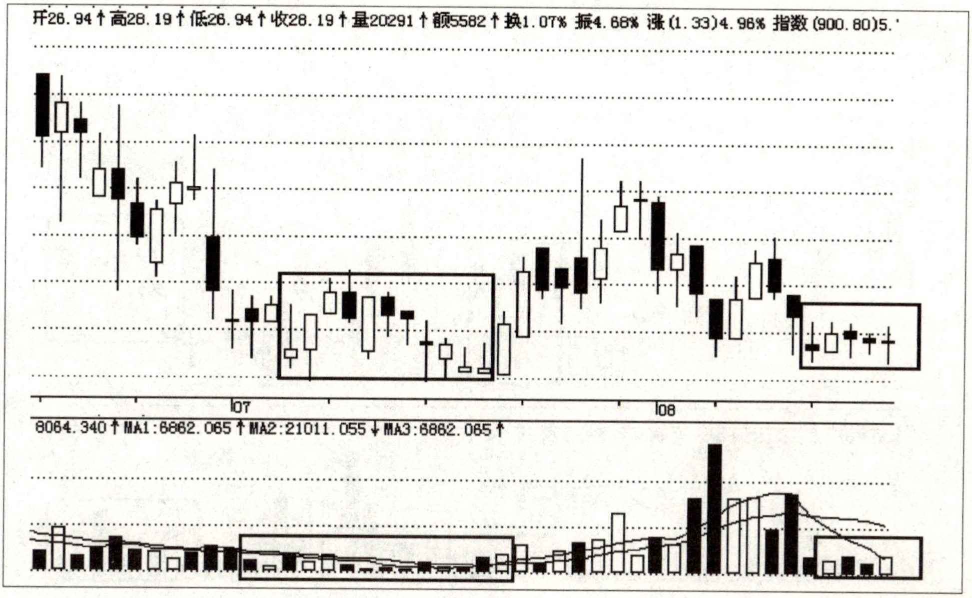

图 2-45

个股止跌处在稳定的平衡状态，只要有买盘涌进，就很容易把股价推升一个高度。而大盘的见底上涨，给了个股充分的上涨动力，所以在这个位置买进股票，使得盈利的概率极大。

在实盘中，我们还要对个股的分时进行密切跟踪，只要分时表现出明显抵抗下跌的走势，同时还有一种蠢蠢欲动的上攻欲望的时候，我们就可以对个股进行短线买进操作。

买进后，我们要密切关注成交量的变化，一般情况下只要成交量温和放大，股价就会形成上涨的走势。继续横盘时也可以继续持股，但是继续横盘不能伴随放量，放量不上涨就是一种不良的现象。

图中个股在经过一段下跌后，成交量开始极度萎缩。同时股票走出了小阴小阳的日 K 线形态，股价止跌我们可以在方框的位置买进股票进行短线持股待涨的操作。

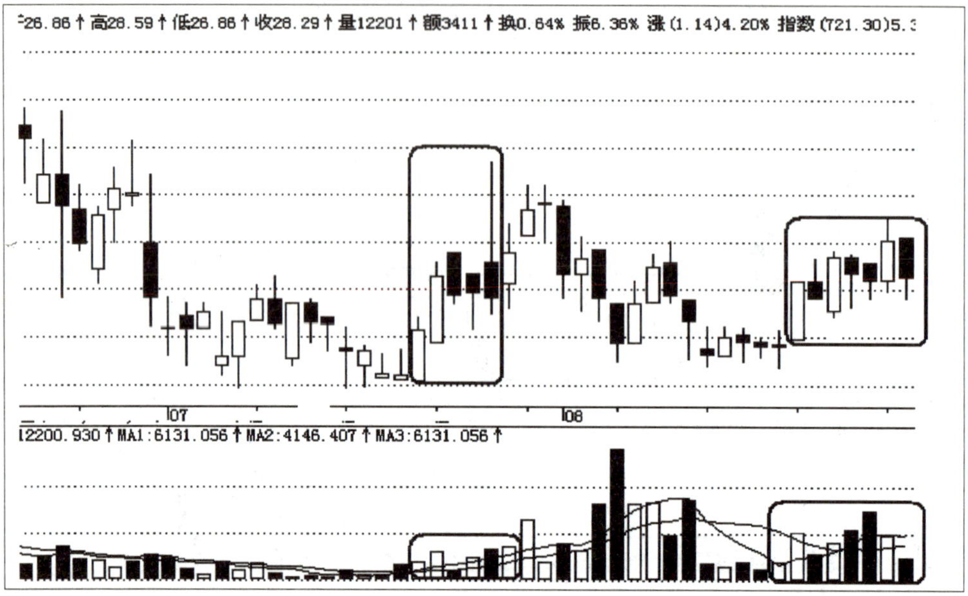

图 2-46

如图 2-46 所示，当我们买进股票后，股价在成交量的配合下展开了一波小幅上涨的走势。对该股，我们先看第一个低点买入的位置，然后与第二个买入位置进行比较。

通过比较我们发现，在同样的价格走出了大致相同的低点买进后，股价开始小幅推升的走势。股价在同一个价位经常会受到长期关注的投资者的认可，当股价跌入该位置后，看好的投资者就会买进该股，所以价位效应同样可以支撑股票在同样的价格点上形成低点。

在第一个买入低点位置，随后股价上涨可以让账户实现盈利，同样，第二个低点买入后，股价的上涨依然可以让我们实现盈利。

5 个交易日的任何一个交易日都可以让低点买入的投资者盈利离场，面对这种买入后随时都可以离场的股票，很多投资者会觉得利润较低。但是，请明确我们的短线投资首先要保证盈利，其次才追求赢大利。想保持账户持续盈利的密码是，不产生大的亏损，盈利的次数比亏损的次数多。

如此的操作策略，较小的利润同样是我们实现账户持续盈利的一部分，保持正确的投资心态，是我们进行短线操作的必修课。

在本节的操作模式中，我们没有寻找那种买入后就持续暴利的个股作为案例，不是因为本节介绍的方法不可以实现快速的利润，而是想告诉读者朋友们，小幅上涨同样是需要我们认真把握的一部分。

其实，实盘操作中，短线操作时小幅盈利是大概率事件，短线暴利可遇不可求，是小概率事件，我们更要认真把握的依然是大概率事件的发生。

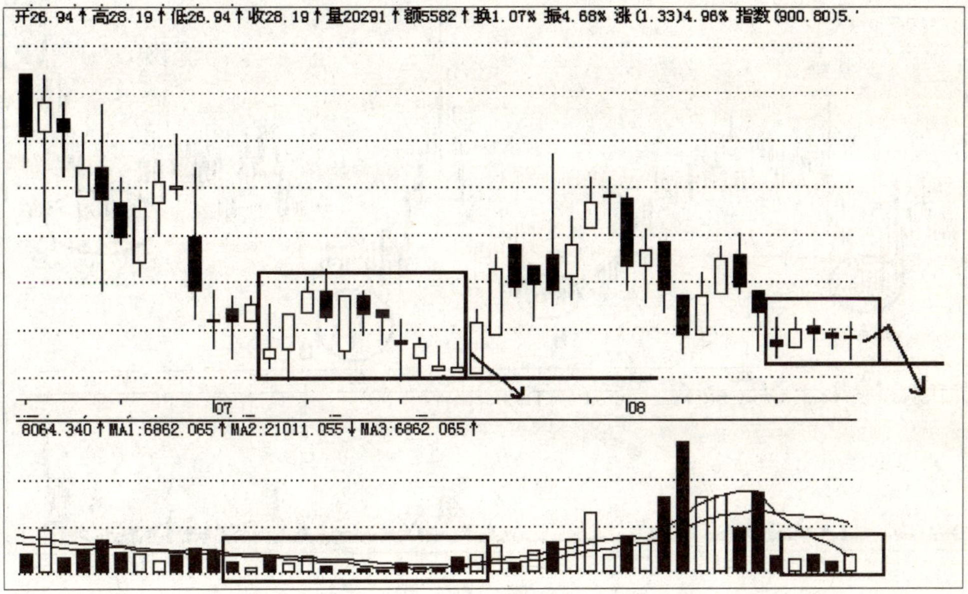

图 2–47

止损说明：

如图 2-47 所示，该处的止损方式比较单一且明确。只要股价跌破横盘低点的时候，就需要对该股进行止损操作。跌破前期横盘的低点，预示着个股即将步入另一个下跌趋势中，采用跌破横盘低点的位置就止损，可以让我们的止损损失非常小。

同时，若大盘不能像我们所预期的展开上涨走势的时候，也需要我们对该股进行止损操作，没有大盘的配合，个股的短线短暂平衡会没有更多买入资金的支持，而下跌的大盘会带动盘中筹码进行卖出操作，会进一步打低股价，所以需要尽早卖出手中的股票。

当我们买进股票后，在这种操作模式中，股价可以继续横盘，但是横盘不跌，不能够伴随放量滞涨的走势。放量买盘涌进不能够有效推动股价上涨，就是一种弱势的表现，面对此种走势的时候，需要我们在盘中寻找较好的点位尽早离场。

图 2-48

个案解析：

如图 2-48 所示，图中个股初期在底部重要的位置形成了一个止跌的走势。A 点的圈示位置，股价止跌，成交量萎缩，个股股价处在重要的位置，通过对大盘的分析判断，我们对个股进行一个买进的操作。

在买入后，股价放量上涨并有效突破前期的高点位置。在这个位置我们买入股票后，可以很轻松地实现账户盈利，并胜利赢取这一场战斗。

随后在第二个圈示位置B点，股价再次止跌，成交量萎缩，股价与A点位置相当，与前期位置相对应，属于一个比较重要的支撑位置。当股价止跌的时候，实盘中通过对分时的把握，对个股日K线走势分析，只要股价止跌明显，盘中有抗跌且上涨冲动的时候，就是需要我们买进股票的时候。

在B点位置买入股票后，股价展开了一波拉升走势。按照我们的持股策略，在B点后面的第一波拉升后调整平台中，进行主动的卖出操作。平台调整后的再次快速拉升的利润相当可观，但是不属于我们所能准确把握的利润，放弃一点儿都不可惜。

C点位置无论从成交量和股票K线形态等信息来分析，依然是一个较好的买入点位。

在C点位置买入后，股价展开了快速的上涨走势。量能有效配合，股价强势上攻。只要股价保持强势，我们就可以持续持股。5日均线可以作为一条有力的保护线，成交量的分析判断可以让我们准确把握住卖出时机，这几个操作技巧在前面我们已经做过多次讲述，相信广大读者都已熟练掌握。

该股在图中我们所截取的时间段中，出现了较为明显的4个低点，即：A、B、C、D圈示位置。其中A、B、C三个位置属于同一种模式，符合本节所讲述的操作方法。而D点位置是一个特殊的位置，虽然也是一个较好的买点，但是不符合我们本节所讲述的操作模式。

只要不符合我们的操作模式，我们就要高高兴兴地放弃对该点位的操作。

市场的机会很多，而我们能够准确把握的机会却很少，把握住我们所能掌控的机会，放弃掉我们所不能掌控的机会，才能让我们更有信心地畅游在股票市场。

第十三节 运用多空博弈分析寻找短线买点(1)

操作要点:

(1)个股股价经过一段时间的调整后逐步由弱转强。

(2)多空博弈指标线从0轴下方向上突破0轴。

(3)股票在涨跌中量能基本稳定,对股价的上涨有一定的支撑作用。

(4)快速动量线1突破0轴后,我们可以在动量线2突破0轴时买进股票。

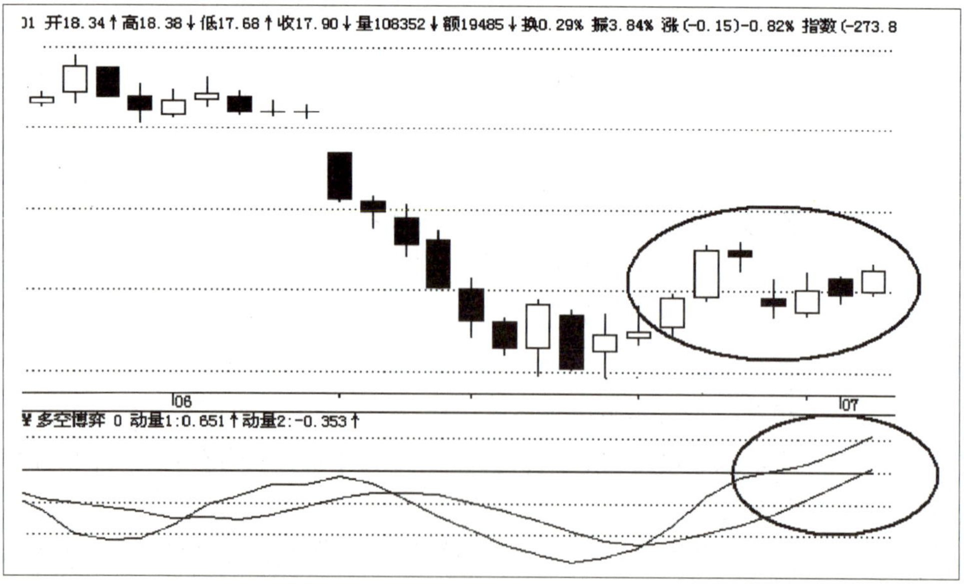

图2-49

操作解析:

如图2-49所示,多空博弈指标是一款监控个股盘中多空能量强弱的指标,通过对个股盘中做多和做空能量持续地监控、过滤、计算,得出个股盘中做多、做空动量的强弱对比,从而预测出股价未来涨跌方向。

0 轴是多空博弈的中轴线，当动量线在 0 轴之下时，做空动量强于做多动量，个股做多能量不足，看跌。当动量线在 0 轴之上时，做多动量强于做空动量，个股做多能量较强，看涨。

动量 1 线和动量 2 线是两条快慢线，通过分时监控和盘中逐笔交易的对比，提前预测做多资金和抛压盘的强弱变化。当动量 1 线上穿动量 2 线时，做多资金有逐步流入的迹象，当动量 1 线下穿动量 2 线时，做空抛压逐步增加，需要谨慎对待个股。

同时，动量 1 线和动量 2 线在 0 轴上方的金叉和死叉，在 0 轴下方的金叉和死叉都给我们分析判断个股的涨跌提供了重要的参考信息。

本节，我们对多空博弈指标的一个重要功能 0 轴穿越进行详细讲解，其他使用方法今后有机会我们再详细说明。

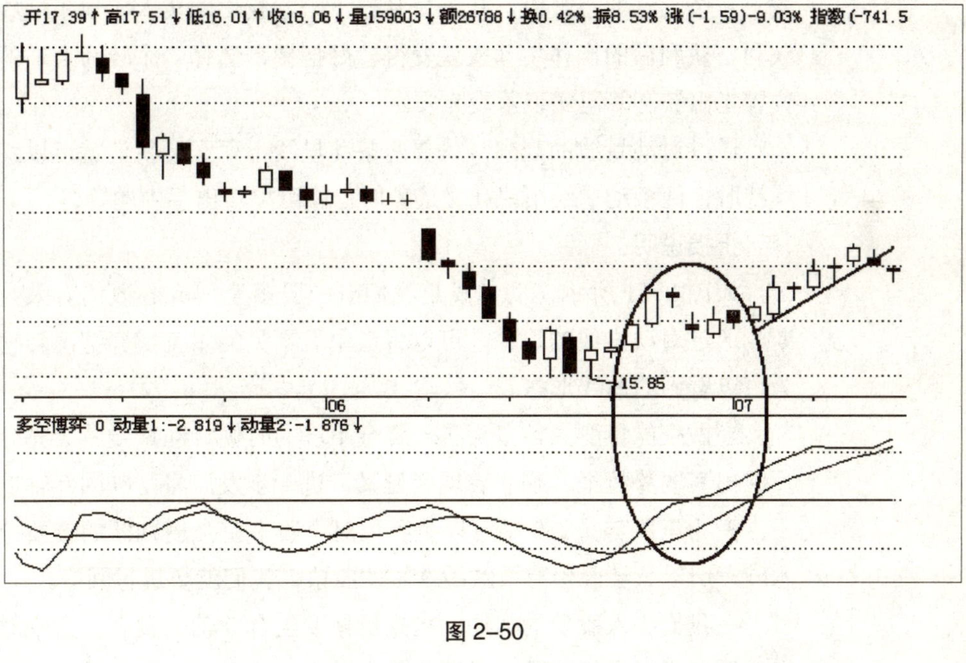

图 2–50

如图 2-50 所示，图中个股的多空博弈线对该股的涨跌进行着实时监控，只要多空博弈的两条动量线始终在 0 轴的下方，股价就始终保持着弱势特征，股票盘中抛压强于多方买入资金，所以要坚持做空不对该股进行买进操作。

在下跌过程中，多空博弈指标线的动量 1 和动量 2 有过几次金叉和死叉的信号，但是，金叉后两条动量线始终没有有效突破 0 轴。不能站到 0 轴之上的金叉说明虽然短期盘中多方力量有瞬间高于抛压卖盘的时候，但是总体多空博弈多方依然不占优势，属于弱势方。

在股价经过一段下跌后，股价开始有止跌的迹象。在圈示位置，两条动量线金叉后，首先动量 1 线抬头向上有效突破了 0 轴线，随后动量 2 线也突破了 0 轴线向上抬头。

在第一条动量线突破 0 轴的时候，我们就要对该股进行密切关注，在动量 2 线突破 0 轴时，只要量能配合比较完美，我们就可以在突破当日买进股票。

买入股票后，两条动量线始终保持在 0 轴的上方运行，股价形成了一个上涨的小波段。几个交易日下来，我们的买入实现了短线获利。获利后的操作主动权就变得较好把握，选择一个较为合适的位置卖出获利筹码实现落袋为安。

通过对动量线的观察，只要两条动量线不死叉，我们就可以继续持股，两条动量线出现死叉迹象时，就可以卖出手中的筹码。

止损说明：

如图 2-51 所示，动量线是我们对个股多空博弈胜败的有效判断，通过对动量线的追踪，可以将盘中看不见的多空博弈情况转换为可以看到的曲线形态。

当做空能量变大，多头买入资金不济的时候，动量线就会充分反映出其弱势特征。初步表现为死叉，进一步发展将是跌回 0 轴以下，变为下跌势头。0 轴可以是我们对个股多空强度判断的重要分水岭，所以只要股价有效跌破 0 轴的股票，我们就要进行回避。

在我们买入股票的初期，止损价格要配合 0 轴来设置，盘中对多空博弈指标进行追踪，只要股价下跌牵引动量 1 线和动量 2 线跌破 0 轴，就进行止损操作。

在我们买入股票的后期，可以对 0 轴上方两条动量线的金叉、死叉进行追踪，若动量 1 线跌破动量 2 线形成死叉的走势，我们就可以对股票进行主动止盈的操作。

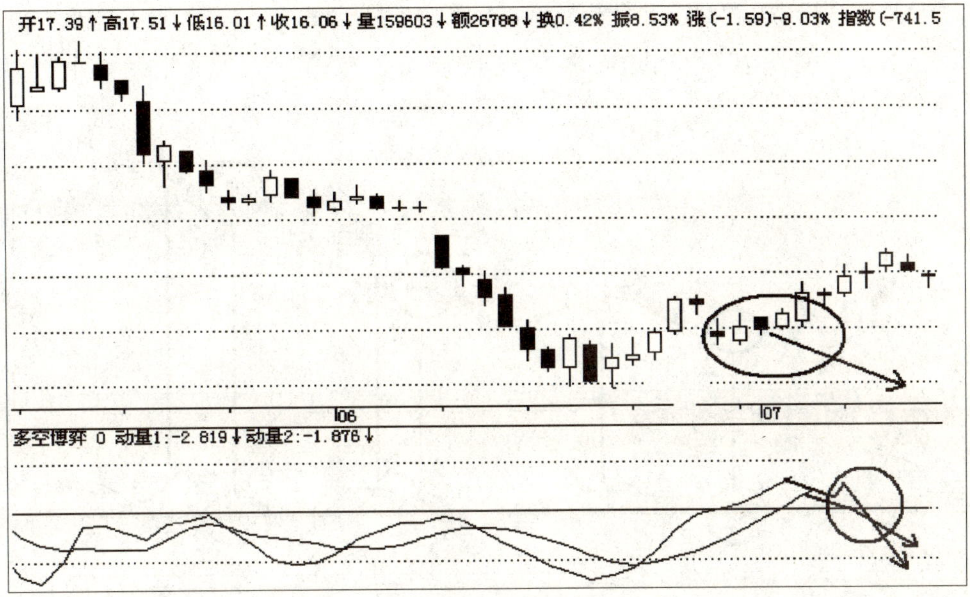

图 2-51

成交量变化也被我们考虑到了动量线中，所以动量线的变化也反映了成交量的变化，将多种因素以数据模型的方式，通过线性展示在我们的面前，使得操作分析变得更加简单和直观。

个案解析：

如图 2-52 所示，虽然图中个股的初期表现为整体多头占优，但是逐步能量下滑的走势。这种走势经常会出现在保持上涨趋势股票的调整位置，股价经过波段上涨，获利盘积累较多，就需要通过调整来消化掉获利盘。而有效的调整，必将是抛压明显的调整，只有有效地消化了抛压的走势，才能为后期的进一步上涨奠定基础。

而动量线始终在 0 轴上方的波动，预示着股票整体表现的强势和调整的短暂性。

在 A 点圈示位置，两条动量线再次从 0 轴下方向上突破，短暂的空头占优市场有效转变为多头占优市场。多头资金的买入推升股价上涨，我们可以在该位置买入股票持股等待短线利润。

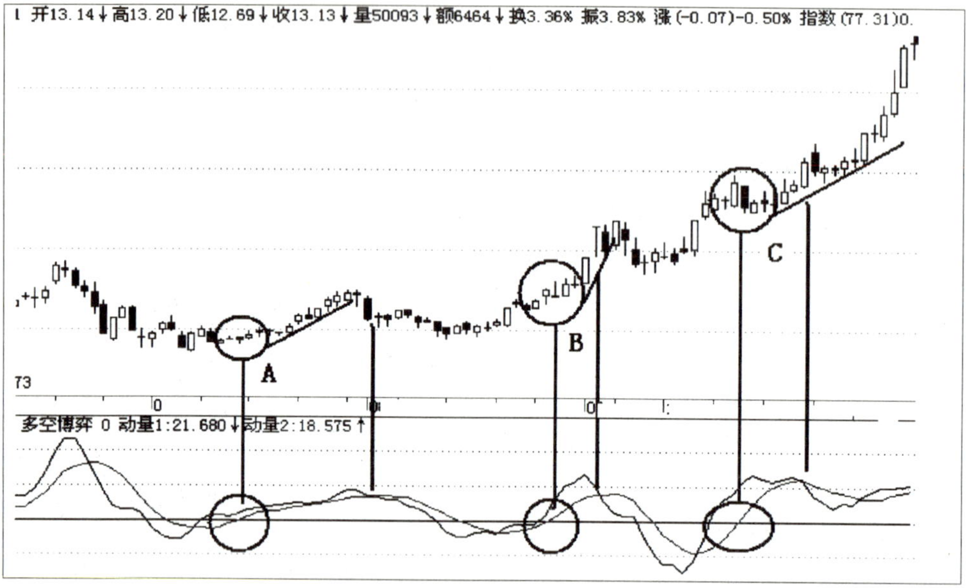

图 2-52

当我们买入股票后，只要股价能够在买入资金的推动下继续上涨，多头占优的势头不变，动量 1 线和动量 2 线就不会出现死叉现象，这样我们就可以依照动量 1 线和动量 2 线的实时监控，来指导操作。

在 B 点圈示位置，再次出现了如同 A 点位置的走势，两条动量线再次从 0 轴下方向上有效突破 0 轴。依照本节的操作模式，可以在该位置买进股票进行持股待涨的操作。

在 B 点圈示位置买入股票后，股价随后就展开了再一次的上攻走势，上攻的交易日虽然少，但是力度较大。在动量 1 线和动量 2 线的监控下，我们再次实现了短线获利的成功操作。

多空博弈指标线可以有效地监控到盘中多空的真实变化，调整的方向、调整的力度都将影响着股票的下一步走势。

在C点圈示位置，我们依照多空博弈指标动量线的变化，再次入场，并有效把握了短线利润。当动量1线在0轴上方跌破动量2线的时候，我们可以对该股进行短线的卖出操作，短线利润落袋为安。

当我们卖出股票后死叉的动量线经过短暂调整，在0轴的上方再次金叉，这个位置不属于我们本节学习的买入分析范畴，所以依照本节操作模式，我们不需要对该点进行买进操作。

虽然放弃了一波快速拉升的利润，但是毫不可惜。实盘操作我们只需要把握我们能够有效把握的买入机会，而不是要把握住每一个最佳的盈利点。想要把握住每一个最佳的盈利点这也不现实，是一种错误的操作心态。

关于多空博弈指标动量线的使用方法，后期在系列书中我们再择机进行讲解，掌握了多个多空博弈指标线的使用，快速拉升的机会同样不会被放过。

第十四节 运用操盘精灵分析寻找短线买点(1)

操作要点：

(1)大盘和个股均没有处在下跌趋势之中，可以保持平衡状态，但以上涨趋势为最佳。

(2)操盘精灵指标由绿转红且站上趋势线。

(3)操盘精灵指标的生命线向上突破趋势线或者在趋势线的上方形成拐头向上的走势。

(4)股票的日K线位置和形态相对比较支持做多买入。

操作解析：

如图2-53所示，操盘精灵指标是结合量能、趋势、买卖盘以及个股位置等因素形成的一款综合指标，以红绿两色实体K线和生命线、趋势线的形式组成。

红绿实体K线的颜色反映了涨跌趋势，实体大小表现出涨跌的潜力。生命线和趋势线对实体K线分析起到辅助作用，以实体K线所处生命线和趋势线的上方、下方，以及生命线和趋势线的交叉、向上、向下的趋势来指导操作。

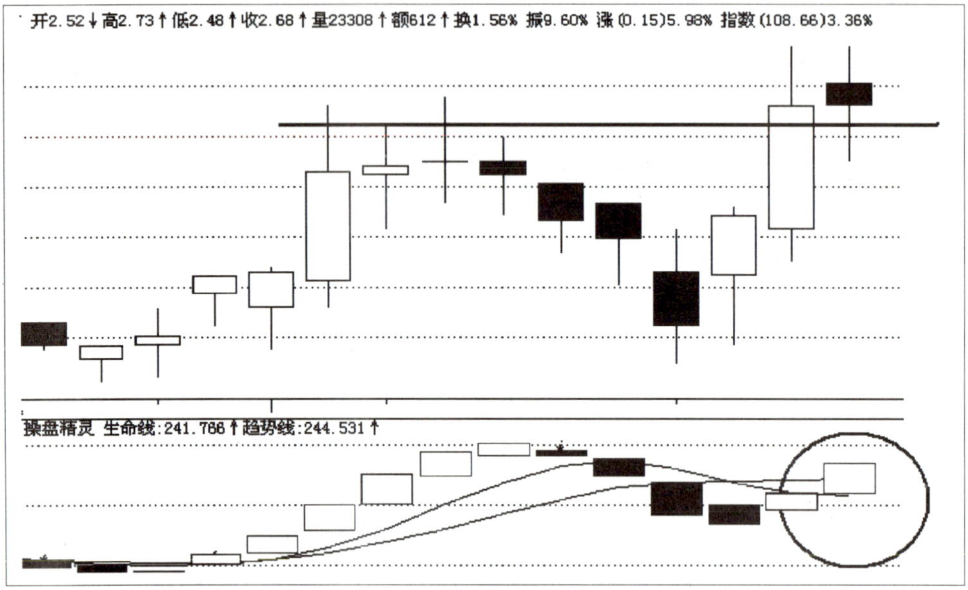

图 2-53

当操盘精灵指标的实体 K 线呈现红色(浅色)且向上攻击的时候，股价上涨，实体 K 线的长短反映出股价后期上涨的动力。实体逐步增长，预示着后期上涨的动力逐步增加，可以继续持股。当实体逐步缩减的时候，预示着后期上涨的动力在逐步减少，要根据盘面情况进行卖出或做好减仓的准备。

在实盘操作中，为了提高操作的准确度，结合股票日 K 线的位置和形态，参照操盘精灵进行操作。如图中形态，当操盘精灵的实体 K 线下跌时，我们不对该股进行操作，当实体 K 线下跌到生命线和趋势线的下方，随后再次从下方变色向上突破生命线和趋势线时，我们就可以考虑在该位置进行买进操作。

结合实盘，股票的日 K 线在操盘精灵发出买入信号时，也是股价创出新高的时候。股价在关键位置创出新高，指标线发出买入信号，两者共振，坚定了买入的决心。

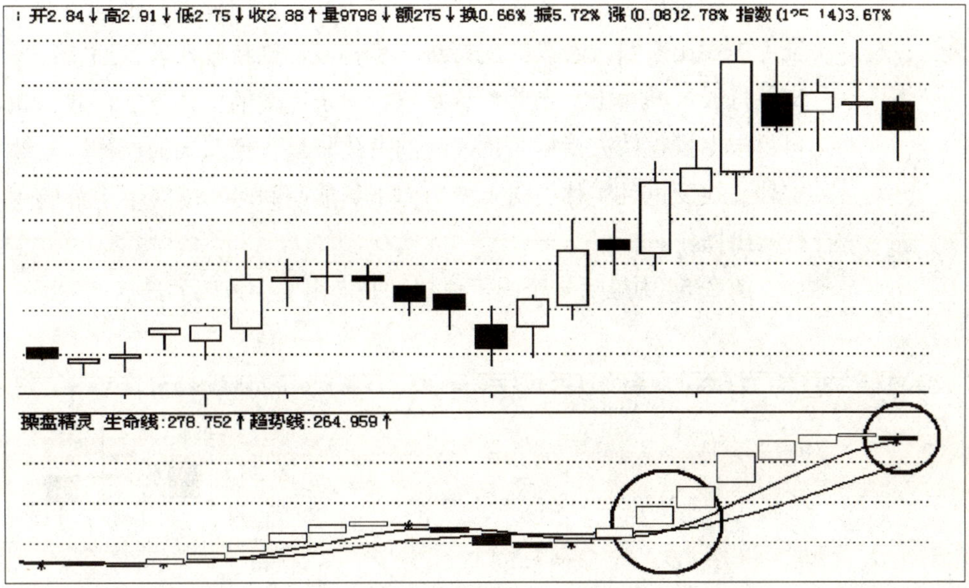

图 2-54

如图 2-54 所示，买入股票后，操盘精灵指标实体 K 线逐步放大。虽然股票日 K 线出现小阴线调整或者小阳线滞涨的形态，但是操盘精灵指标完全过滤掉了这些不良信号，从股价涨跌的背后通过精确计算反映出股价的真实涨跌动力和下一步方向。

只要操盘精灵的实体 K 线逐步放大，我们就可以坚定地进行持股。同时实体 K 线牢牢站稳生命线的上方，我们更没有理由卖出手中筹码。趋势线反映着当前股价的运行方向，生命线反映出是否可以继续持股的最低限度。

操盘精灵实体 K 线、生命线、趋势线三者同步向上，是良好的做多信号，在该趋势中，可以从盘中积极地寻找持股信号和买入信号对个股进行短线的做多操作。

图中圈示位置买入股票后，股价持续上涨，操盘精灵指标支持着股价向上推进，我们进行持股操作。在股价几个交易日的向上推进后，操盘精灵指标实体 K 线的实体开始逐步缩短，股票的上涨力度开始下降。

在操盘精灵指标实体 K 线开始缩小，实盘中就可以根据盘面特征考虑卖出股票，若盘面支持进一步持股，则持股，若盘面特征不支持持股，则卖出。当然，这是一种追求完美的操作方法，我们也可以根据操盘精灵指标实体 K 线的变化来进行傻瓜式的操作。只要实体 K 线变色且实体由向上变为向下拓展空间时，就对手中筹码进行卖出操作。

图 2-54 中最后一个圈示位置，是卖出手中筹码的最后位置。

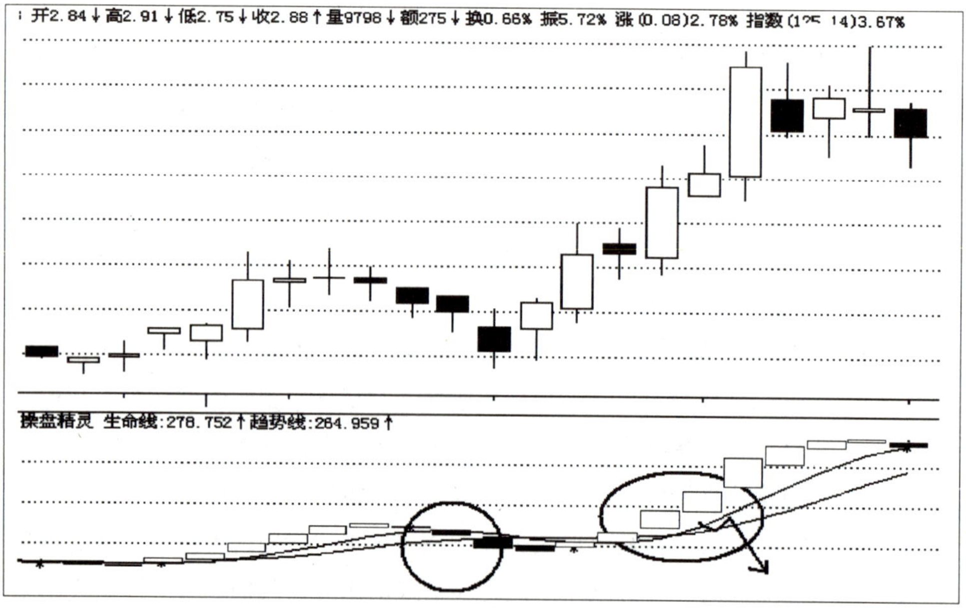

图 2-55

止损说明：

如图 2-55 所示，在操盘精灵指标实体 K 线从生命线和趋势线的下方上穿两线后，我们买进股票。此时的股票价格是有上涨动力，只要上涨动力不减，操盘精灵指标实体 K 线就会增长且向上拓展空间。那么什么情况下需要进行止损操作呢？

当操盘精灵指标的实体K线刚刚突破生命线和趋势线，突然股价没有向我们预期的方向发展，而开始走平甚至下跌的时候。只要盘中没有了上涨动力，后期会持续下跌，操盘精灵线的实体K线就会掉头向下，再次跌破生命线和趋势线。

所以，指标实体K线跌破两线的时候，就是需要我们止损的时候。

若股价在我们买入后有了上涨，指标实体K线也随之上涨，我们获益卖出就需要依照指标实体K线逐步缩小的变化而择机离场。

指标实体K线变色、掉头向下是最后的离场点。此时，无论后市如何变化，无论对个股有怎样的预期，作为短线投资者，都必须要及时离场。

我们离场后若对该股继续看好，则可以在场外对其进行观察，但不可以对指标实体K线已经变绿且向下拓展空间的股票进行持股操作。

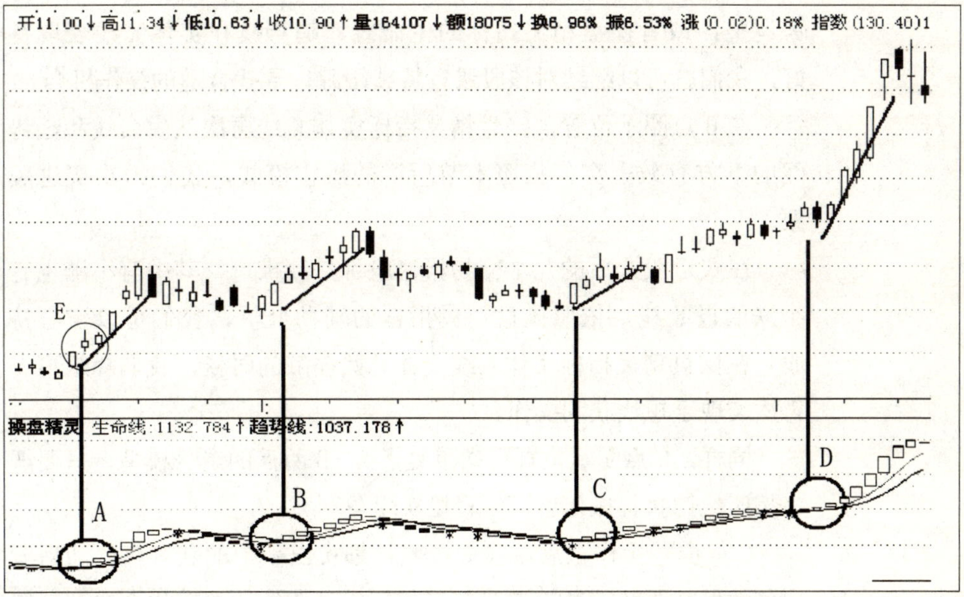

图2-56

个案解析：

如图2-56所示，我们对个股仅依靠操盘精灵指标进行操作，从中把握有利的短线买卖点。当在A圈示位置，操盘精灵指标的实体K线从生命线和趋势线的下方向上突破，依照本节所讲的内容，我们可以在突破当日买进股票进行短线持股。

随后第二个交易日，股价上涨，操盘精灵指标实体K线的实体在股价上涨的带动下不断放大，盘中资金买进积极，做多能量在逐步增加。针对该类情况，我们可以安心持股待涨。

随后第二个交易日、第三个交易日(图中圈示E位置)，股价上涨幅度有所减缓，但是操盘精灵指标实体K线依然在逐步放大，股价的调整和缓涨是表面现象，上涨动力不减才是本质，这些都被我们的操盘精灵指标显现出来。

当我们持股一段时间后，股价虽然还在持续上涨，但是操盘精灵指标实体K线开始逐步减弱，上攻力度平缓。此时投资者就可以在盘中寻找合适的高点位置进行卖出操作，卖出后只要股价保持强势调整，或者操盘精灵指标的生命线、趋势线和实体K线表现良好，我们就可以继续对该股进行持续跟踪，寻找合适的操作机会。

在B点圈示位置，操盘精灵指标实体K线再次从生命线和趋势线的下方有效上穿，依照本节所讲的操作模式，我们再次买进股票。

在买进股票后的几个交易日，股价持续推进，其中有小涨也有小跌的日K线，依照操盘精灵指标的辅助分析，我们可以安心持股。在操盘精灵指标实体K线实体开始缩减的时候，我们择机离场再次实现了短线获利操作。

同样，C点圈示位置再次重复了A、B两点的走势模型，只要严格按照纪律执行操作就可以轻松实现盈利。

C点位置操作之后，我们按照计划卖出手中的获利盘，随后股票依然保持强势特征，操盘精灵指标实体K线始终在生命线和趋势线的上方进行短暂调整，同时生命线趋势坚挺向上。此时需要我们对该强势股进行持续跟踪寻找新的做多机会。

在D圈示位置，操盘精灵指标线再次发出了买入的操作提示，依照提示我们买进股票进行持股待涨。随后股价的快速拉升，让我们的账户实现了快速盈利。

在实盘操作中，有小利润也有大利润，只要我们的操作能够大部分都获利，同时坚持只会有小亏损出现，不会出现较大的亏损，账户实现持续盈利就会成为现实。

不要小看小利润，也不要放弃大利润，有了操盘精灵指标的跟踪、监控以及提前预测的功能，就会让短线操作不再复杂。

第十五节 运用博弈动能分析寻找短线买点(1)

操作要点：

(1)个股股价处在平稳调整阶段的后期。

(2)股价在调整过程中创出波段新低或者横盘低点相对比较固定。

(3)博弈动能指标没有跟随股价的调整同步调整，走出了逐步攀升的走势。

(4)在调整的后期，个股盘中表现强势时，可择机买入股票。

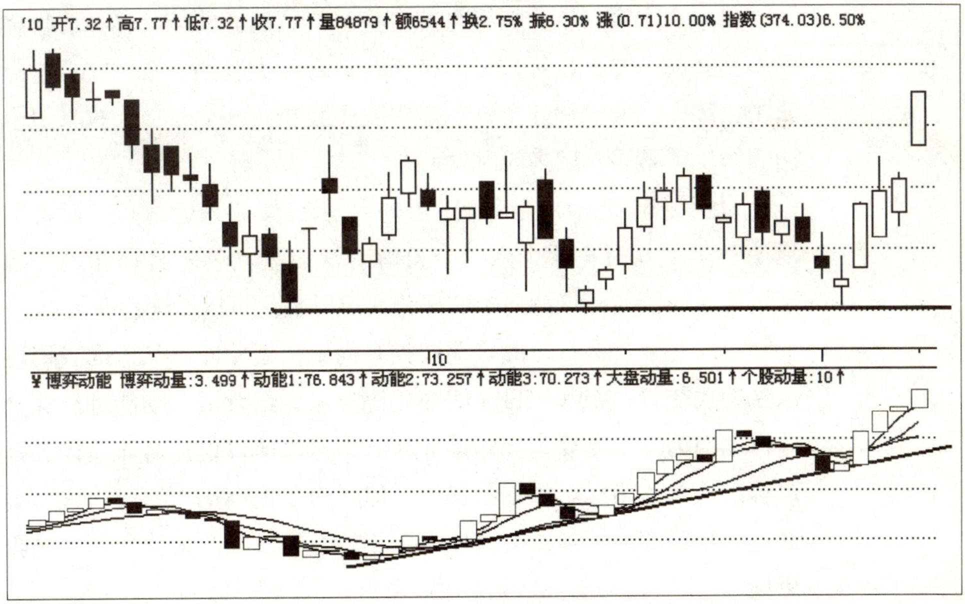

图 2-57

操作解析：

如图 2-57 所示，博弈动能指标是结合个股资金流、大盘走势、全部股票的走势进行集中分析，并对个股的盘面变化进行判断后，推算出股票强弱程度的一款指标。通过对该指标的追踪，我们很轻松地就能够找到那些表面看上去较弱，其实已经蓄势很久，等待拉升的强势股票。

在实盘操作中，博弈动能指标向下走弱，无论个股是上涨还是下跌，均反映出了该股资金博弈属于空头占优的本质，我们不对该类股票进行买进操作。

当博弈动能指标开始向上呈一定趋势上升的时候，预示着个股强势特征显现，若股票处在上涨趋势中，则我们可以结合其他买入方法在盘中寻找买入机会进行买入操作。

若博弈动能指标向上走出趋势特征，而个股 K 线依然处在下跌或者横盘之中，该股的内在上涨动力将被有效激发，个股随时都有可能展开上涨。此时，我们结合盘面的实际变化，对股票进行分析，寻找较佳的买进位置，对个股进行短线做多的操作。

图中个股走出了一波横盘的走势，但是博弈动能指标在股价横盘不创新高之时，指标却稳步推高，针对此类股票，我们就要进行紧密跟踪，当股价快速上涨，盘中表现强势，成交量放大推升股价的时候，就是买入做多的时候。

如图 2-58 所示，当我们在图中圈示位置买入股票后，股价随后的一个交易日再次上涨，当日解套次日获利的短线操作顺利实现。博弈动能指标保持向上的态势，所以我们可以继续持有股票。

随后几个交易日，股价逐步推升向上拓展空间，从盘面我们可以参考成交量、MACD、日 K 线变化等方法，结合博弈动能进行综合分析。因为本节主要是介绍博弈动能指标，所以仅针对该指标进行讲解。虽然该指标可以单独使用，但是为了提高操作的成功率，实盘中，将博弈动能指标与其他方法相结合来进行股票分析，效果会更佳。

盘中，股价虽有所反复，但是博弈动能指标依旧保持一个良好的上升趋势稳步推进，只要博弈动能指标能够稳步地向上推进，股票上涨的内在动力就会非常足，有了足够的上涨动力，我们就可以进行持股操作。

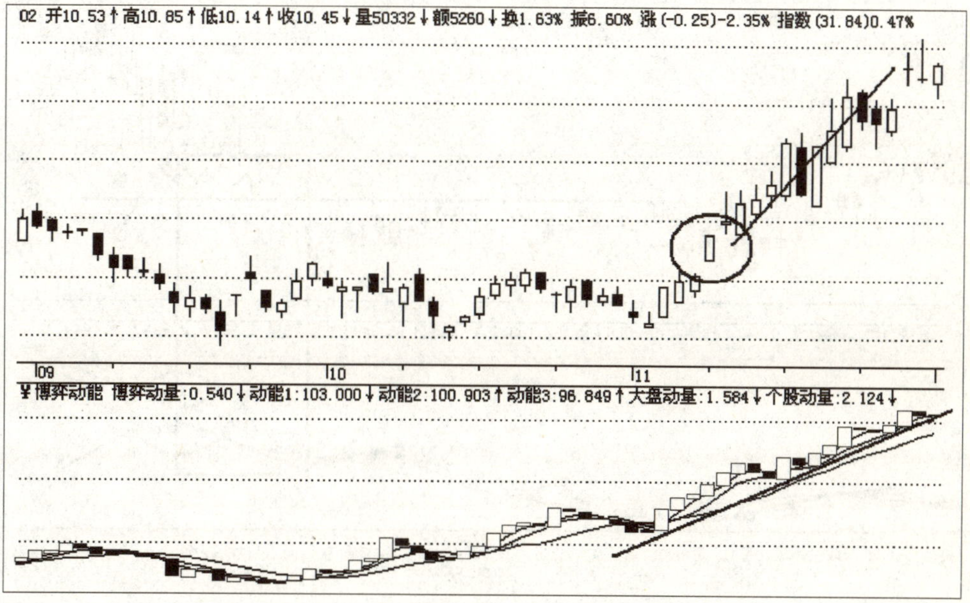

图 2-58

博弈动能指标可以作为一个中长线指标来使用，也可以作为短线操作的指标来使用。使用博弈动能指标进行中长线操作，可以让我们过滤掉股价的波动，看到股票真实的内在博弈多空能量情况，能够真正地拿到全部波段利润。

使用博弈动能进行短线操作，可以让我们比股价下跌提前一步看到能量的不足，提前离场，有效地提高了操作的准确度和资金使用频率。

止损说明：

如图 2-59 所示，使用博弈动能指标进行股票操作的时候，我们一般都会选择在一个重要的 K 线形态位置进行买入操作。针对这一特征，该操作模式的第一种止损方式是根据股票的日 K 线形态来设定初步的止损价格。只要股价有效跌破这个重要的支撑位或者突破位置，就需要进行止损。

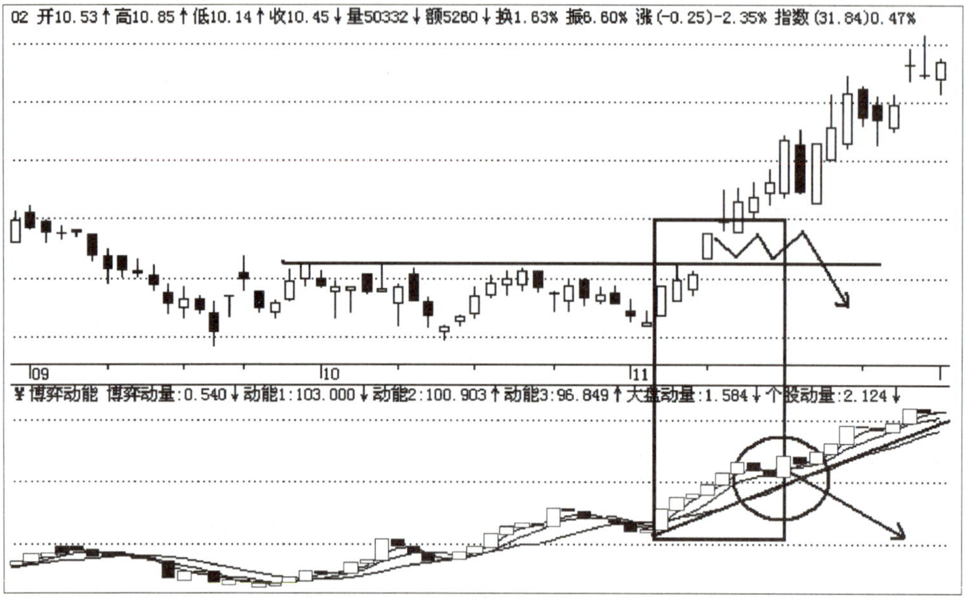

图 2-59

第二种止损是参照博弈动能来设置的。根据博弈动能的设计原理，当股价进行调整甚至下跌的时候，只要股票内部的上涨动力没有消失，博弈动能指标就有可能继续保持横盘或者向上的走势。这种情况下，股价当时可能会下跌或者横盘，随后只要环境稍有配合，内部动力便会推升股价向上拓展空间。中长线持股可以过滤掉这类操作，持股不动。但是短线操作我们就要规避掉所有的调整。所以，博弈动能滞涨，股价同步滞涨，我们就要进行止损。

第三种止损是博弈动能指标向下的止损。指标向下突破趋势，需要止损。指标向下拓展空间，需要止损。只要博弈动能指标向下掉头，我们就要尽早止损离场。

个案解析：

如图 2-60 所示，图中个股在初期走出了两波下跌的走势。第一次下跌股价的低点，博弈动能同步创出了一个相对的低点位置。随后股价开始逐步攀升，在股价小阴小阳小幅盘整中，股价触摸到了前期的高点位置，开始显露出滞涨的情况。

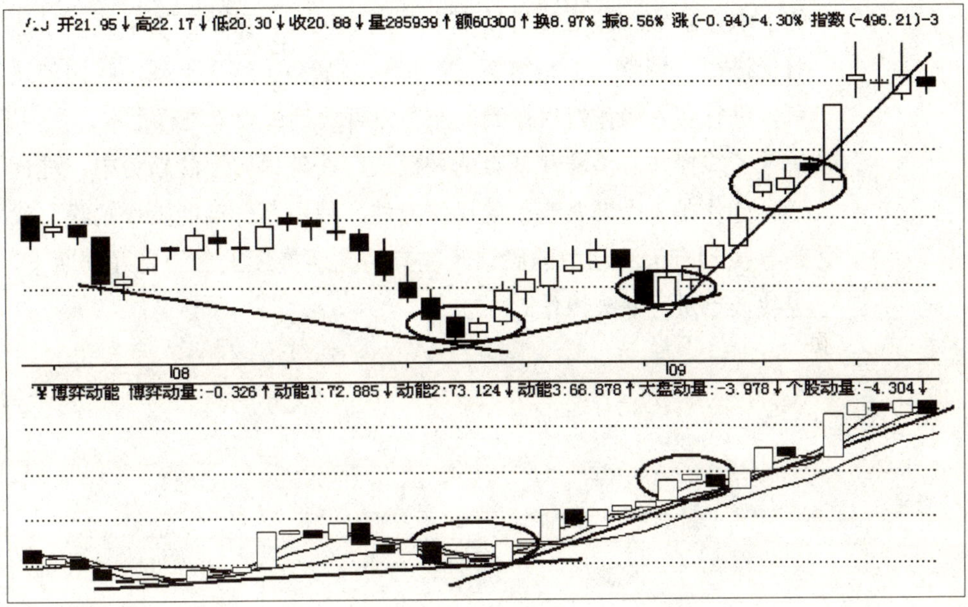

图 2-60

而同步的博弈动能指标在股价上涨的同时，明显强于股票日 K 线的走势，在股价没能创出新高的时候，指标已经稍稍地突破了前期高点。虽然在盘中我们看不到该股的强势表现，但是通过博弈动能指标后台计算后的显示，该股已经初步显露出来了积聚能量的特征。

随后股价顺着前期的下跌趋势再次展开了一波下跌，盘面丝毫没有任何走强的迹象。而同步的博弈动能指标没有随股价的下跌而下跌，反而呈现出了底部逐步抬高的形态。在第一个圈示位置，股价新的低点显露，博弈动能相对低点抬高，此时只要对大盘的把握相对准确，再结合成交量等其他因素的配合分析，就可以择机在指标与日 K 线背道而驰的位置买进股票。

随后的一个阶段，只要博弈动能指标保持一定的向上趋势，股价的内在上涨动力就不会减弱，就可以在股价调整的相对低点位置进行买入操作。

在图中该股的第一个圈示位置，我们买进股票随后迎来了短期的上涨，短线持股后，等待下一个操作机会。第二个圈示位置虽然股价进行了调整，但是博弈动能指标上涨势头丝毫不减，我们依然可以进行买入操作，内在的上涨动力再次推进股票进行上涨。

短线操作有追涨和低吸两种模式，在整体向上的趋势中，进行低吸操作是一个非常有效的操作方法。使用博弈动能操作短线，就是寻找到有上涨动力的股票，在有明确地持续上涨的良好预期下，寻找低点进行低吸操作。

第三章

五度分析法——让你准确判断股性

在实盘操作中，需要我们准确地判断出股票的强弱度，需要我们及时地把握住股票的股性，只有这样才能准确地对目标股进行短线买卖判断。五度分析法是通过对分时图的角度、长度、力度、抗跌度、活跃度进行综合分析，来指导我们的操作。

第一节 分时的上涨动量与股性分析

如图 3-1 所示，分时线是股价逐笔成交后堆积出来的一条动态线，市场的每一笔成交都会影响着分时图的表现。

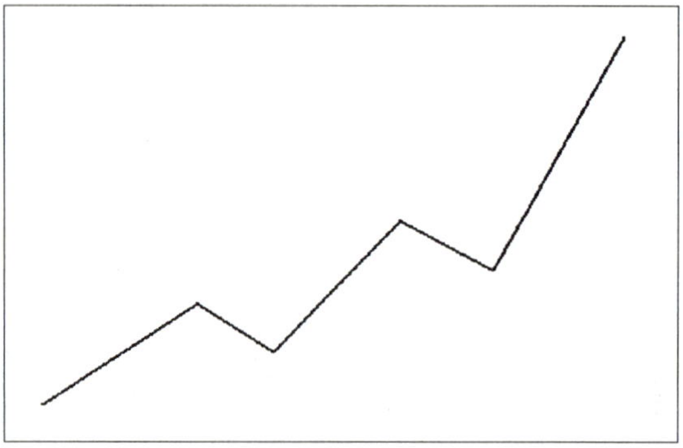

图 3-1

当一只股票上涨的角度越来越陡峭的时候，就说明买入该股的投资者愿意以更高的价格买进该只股票，同时还生怕股价上涨太快，而主动的快速将资金兑换成筹码，买入股票的主动性越来越强。

当我们在分时图中发现一只股票的第二波上涨角度大于第一波上涨的角度，就说明该波上涨比第一波上涨动量更足，而第三波上涨的角度又再次大于第二波时，说明个股当日的上涨动量是比较充足的。此时若能结合分时成交量的变化，以及其他五度共同分析，则很容易判断出股票当天是否依然能够保持强势。

股价的上涨波段逐波角度更陡峭是强势的表现，而在上涨途中，每次的下跌角度也在逐波地变得更平缓，也非常说明股性的强弱特征。上涨与下跌的角度对比分析是股票内在动量的体现，也是股性强弱的体现。

图中分时上涨一波角度比一波角度更陡峭，而下跌调整时一波比一波更平缓，是一种比较典型的强势股票特征，面对该种股票的走势，短线都有较好的上涨预期。

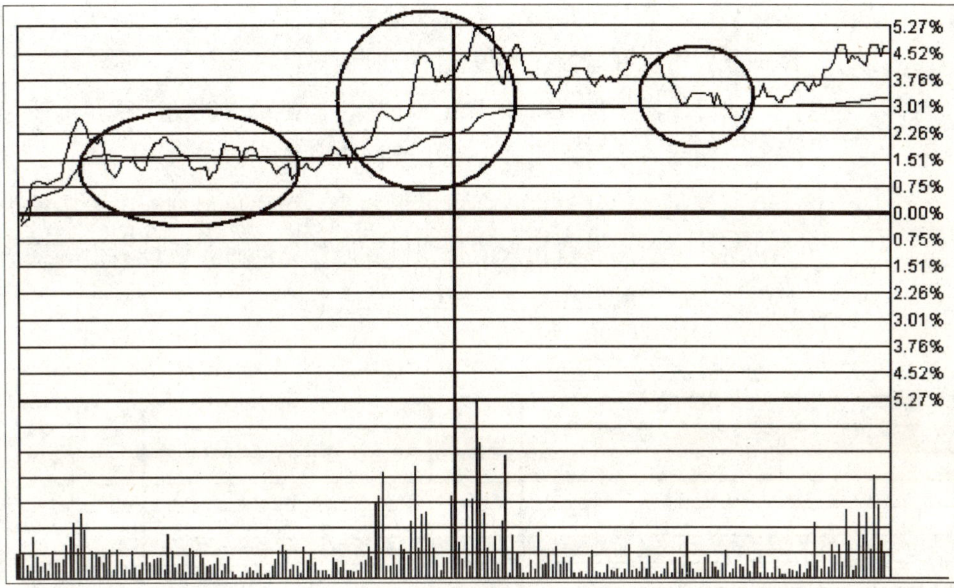

图 3-2

如图 3-2 所示，图中股票分时走势，开盘后展开了两波强有力的上攻走势。待股价平稳后，虽然分时走势横盘调整，但是从中我们认真分析，依然能够找到股票的股性特征。

在第一个圈示位置，股票持续了三波小幅下跌，第一波下跌角度较大，第二波稍稍趋缓，第三波角度更加平缓。虽然股价保持横盘，但是从横盘中连续三波的下跌，我们可以看到该股似乎有强势特征，内在的动量有推动股价上涨的冲动。此时，只要大盘能够配合，寻找到与大盘共振的买点，我们在实盘中，不难找到准确的上涨买点。

第二个圈示位置，在股票展开上涨中我们继续跟踪分析，第一波上涨分时的角度强于圈示外面横盘期间的角度，并在此时创出了盘中的新高。随后第二波的上涨，角度继续陡峭且力度增加，股价上推明显，此时股票依然有上涨的动量。当第二波上涨结束时，股价回调的速度加快，角度比上一波角度增大，可以看出动量减少。第三波再次上涨时的角度开始放缓了，如果我们需要在当天卖出股票的话，看到这种情形，就可以果断地离场。通过对分时角度的跟踪，我们可以回避掉盘中短暂的分时调整。

第三个圈示位置，股价虽然下跌，但是第二波的下跌角度明显趋缓，随后股价再次展开上涨也就在情理之中了。

通过角度的分析，我们可以很容易、很简单地判断出股票的内在动量，分析出股票当天的强弱以及股性。同时，通过多个因素的把握，实盘中就更容易进行短线的有效掌控了。

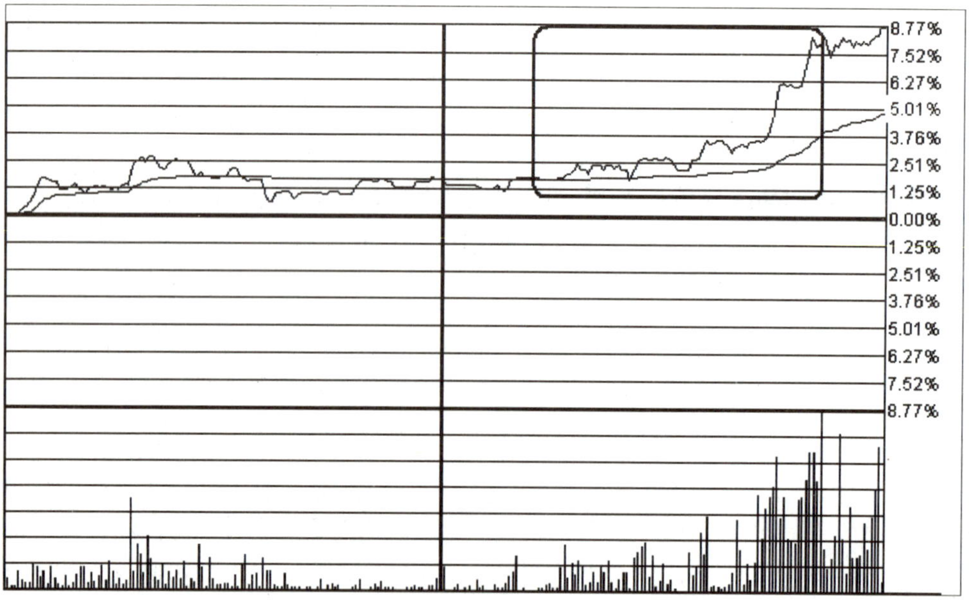

图 3-3

如图 3-3 所示，图中股票分时在下午开盘后便展开了一波有力的上冲，将股价推升到获利 2%的区间。随后股价展开了横盘走势，通过一上午的横盘，充分考验了获利短线筹码的持股耐心。

在下午盘中，股价蓄势后准备展开上攻走势，上攻的势头不是一次性全部爆发，而是通过逐波地上涨，带动盘中其他买入资金，将股价推升到了将近 9%位置。

在图中的框示区域，股价有效站上了分时均价线，此时我们可以运用第一本书中所讲述的方法，对股票进行买入的分析决策。随后，股价在成交量的推动下，展开了一波比一波角度更加陡峭的上涨。

上涨中，成交量的放大以及分时线角度的增加，充分反映了股票内在动量，强势特征明显。最后分时线几乎接近 90° 的角度推升股票，此类股票能够强势上涨，第二个交易日继续上涨的概率也极大，所以持有的投资者可以安心持股待涨。

同时，在实盘中，我们还要对股价上涨的压力盘进行分析判断，快速通吃上方压力盘的股票和在上涨过程中吃掉隐形的压力盘的股票，其股性是有区别的，两者也要分开分析判断。

实际操作中，我们不能通过一个图形来做决定，同样的图形只要盘中走势、成交量以及挂单的不同，有时对该图形所做出的最终判断也会不同，这点需要我们广大读者注意区分。

第二节　分时的下跌动量与股性分析

如图 3-4 所示，我们可以通过分时每波上涨角度的变化来判断股票的强弱和下一步持续上涨的能量。同样，我们也可以通过分时的每波下跌角度对比变化来对股票的股性进行判断。

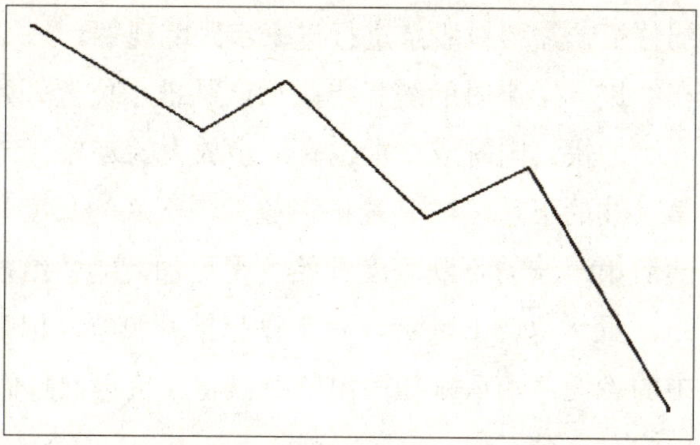

图 3-4

当第二波的下跌角度比第一波的下跌角度更加陡峭时，说明盘中股票的内在下跌动量充足，股价有进一步下跌的可能。第三波比第二波更加陡峭时，其下跌的动量更加充足，股票经过短暂调整后，一定还有下跌的空间。若想改变此种下跌的势头，则必须要经过再一次上涨冲击，才能有效化解掉下跌的势头。

下跌过程中的每一波力度与反弹时的力度同步进行分析，更能说明盘中股票的强弱股性。图中所画分时走势属于标准的弱势特征，若股票的分时走势出现此类一波下跌角度比一波更加陡峭的走势，同时反弹的角度逐步放平缓，那么该股当天就属于标准的弱势特征。

面对较弱的股票，需要我们结合日 K 线分析，盘中寻找较为合适的卖出机会，对手中筹码进行卖出操作。日 K 线较强，而分时走势较弱的股票，我们也要进行及时地跟踪，观察当天的弱势属于主动性的回调，还是盘中抛压沉重造成的被动性回调。

我们可以通过分时来定位个股当日的强弱股性，通过日 K 线的因素分析，来决策在当前位置股票走弱或走强反映了什么样的信息，是否需要进行买入或者卖出的操作。分时走势和日 K 线的结合，是我们进行短线操作必须要考虑的两个重要因素。

如图 3-5 所示，图中个股盘中稍稍高开后，便展开了一波向下的趋势。经过近一个小时的下跌，股价由开盘的红色跌破昨日收盘价，变成了绿色的下跌状态。初期的下跌量能萎缩，我们看不出任何强弱特征，需要对股票进行进一步跟踪观察。

在经过一个小时的缓步下跌后，从框示位置开始，股价的下跌速度开始加快，同时成交量也有逐步放大的迹象。

第一波的下跌，成交量稍稍放大，下跌的长度和角度还比较温和。随后第二波的下跌角度开始变得更加陡峭，给投资者一个沉重的打击。虽然急速下跌后，有买盘想推升股票，但是下跌已经造成了盘中的恐慌，随后跟随而出的抛盘将股价再次打低。

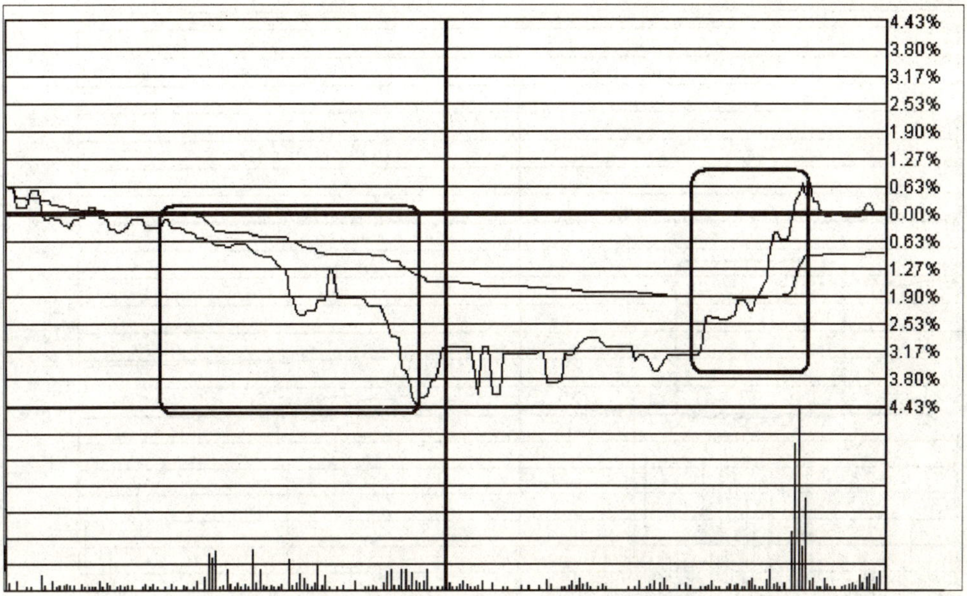

图 3-5

在短短的一个小时时间，股价下跌势头逐步增强，下跌角度和速度越来越大，使得将近 4%的空间轻松被抛压打碎。该股的当日弱势特征被充分表现，结合当日 K 线形态和当日弱势特征表现，我们可以对该股进行买卖操作决策。

随后的第二个框示位置，股价展开了快速地上攻，一举将上午的下跌空间快速收回。上涨的角度一波比一波陡峭，属于标准的支持上涨的分时表现。

有些投资者遇到此种情况可能会表示懊恼，后悔上午对个股做出弱势表现的分析，但是，短线操作必须要果断。上午盘中的弱势表现是正确的分析，所应对操作也是必需的。而下午的上涨，需要我们重新再针对此次的走势对股票的股性进行分析，综合考虑对下一步操作进行决策。

如图 3-6 所示，图中个股早盘直接低开，低开的股票若不能在很短的时间立即收回失地，就是弱势表现，当天该股表现不强的概率增大。

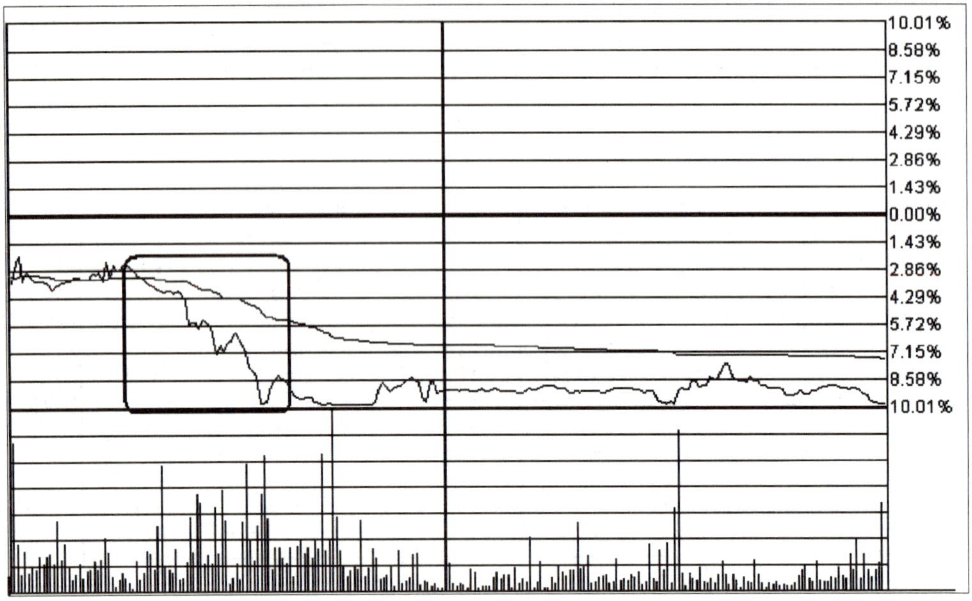

图 3–6

在低开后，股价稍稍做了调整，便展开了下跌的走势。下跌一波比一波更加有力，分时线在盘中表现出第一波稍稍平缓下跌，随后破位。第二波下跌角度便开始增加，成交量也逐步放大，第三波下跌幅度再次增加，角度变得更加陡峭。

如此行云流水的下跌，短短不到一个小时的下跌，让股票触摸了 10%跌停的位置。在下跌途中，使这种下跌动量逐步释放，逐步得到认可，进一步诱发恐慌盘抛压的走势，让下跌的成交量逐步放大，下跌的势头越来越浓，最后将所有盘中买入资金全部通吃，形成了跌停的走势。

如此强势的下跌，让该股当日弱势特征充分体现，跌停后盘中虽然有资金进场，但始终不能将股价推高，分时均价线没有被突破过，弱势特征一直延续到收盘。

表现如此弱的股票，当日走势疲软，次日也难有较强的表现，该类股票是我们短线操作中应该极力回避的股票。

第三节　上涨的持续性与股性的判断

如图 3-7 所示，分时走势每一波段的持续性，也是我们对股票上涨下跌进行预测的一个重要参考因素。上涨中分时走势一波比一比持续的时间更长，则说明个股的后劲十足，有继续进一步向上拓展空间的动力。上涨中调整的时间逐步减少，则说明个股的抛压越来越少，持筹的投资者认可当前点位，同时追涨的投资者在逐步增加。

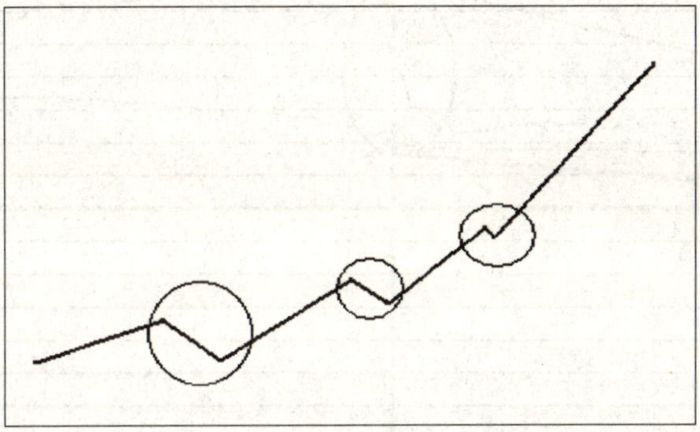

图 3-7

上涨的持续性在分时图形中可以表现为每一波的长度，即分时线比较明确的上涨和下跌，每一波的长度是其持续性的图形表示。实盘操作中，我们可以通过对其每一波上涨、调整、下跌的长度进行比较，从而判断出盘中内在的上涨动力和抛售压力。

图中所示是比较标准的上涨强势特征分时走势图，其中涵盖了角度和长度两个分时特征，实际走势中，往往多个因素会同时出现，本节我们主要探讨的是分时线的长度，仅对分时线在实盘走势中的持续性进行分析。

图中第一波的上涨持续的时间较短，而回调的持续性相对较长。第二波的上涨持续时间与第一波相比，长度就明显增加，此时，这个因素分析点给我们传达的信息就是该股还有进一步上涨的预期。随后的调整再次证实了我们的分析判断，调整的长度相比第一波的长度再次缩短，上涨的概率再次增加。

第三波延续了第二波的分析判断，上涨再次持续增加，调整的幅度和长度再度缩小，股票的上涨力度和高度持续增强。在实盘分析中，个股的上涨长度有时候会受到瞬间拉升的影响而出现一个长长的上影线，此时我们要对盘中成交量和挂单进行判断，若成交量稀少，上面的挂单稀少，瞬间的一两笔大单引发的上涨，则需要我们另外来分析。

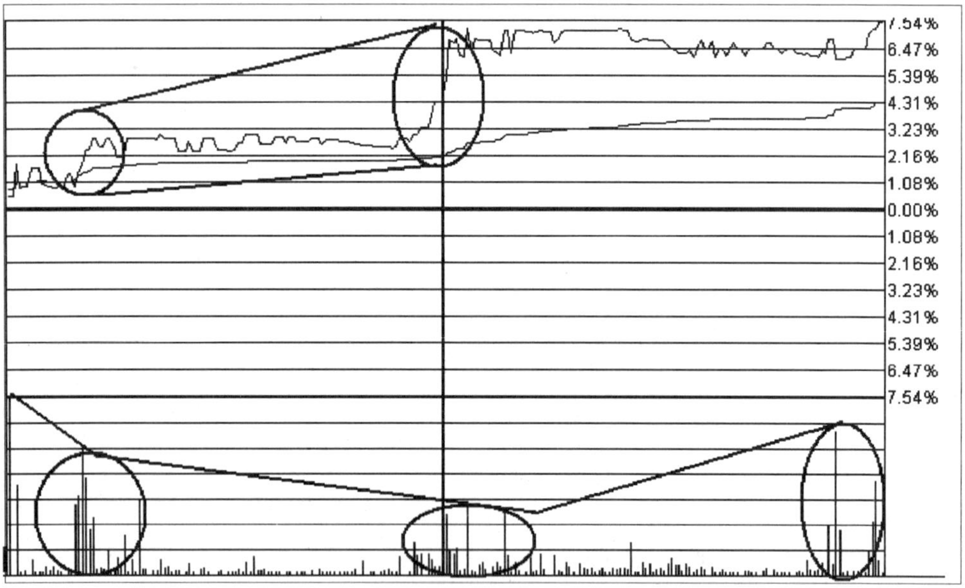

图 3-8

如图 3-8 所示，图中个股开盘后稍作整理后便在成交量的推动下展开了第一波的上攻走势，上攻后成交量没有持续跟上，股价随即开始横盘调整。

一上午的调整中，股价走势稳定，成交量始终保持萎缩状态，盘中看不到太多的分析因素，我们只能进行跟踪，从分时的变化中寻找变化来预判股价后期的走势。

临近午盘，股价开始拉升，成交量温和放大，午间收盘股价创出了当天新高，盘中高点将近 5%。午间临收盘的拉升会吸引到很多的眼球，让更多的投资者有充足的时间来对下午的操作进行计划。所以，午间股票的异动一般都会有一定的意义，需要我们在实盘操作中高度重视。

下午开盘，股价再次延续了上午临收盘的走势，经过充分计划的资金瞬间涌入，将股价推升到 7%以上的涨幅。此时的涨幅能不能够站住，我们对股票下一步的走势应该如何定位？运用长度分析，可以给我们一个非常有价值的参考。

比较第一波上涨和午间前后的第二波上涨，很明显，第二波的上涨长度远远强于第一波，这说明了该股的上涨动力是逐步增加的，后期依然有再次向上拓展空间的量能。所以，我们可以初步判断该股当前表现为强势。

值得注意的是，成交量的变化，第二波上涨的成交量没有延续第一波更加充足和持续增加的量能，没有了量能的配合，虽然股票本身有上涨的空间，而资金追涨热情稍显不足，所以上涨后的持续横盘也在预期之中。

总体分析，该股当日的表现为强势特征，有进一步持股的必要，而盘中后续资金稍显不足，所以要对后期资金的入场进行持续跟踪。依照当日表现，此类股票下一个交易日继续向上拓展空间的概率极大。

如图 3-9 所示，图中个股分时走出了两波快速拉升的走势，在这次快速拉升的过程中，我们均可以通过分时线的上涨持续性来判断出股票的当日股性。

在第一个框示位置，股价开始上攻初始量能相对平稳，随着股价有效站上昨日收盘价之上，激发了买盘的入场买进，第二波的上涨在量能的配合下，角度和长度均对股价的进一步向上拓展空间提供了有力的支持。第三波的上涨持续性有所减弱，角度减小，此时迎来高点的一个小调整，股价遇阻回落。

在第二个框示位置，股价持续稳步慢慢地向上推进，随后的上涨力度开始增加，将股价推升到了 7%的高度。

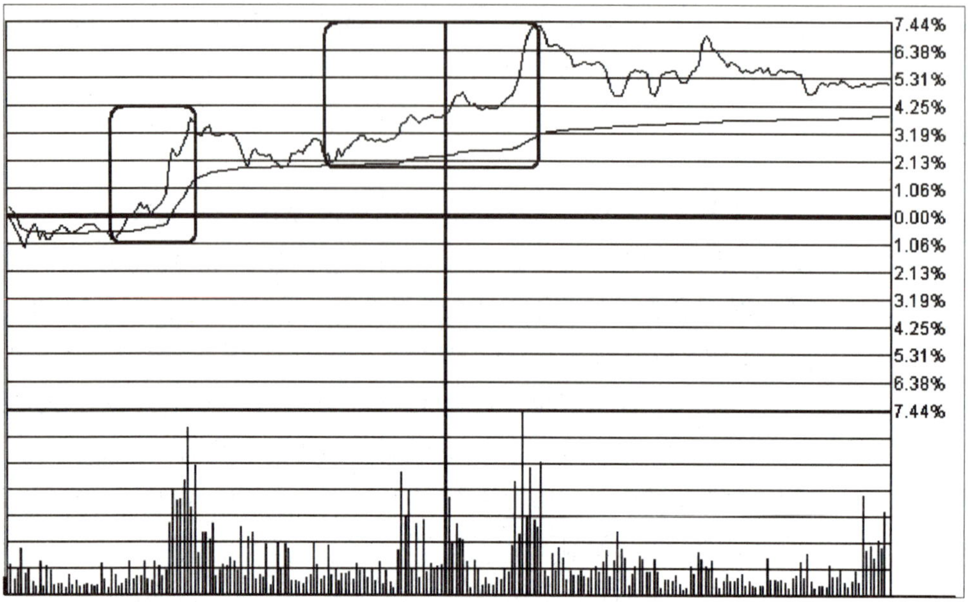

图 3-9

从上涨的持续性来看，第二个框示位置的持续性要好于第一个框示位置的持续性。从上涨的角度来分析，第二个框示位置的角度要明显弱于第一个框示位置。

综合分析该股当日表现，单波的上涨强度逐步增强，预示着该股依然有向上拓展空间的能力，每一次的上涨都能够引发买入盘的跟风，属于强势股票。而当日整体分析，第二波上涨后股票的抛压有所增加，需要盘中进行消化。

所以，该股当日的定性为强势，次日有继续上攻的动量，可以继续跟踪，能够在次日寻找到更好的卖点。

第四节 下跌的持续性与股性的判断

如图 3-10 所示，在股票分析中，多空是对立的，上涨和下跌是对立的，买盘和抛压是对立的，资金的博弈表现在买卖之中，并且以图线的形式展现给我们。所以，股市中的很多操作方法做多的分析反过来就是做空的分析，做空的方法倒过来理解，就是做多的理由。这个道理虽然不是绝对的，但是当前以资金博弈而影响股价的市场中，多空博弈的道理可以解释股市中几乎所有的涨跌。

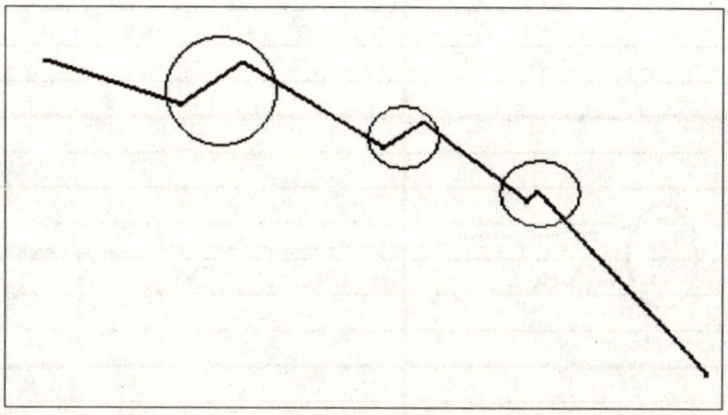

图 3–10

细心的读者可能已经发现，图中的分时示意线是上节示意图的反转，也就是说，本节和读者讲解的内容，正好是上节内容的反向操作。上涨的图形反转过来，只要量能和市场等因素能达到共识，反转后的图形就是下跌的经典案例。

图中上涨的力度已经不在强大，而下跌的持续性在一波一波地增加，因此股票当日的股性就理所当然地属于弱势特征了。股票当日的表现为弱势，我们所有的分析要结合这个结论来进行判断。

图中分时的上涨乏力，下跌长度和时间逐步增加，若在当日需要进行操作，我们也只能进行提前卖出的操作。若依照日 K 线走势做出的买入操作也要因为分时逐波走弱的表现而暂时放弃，则要么进一步观察等待股票走强，要么需要在分时中把握一个买入的异动点。但是，实盘的经验告诉我们，除非日 K 线异常支持当日买入，否则，当日应该放弃买入操作，等待分时转强后再做决定。

此类走势一出，随后的几个小时中一般会有更佳的买入低点出现，或者次日会有进一步下探的需求，对于短线投资者，能够准确地判断出未来几个小时的高低点，运用较快的操作方法，就可以让我们把握住先机。

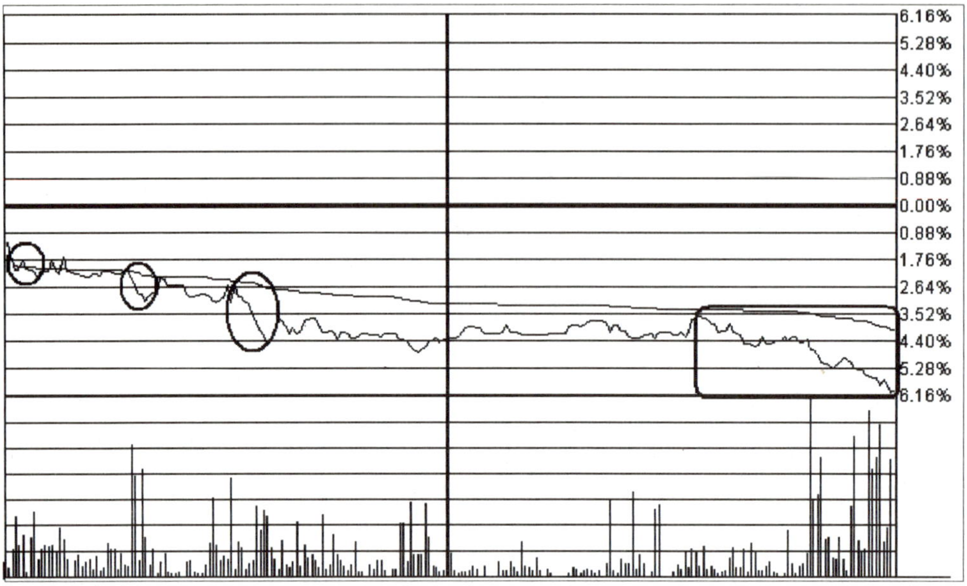

图 3-11

如图 3-11 所示，图中个股早盘分时直接低开，低开首先给市场一个沉重的打击，让昨日买入的投资者心理上产生一个较为懊恼的心态，若不能及时修补，则很容易会造成心理的恐慌而进行股票卖出的操作。

随后股价沿着分时均价线横盘，横盘期间，始终没有有效站上分时均价线，更没有机会触摸昨日收盘价。想要进行短线操作的投资者，倘若心态不好，则会始终处在一种懊恼的情绪之中，只要股价出现快速杀跌，很容易引发恐慌盘。

早盘的低开和不能够有效上攻直接让该股处在了一个弱势之中，随后股价的每一波下跌，都再次证实了股票当日的弱势特征。

开盘的第一次下跌，幅度和长度并不大，随后破位创新低的第二次下跌，在成交量的配合下，快速杀跌的分时线长度明显大于第一波的下跌。第三次的下跌分时线长度再次增加，下跌幅度加大，买盘的力度再次增加。

我们将三次下跌分别用圈示表示出来，不难看出一波大于一波的下跌，让该股当日的弱势特征明显地展露出来。面对该类股票，一般当日要想走好，必须要有另外一次走强来有效化解，否则该股当日属于标准的弱势股票，创出新低或者当日不涨次日继续下探的概率极大。

尾盘时分，股价再次在成交量配合下，走出了一波更比一波弱的下跌走势，下跌每波的长度和持续性逐步增加，该股的弱势特征明显，我们不但当日不能对这类股票进行操作，而且次日也要谨慎对待。

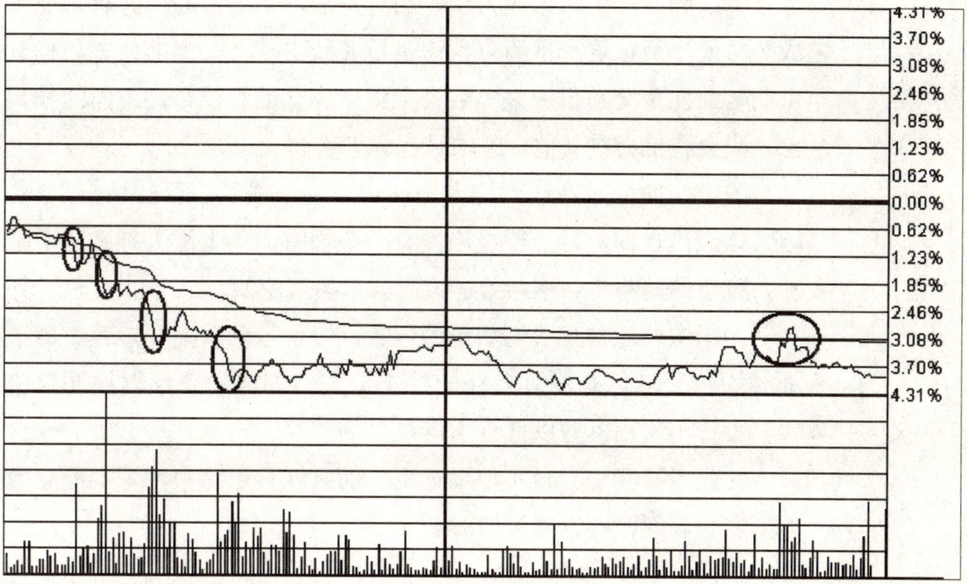

图 3-12

如图 3-12 所示，图中个股早盘直接将近 1%的低开，直接对投资者的信心进行了有效摧残，低开后的顺势低走，更加直接地暴露了当日弱势特征。遇到该类股票，只要盘中表现不好，大盘环境预期不是特别的好，个股日 K 线没有非买不可的要求，最佳选择就是远离该股。

较弱的股性在随后股价的涨跌中表现了出来，股价很快跌破了分时均价线，并始终保持在分时均价线的下方运行。连分时均价线都不能进行一次有效突破的走势，属于非常弱的弱势股票。

我们看该股下跌中圈示的四波较为明显且最为有力的下跌。从图圈示中我们不难看出，股票的下跌幅度和分时线向下拓展的长度逐步增大，初期的下跌让一些对该股抱有一定良好预期的投资者还不愿认亏卖出手中筹码。

随着每一波毫不留情的下跌，投资者的信心被一次次打破，恐慌盘逐波涌现，流出的资金推动了股价再次下跌。股价的逐步创新低，诱发了新一轮恐慌盘的卖出，如此循环，股价下跌的幅度便逐步增加。

下跌到了一个大家较为认可的位置后，市场中的博弈有可能形成短暂的平衡，这个平衡点也许是日 K 线中一个关键的位置，也有可能是前几个交易日中大多数资金集中成交的点位。这方面的知识点，我会找机会在其他章节中进行详细讲解。

图中个股分时在找到这个平衡点后，形成了短暂的横盘走势。因为该股当日弱势特征明显，没有一个极有力的上涨来打破这个平衡，股票的弱势将会继续推进该股向下拓展空间。

在图中临近收盘我们圈示的位置，股价虽然触摸并短暂突破了分时均价线，但是没有量能的持续放大，弱势的股性再次助跌股票，股价再次回落并以低点收盘。

此类股票我们当日不但要远离，而且次日追踪中，若不能有效改变弱势表现，则也要远离。

第五节　分时内在动力与助涨的分析

如图 3-13 所示，我们在前面的章节中经常提到，股价的上涨需要大量买入资金的支持，只有靠大量买入资金推动的上涨，才是真实有效的上涨。

股票的买入资金入场操作时，主动买入会推动股价上涨并且在分时图上留下量能放大的上涨分时线，要想知道买盘是不是充足，通过对分时线的走势和分时成交量的综合分析，就能准确判断出当前股票是否有上涨的动力。

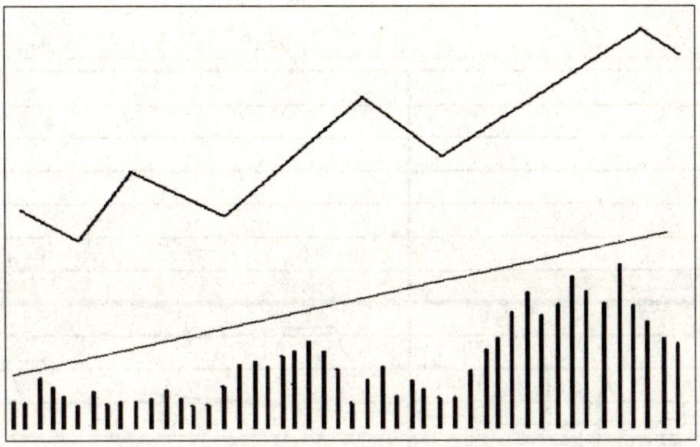

图 3-13

当股价持续上涨，而上涨的每一波段从角度、长度等方面都有向好的趋势时，分时成交量也随着股价的上涨而逐步的放大，那么股价的进一步向上拓展空间可期。

量能的放大，是成交资金逐步增多的表现，伴随着股价上涨的量能放大，说明买入资金比较认可当前股价上涨的走势。

股价上涨引发更多的投资者注意，更多的投资者关注该股后认可当前股价时，便主动加入到买入的队伍，买盘的增加再次推动股价上涨，再次上涨的股价会引起更多投资者的关注。如此良性循环，会不断地推动股价持续上涨，直到股价上涨的高度造成卖盘大于买盘时，才会止步。

虽然股票的内在上涨动力初期可能是比较单薄的，但是随着股价的上涨会逐步增加，成交量的增大促进了内在上涨动力的增大，其对股价的助涨作用，是我们在短线操作中所要重点关注的一个因素。

当我们发现某只股票的分时成交量开始有规律地逐波放大的时候，同时该股的日 K 线所处位置和形态，都需要我们对该股进行跟踪关注时，结合分时成交量的逐步有规律放大，我们就可以对该股进行盘中的重点跟踪。

从盘中量能的变化结合分时走势的分析，短线操作找到合适的买入机会，就可以进行下单。

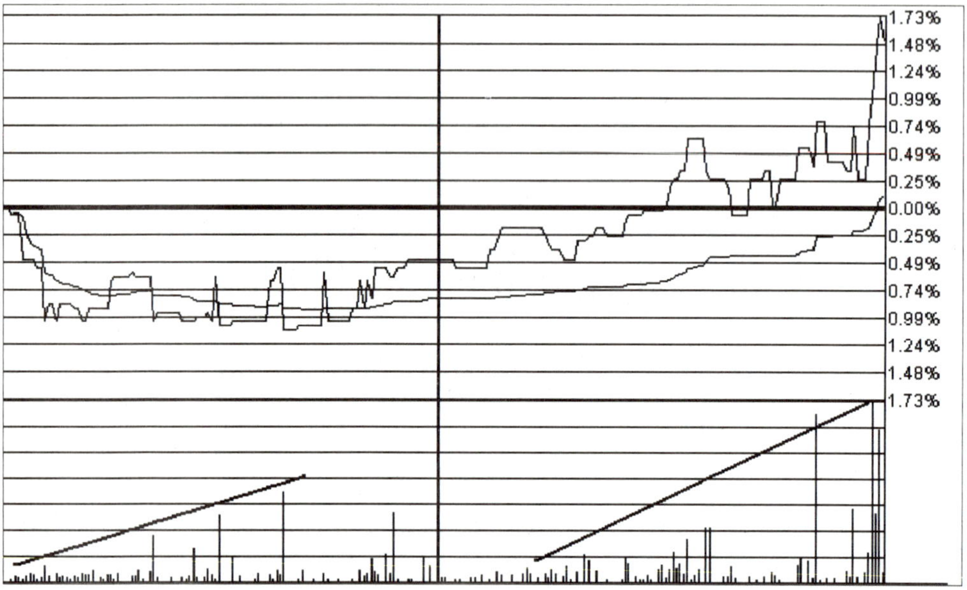

图 3-14

如图 3-14 所示，这是一个比较典型的分时走势图。早盘股价平开并没有给盘面造成明显的压力，随后股价顺势下打，有效跌破了分时均价线，当时股性趋弱。

我们发现，在随后一个多小时的走势中，股价始终围绕分时均价线上下波动，走出了一波横盘走势。横盘走势是多空双方资金博弈趋于平衡的表现，本没有强弱之分，而当前股价处在昨日收盘价的下方，所以从分时走势的形态和位置上，我们没有找到该股的强势特征，并且还有趋于弱势的表现。

当我们结合成交量和当前的走势综合分析时，就会发现其中的玄机。股价处在昨日收盘价格的下方，围绕分时均价线上下波动，让盘面变得非常沉闷和呆滞。在这种沉闷的交易环境下，成交量有了几次集中的明显放量。

我们知道，成交量是买卖盘成交堆积出来的线型形态，一次集中的成交有可能是某个主力资金的一次有计划的集中操作，而连续几次的集中大单成交，最少也反映了主力资金对该股的关注度开始增强。

我们进行短线操作可以跟踪主力资金的动向，主力资金可以通过自己的操作来影响市场的交易热情，可以用较少的资金来撬动市场众多资金的多空博弈情绪。连续放大的成交量预示着关注该股的资金量开始逐步增多，所以此时我们可以根据日K线等分析因素，对该股进行重点关注和跟踪。

股价波动在成交量的助涨推动下，开始变得活跃，波动的幅度也开始逐步增大，下午的成交较上午相比上涨趋势显现，随着买入资金的入场，内在的上涨动力推动股价逐步攀高。

此类股票只要资金关注度不减，当日的上涨幅度远远不能够满足内在要求，次日可以对成交量继续跟踪，只要量能支持，再创新高的概率极大。在股票日K线形态比较配合的位置，该种分时走势，经常是日K线启动的前一个交易日的标准走势形态。所以，实盘操作中值得我们重点跟踪。

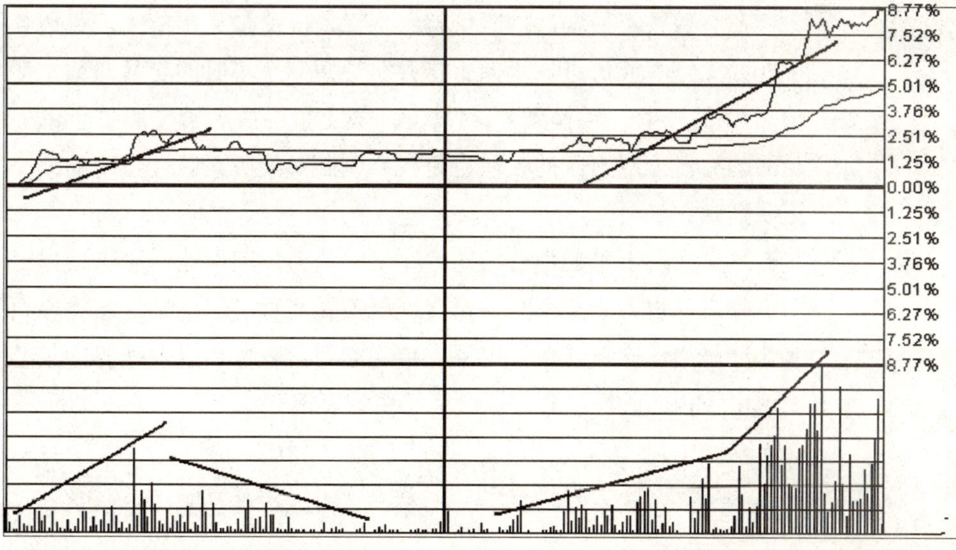

图 3–15

如图 3-15 所示，有成交量配合的分时上涨，才是真实有效的上涨，才是我们认可的，可以作为分析因素来对股票进行综合走势的判断。没有量能配合的上涨，我们可以忽略不计，没有量能配合的上涨，需要结合盘中形态特征，进行特殊性的分析判断。这点，在今后的章节中我们再做研讨。

分时中任何一次健康的上涨，都必定有相应的资金成交堆积，筹码的充分换手推动股价上涨，才会让上涨的压力得到有效化解，压力小了上涨的动力才大，上涨的持续性才可以更长。

图中所示个股开盘后就展开了一波小幅上涨，直接平开后把股价推上到了 1%以上的高度。紧接着横盘稍作调整后，再次拉升股价形成了第二波上涨。通过观察我们发现，两次上涨成交量是有效增加的，该股当日上涨有一定的内在动力支持。第二波上涨与第一波相对比，其角度、长度稍显不足，所以造成持续性不够强。

接下来的长时间横盘调整再次为该股积蓄了量能，调整过程中成交量持续萎缩，分时线紧跟分时均价线形成了潜伏的走势。下午分时线形成了有效地突破买点，同时成交量给予了充分的支持，这个买点我们在第一本书中已经做过详细介绍，读者应该都能够熟练掌握。

在有效买点显现后，股价持续上涨，成交量稳步放大，筹码换手充分支持着股价进一步向上推升。短短一个小时的交易时间，股价从 2%的涨幅，触摸到 8%的高度，成交量的放大给了股价上涨充足的动力，上涨力度的强弱也是我们判断短线股票股性强弱的一个重要因素。

尾盘表现出来的强有力的内在上涨动力，不但让该股当日以最高价收盘，也为下一个交易日再次触摸新高奠定了基础。此类股票尾盘冲高后，次日开盘一定要重点观察其抗跌性和股性强弱，只要表现出较强的股性，必定还会有不俗的表现。

第六节　分时内在压力与下跌的分析

如图 3-16 所示，股票的上涨需要成交量配合，但是股票的下跌可以不需要成交量的配合。当前我们的股票市场是单边市场，上涨的股票是买入资金主动买入筹码推动股价向上攀升，而下跌的股票只要没有买盘承接场内抛压的卖出盘，股价就会持续下跌。这也就是我们经常说的无量空跌现象。

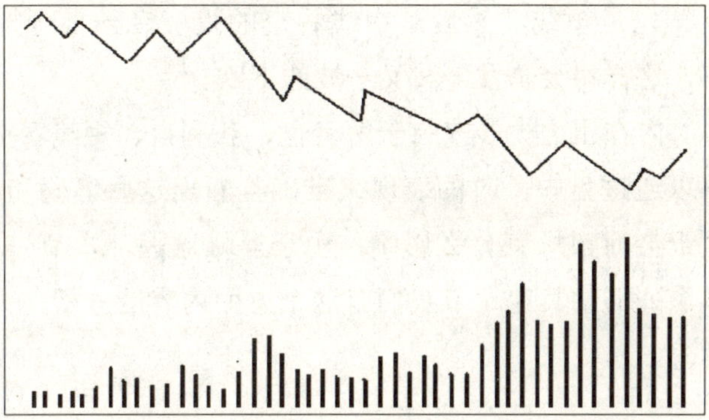

图 3–16

无量空跌是市场的一种自然走势，当市场处在弱平衡状态时，也会出现无量空跌的走势。而有量能配合的下跌则是一种市场资金博弈现象，市场多空双方分歧开始增大，恐慌盘频频涌现通吃买入资金，造成股价逐波下跌，而成交量持续放大，持续放大的成交量不能有效阻止股价进一步下跌。

图中分时示例，是一种比较标准的恐慌盘逐步涌现的分时表现，实盘中几乎所有恐慌盘被有效激发的情况下，都会走出此形态或者是这个形态的变形。

恐慌盘的出现代表不了股价下一步会继续下跌或者上涨，恐慌盘的出现是该股在当前位置、当前环境下有进一步下跌的内在动力，这个内在动力正在被有效地宣泄和释放。

当个股的内在下跌动力被有效释放后下一步将会做什么？下一

步是涨还是跌？

这个需要根据股票日K线所处的具体位置和形态来决定。

下跌或调整的末期，最后一波恐慌盘被有效地释放后，盘中内在下跌动力进一步消化，没有了压力的股票变得更加轻松，只要有买入资金入场，上涨行情就会展开。

下跌或调整的初期，很多持筹者还在期待着股价的进一步拔高，没有意识到下跌和调整行情已经到来。此时的杀跌，先知先觉的投资者率先离场，随后更多的筹码开始抛售，诱发恐慌盘集中卖出。先是短线，然后是中线看空的投资者一批一批地卖出手中筹码，这样将会诱发一波又一波的下跌。

内在压力大多来自于解套盘、获利盘、短线看空的抛售，我们可以通过盘中分时的表现来准确判断出这些筹码和资金在做什么。至于会对市场有什么影响，由于篇幅原因，本节先不做详细介绍，本系列书中其他章节我们有这个方面内容的分析，大家可结合起来学习。

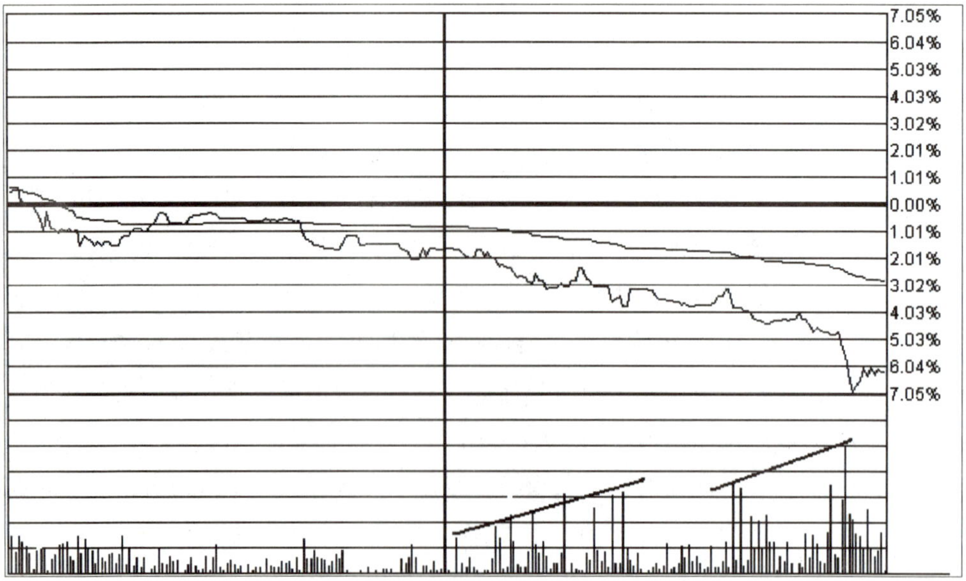

图 3-17

如图 3-17 所示，分时高开后的直接下跌走势没有给投资者太多逢高离场的机会，随后股价始终保持在昨日收盘下运行，上午 10 点左右的一次有效站上分时均价线的走势，既没有量能的有效配合，也没有快速地向上拔高，均价线对股价的牵扯作用明显，弱势特征表现盘面沉重。

此时虽然股票内在压力压制着股价上涨，但是大多数持筹者和场外资金依然保持着观望的态度，没有积极地进行操作，盘中资金交易并不活跃，成交量越来越稀少。

当股价再次跌破分时均价线后，股价展开了逐波下行的走势，随着每一次下跌，盘中愿意以更低价格卖出手中股票的投资者开始增加，主动地卖出再次推动股价向下拓展空间，下跌的幅度、力度开始逐步加大。

下跌诱发看空，看空的投资者以更低的价格卖出股票，更低的价格卖出股票加速下跌，加速的下跌诱发更多的投资者看空卖出手中股票，如此循环将会形成市场恐慌盘面的集中涌现，形成股价的放量快速下跌。

下午两个小时的交易，股价如同一江春水毫不回头地从 2%左右跌幅最低触摸到 7%跌幅。在下跌中，成交量持续放大，参与卖出的投资者逐渐增多，可以看出有更多的投资者愿意以更低的价格卖出手中筹码，这是推动股价持续下跌的动力。

在实盘操作中，如图示的那样，下跌速度从慢到快，角度、长度持续逐步扩大，量能一波比一波逐步增加，其内在下跌动力是一个逐步释放的过程，我们很难看到何时能够消化掉隐藏在股票深处的下跌压力。所以，应该远离该股。

如图 3-18 所示，该股票的分时下跌需要我们分成两个部分来进行分析，两个部分的下跌虽然都是放量下跌，但是性质有所不同。同样的形态，在不同的位置，以不同的方式表现出来，其内在的含义也许会有很大的区别。

第一次放量下跌出现在上午的交易中。早盘股价 1%以上幅度高开，高开后没有能够有效站稳，主动抛压的筹码迅速卖出手中股票，将股价有效打落。

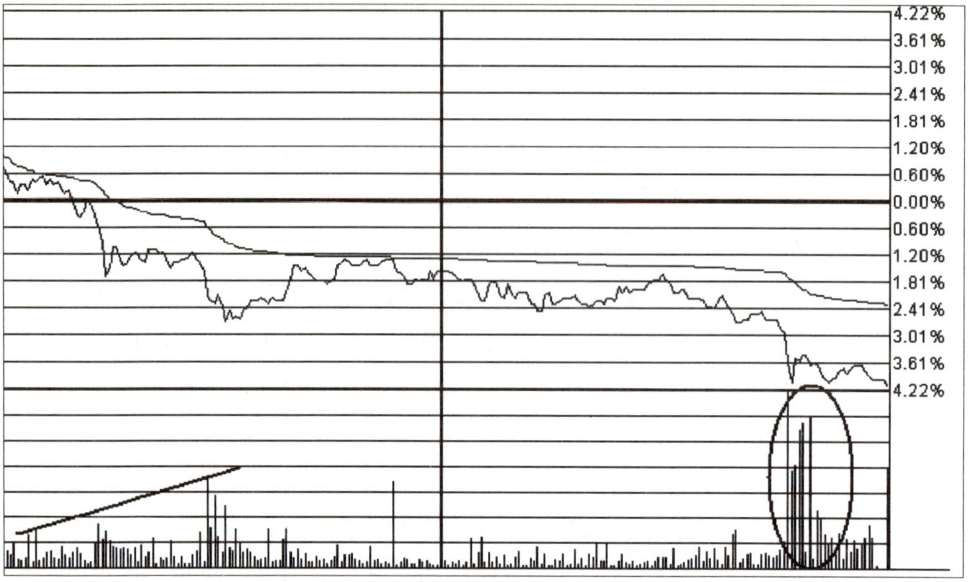

图 3-18

在下跌过程中，股价始终在分时均价线的下方运行，分时均价线以向下倾斜的角度对股价的下跌造成压力。

第一波下跌后虽然股价在前一日收盘价的上方有稍稍止跌的迹象，但是仅仅以碰触分时均价线而告终。

第二波下跌角度和长度以及量能都比第一波开始放大，下跌的势头有所增加，同时股价跌破了前一日收盘价，该股的弱势特征开始显现，盘中投资者有开始主动卖出手中筹码的迹象。

随后的第三波、第四波下跌均是加速下跌的势头，内在的下跌动力推动着股价向下拓展空间。盘中主动卖出手中股票的投资者开始逐渐增加。下跌诱发更多的抛压，更多的抛压推动股价进一步下跌，股票当日、当时的弱势特征非常明显，只要盘中没有主动做多力量改变当前格局，我们就需要远离该股。

上午的下跌后，股价暂时处在了一个多空平衡的状态，随后的弱势横盘，股价始终没有力量向上突破分时均价线，同时分时均价线始终保持着向下的趋势对股价的进一步下跌造成压力。

当股价不能显示强势，盘中丝毫没有向上走的征兆时，临近尾盘，对当日 K 线形态看坏的投资者会开始离场，规避下一个交易日的风险。这种弱势尾盘离场的操作模式，会造成股价在临收盘的一个小时开始向下破位。

尾盘离场的投资者再次集中抛售手中的股票，推动股价再次快速下跌，快速下跌的股价让更多的投资者不愿意面对当日较大实体的阴线，纷纷卖出手中股票。受此影响，市场很容易在尾盘再次形成恐慌情绪，恐慌盘不断地涌现形成恐慌抛压。

恐慌抛压盘的位置不同，其性质也不同，初期的恐慌抛压会引起更大的恐慌抛压打压股价。而在下跌后期的恐慌抛压若能将所有想出逃的和意志不坚定的短线投资者清洗出局，那么股票的上涨将会变得轻松。

此时的恐慌抛压出来后，我们要对第二日的交易进行跟踪，若股价继续下跌股性显弱，那么我们就要远离该股。而经过充分抛售后的股票，第二个交易日能够显示强势的话，就需要我们对该股进行关注了。

第七节　对比分析寻找盘中买入点

如图 3-19 所示，股票的强弱不但是自身博弈的表现，而且也可以是与大盘博弈的表现。当前我们所处的股市环境中，大盘的涨跌对个股的涨跌影响很大，大盘环境的好坏经常严重地影响着个股的表现。

在大盘持续上涨的市场环境中，个股非常容易地就会吸引到更多的买入资金来买进股票，推动股价形成向上的趋势。而大盘持续下跌时，个股的上涨压力也会增大，股价很容易就会让抛压盘打落，股价要想向上拓展空间会需要比平时更多的资金才能形成有效的推动。

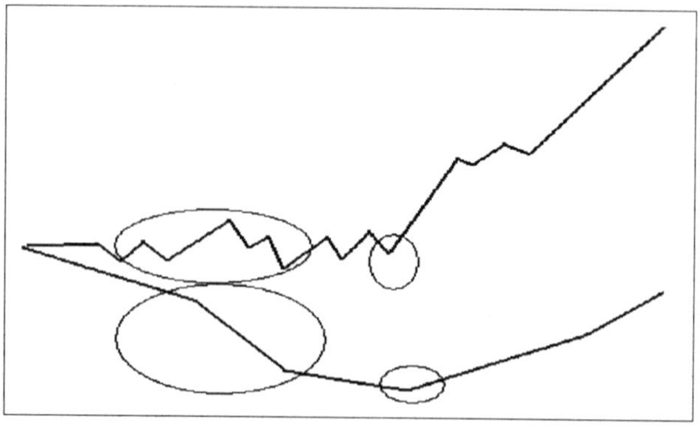

图 3-19

所以，在对股票进行强弱分析时，我们可以参照大盘的走势对个股进行强弱判断。我们也可以把大盘作为一个指标，通过大盘的涨跌和个股的涨跌对比，来判断出当前个股的资金动向，分析出个股的内在动力和压力，从而来对个股的后市进行预判。

当大盘下跌的时候，若个股能够上涨，同时成交量没有出现怪异走势，量能配合比较温和，那么该股的强势特征就比较好，只要是我们对其日K线看好的股票，分时中我们就可以进行重点关注。

若大盘下跌的时候，个股有明显的抗跌走势特征，同时成交量没有放大明显，买入资金不需要做太多动作就可以保持当前的平衡状态，那么股票的强势特征也是存在的。

大盘下跌，卖出股票的投资者将会增加，而个股在卖出，投资者增多的时候，不需要太多的资金买进就可以保持股价上涨，或者稳定的平衡状态，盘中内在的动力属于向上的。当大盘掉头向上的时候，或者止跌的时候，个股很容易就会返身向上形成快速地上涨。

我们在实盘操作中，就是要找到这类股票，然后在大盘显弱的时候对该股进行追踪和观察，当大盘见底止跌的时候，买进股票。这是一个分时中对短线操作非常有力的较佳买点，需要短线投资者准确把握。

如图 3-20 所示，图中个股与大盘同步开盘后初期走势基本上保持一致，低开稍作上冲，随后震荡盘落，有效跌破分时均价线，在分时均价线下方再度掉头向上站上分时均价线。

早盘的走势，我们看不出任何强弱特征，股价的波动和成交量的变化均属于正常范围。个股的分时与大盘的走势基本上相同，个股完全跟随大盘涨跌。

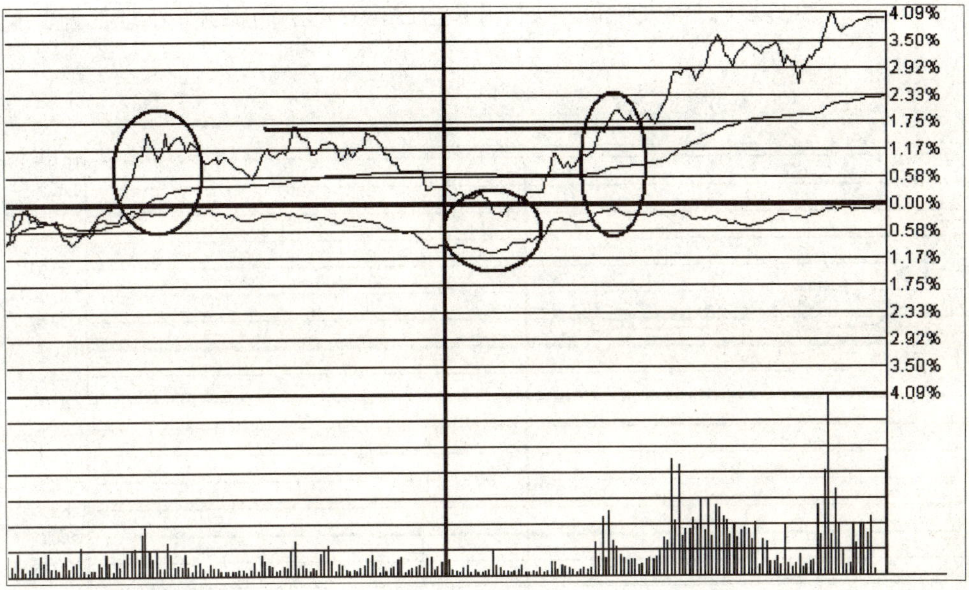

图 3-20

10 点以后，个股的交易开始活跃，量能有所增加。在量能的配合下，股价展开了一波上攻。此时个股的上攻角度和力度远远大于大盘的走势。大盘依然站在前一日收盘价的下方，而个股这波上攻强有力地突破了前一日收盘价，此时个股显露出了强势特征。

随后我们对该股进行继续跟踪，在圈示位置后，大盘再次展开了一波回落，而个股虽然也稍有回落，但是依然站在分时均价线的上方，并且碰触到分时均价线后立即止跌，多次触摸盘中高点。大盘逐波回落，个股有效抗跌，强势特征比较明显。

当临近午盘收盘，大盘快速下跌，带动该股跌破了分时均价线。午后开盘，大盘下跌幅度开始收窄，有了初步止跌的征兆。

此时，个股在大盘止跌的同时(图中圈示位置)，展开了触底反弹的走势。大盘仅仅上涨一小步，个股就放量强势上攻，有效突破了盘中高点，创出了新高。

面对此类股票，我们发现强势后及时跟踪，在大盘见底止跌的时候对个股买进进行短线操作，个股的上涨力度非常大，当日盘中可以获得较大利润，次日开盘短线操作的主动权就牢牢地把握在了手中。

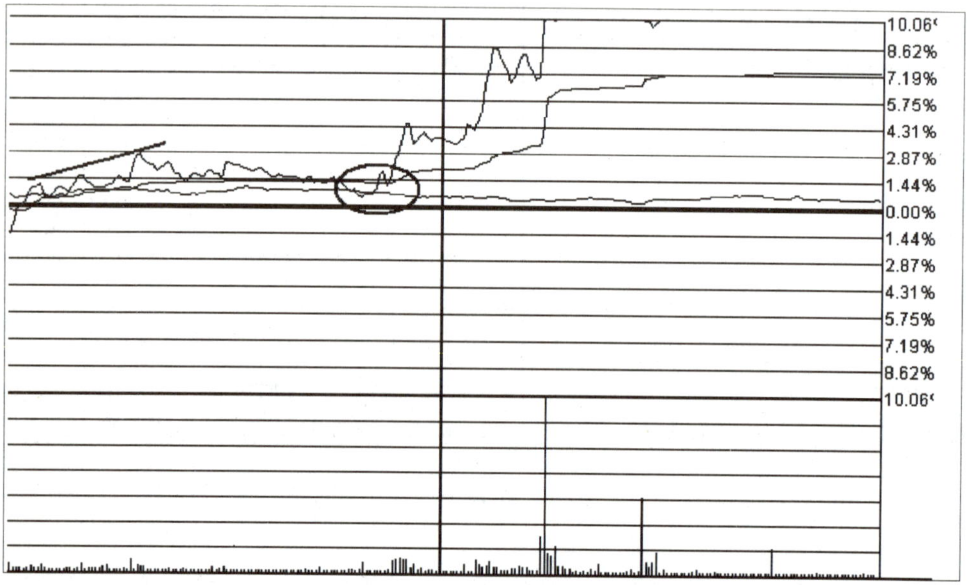

图 3-21

如图 3-21 所示，图中个股虽然早盘低开，但是通过与大盘进行涨跌比较，就能够看出其中的强弱特征。

大盘高开，个股低开对于个股来说，个股显弱，属于一种不好的开盘。但是，开盘的价格很容易受到资金的影响，有的开盘是市场自然博弈形成的，而有的开盘是受到主力资金有意识控制的。

开盘后，大盘波动并不大，盘中表现呆滞和乏力，而个股很快收回失地，有效站上了前一日收盘价的上方。随后在大盘没有向上走的大环境下，个股展开了一波又一波的上攻，分时走势逐波向上拓展空间，分时均价线也向上助涨股价。

大盘不涨，而个股上涨，主力资金关注较为明显，个股的内在上涨动力比较充足，我们可以对该股进行跟踪关注，只要日 K 线位置和形态符合我们的买入特征，就可以在随后的分时中寻找比较有利的点位进行短线买入的操作。

在个股和大盘都展开了一段时间的调整后，大盘稍稍有了止跌迹象，个股就按捺不住上涨的欲望，在临近收盘时，对分时均价线进行有效突破后，展开了一波强有力的上攻。上攻时成交量配合，股价有效突破盘中高点，午间收盘股价牢牢站稳高点，突破有力且有效。

下午股价再次延续上攻势头，放量一直封在涨停板上形成了强势涨停的走势。股票的涨停不是没有征兆的，前期的蓄势，盘中按捺不住的上涨动力和成交量的完美配合，都是涨停的有利因素。

在实盘操作中，我们通过对个股股性的准确判断，结合日 K 线形态和所处位置，寻找分时中有上攻欲望，内在上涨动力比较充足的股票进行买入，短线操作的成功率会大大增加，快速获利的机会将会很大。

第八节　对比分析寻找盘中离场点

如图 3-22 所示，通过对比分析，我们可以找到盘中表现强势的股票。同样，通过对比分析，我们也可以找到盘中表现较弱的股票。

面对强势股票，只要日 K 线形态符合要求，位置合适，我们可以追踪强势，寻找合适的买点进行短线持股操作。同样，面对表现走弱的股票，若我们持有该只股票，就需要我们提前做好离场准备，在最佳的离场点卖出股票。

如何通过对比分析来判断弱势股票的股性呢？

按照对强势股票的分析，逆向思维来进行弱势股票分析，我们就很容易在盘中把握住弱势股票的股性，寻找到弱势股票的最佳离场点和最后离场点。

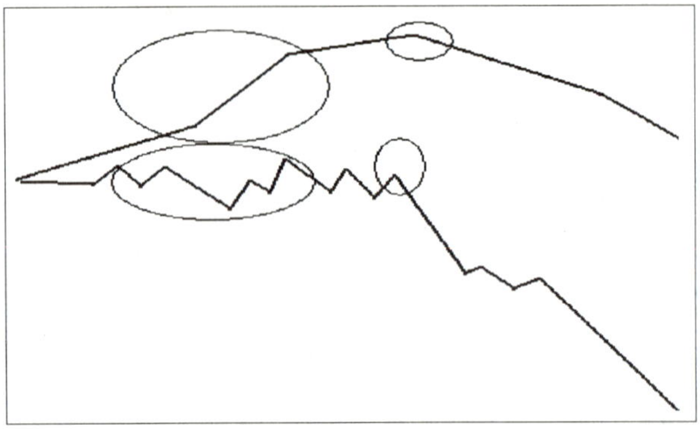

图 3-22

大盘上涨的时候，大部分股票都会跟随上涨。同样，大盘下跌的时候，大部分股票都会跟随下跌。不跟随下跌的股票属于强势股票，而不跟随上涨的股票也可以初步判断为弱势股票。

大盘上涨，受到市场环境的影响，买盘会增加，盘面的抛售压力也会减弱，这时候若股票不能在买盘增加抛压减少的大环境下上涨，就显露出了内在的下跌动力，内在下跌动力会随时爆发出来，推动股价向下拓展空间。

如图 3-22 所示，股价分时保持横盘特征，而大盘逐步盘上营造良好的上涨环境。大盘的上涨不能带动个股的上涨，次日若成交量表现正常，那么当大盘上涨结束的时候，个股的内在压力就会在受外部环境影响而带来的买盘消失时，压制股票向下拓展空间。

随后的股票下跌会比大盘的下跌幅度更大，力度更强。我们在个股表现弱势的时候择机卖出股票是主动卖出，而在大盘见顶时卖出个股，属于被动的在个股即将下跌的一刹那卖出股票，无论哪种卖出方法，都是我们要认真把握的。

如图 3-23 所示，图中个股分时与大盘同步高开，高开后随着市场空方力量的增加，大盘和个股均保持向下的趋势走出了下跌行情，下跌持续了将近 45 分钟后，开始止跌。止跌后的大盘下跌力度和幅度开始平缓，而个股的下跌力度和幅度与大盘相比依然属于较弱的特性。

当大盘止跌后，开始逐步向上攀升，在临近午盘时，向上突破了前一日收盘价。而个股始终在分时均价线的下方运行，更没有力量向上收回前一日收盘价。此时个股的股性显弱，属于弱势特征。

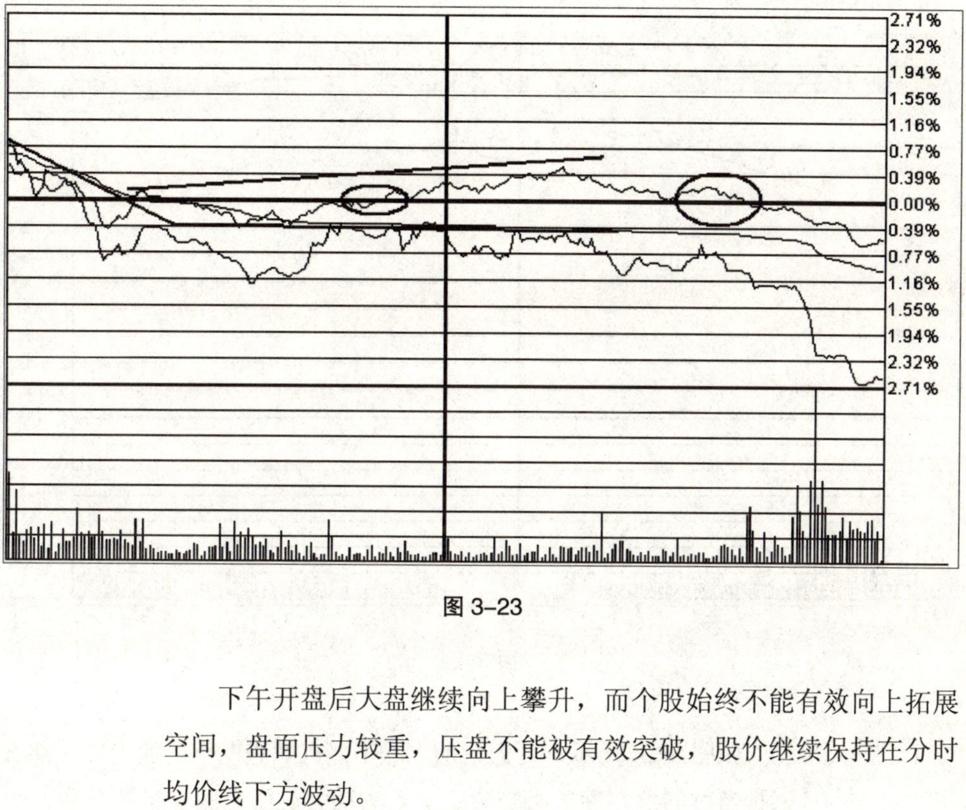

图 3–23

下午开盘后大盘继续向上攀升，而个股始终不能有效向上拓展空间，盘面压力较重，压盘不能被有效突破，股价继续保持在分时均价线下方波动。

当大盘见顶后，开始走出了下跌走势，大盘下跌助跌了个股，下跌的大盘环境诱发了个股的抛压逐步增加，逐步增加的抛压进一步推动个股下跌，进一步下跌的股价诱发了更多的恐慌盘，恐慌盘的涌现进一步推动股价下跌。股价在如此环境的影响下，跌速增加。

在盘中，若当日的日 K 线形态和位置处在较为敏感的位置，个股表现弱势的时候，我们就可以主动卖出手中的股票。

而在大盘见顶和走弱的时候，我们对大盘后期看淡则必须要坚决卖出手中的弱势股票，此时的卖出也许相对价格比较低，但是与后期进一步的加速下跌相比，依然属于高位。

在下跌中卖出股票要敢于提前下手，犹豫不决将会错失良机。我们的分析判断不可能每次都百分之百的正确，这点需要我们不断地总结经验和方法，找到更好的操作模式。而我们的操作纪律不能不执行，也不能打折执行。

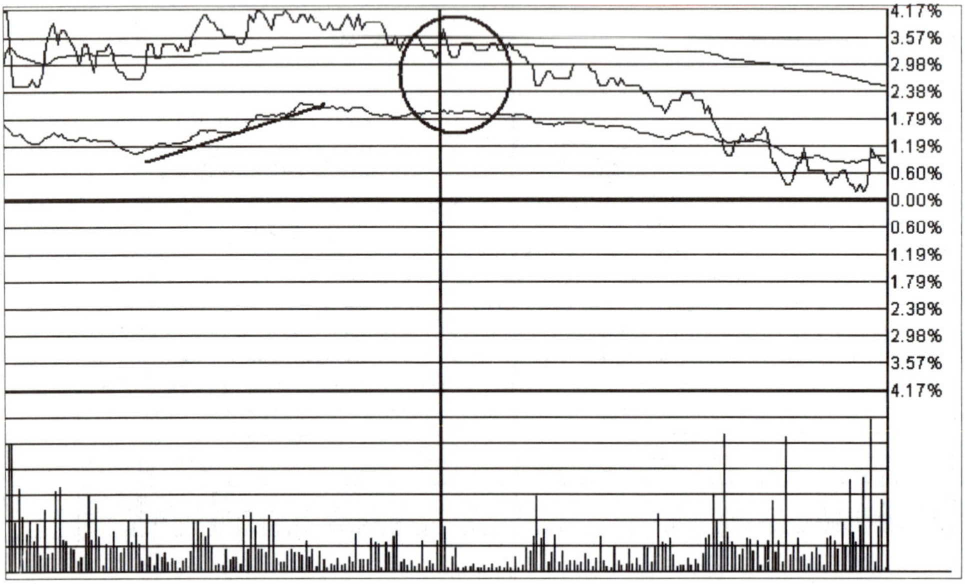

图 3-24

如图 3-24 所示，若大盘的上涨不能有效激发个股的上涨，那么该股当时的内在抛压必定大于买入的动力。结合成交量的分析，对个股资金的关注度和抛售压力进行对比，同样可以准确地判断出股性特征。

图中大盘和个股受到外部利好环境影响而直接高开，大盘高开 1%以上的幅度，个股更是高开 4%以上的幅度。高开的盘面让前一日几乎所有的买入盘处在了获利的位置，无论是短线买入还是中线买入的投资者，在这个交易日中开盘就有一个较好的点位可以卖出股票。

股价能否站稳高点，是该股强弱的一个重要表现。图中个股高开后站稳了高点位置，并且能够在分时均价线的上方运行。若仅仅看个股的分时图，不考虑外部环境影响，不对其进行对比分析，那我们很难看到该股的内在抛售压力。

大盘高开后，稍作回调就再次展开了向上攻击的走势，并且盘中创出了新高。而个股受到外部环境的影响高开后，仅仅只能维持着横盘的走势。同时我们对成交量进行观察，高开的盘面直接诱发了盘中的抛压盘，成交量放大迹象比较明显。

随后的横盘走势中，大盘向上而个股成交量持续缩小，利好消息和向上的大盘环境不能引起更多的资金对该股进行关注，没有持续涌入的资金来买进股票推动股价上涨。没有了后续资金，成交量的萎缩和盘中抛压的不减少，只要大盘环境不对该股给予上涨的支持，下跌将会展开。

在午间收盘时，个股的股价跌破了分时均价线，而大盘也开始走弱。大盘走弱再次诱发抛压推动个股下跌，本来内在压力比较明显的该股，下跌的势头比大盘更加快速，早盘的高开被有效吞噬。

面对这类股票，高开获利后个股表现弱势，只要我们判断出大盘有走弱迹象后，就应该及时地寻找到相对高点主动抛售手中筹码。而大盘见顶回落的点位也是我们卖出手中筹码的最后一个点位。

第九节　股票的活跃度对股价的助涨

如图 3-25 所示，当股票受到市场投资者关注的时候，买卖就会变得相对活跃，成交量会增加，筹码的换手率也会增加。短线比较适合寻找那些被市场关注的股票，这样的股票活跃度相对增加，股价的波动空间也会增大，有比较多的机会让我们博取短差利润。

试想我们买入股票后，股价一天上下波动几分钱，盘面呆滞，如何从中获利？而选择的目标股，从低点买入，当天上下波幅达到5%以上，只要把握好高低点，实现短线利润的机会就会增加，资金的使用效率也会增加。所以，进行短线操作的时候，要尽量寻找那些活跃度较高的股票进行操作。

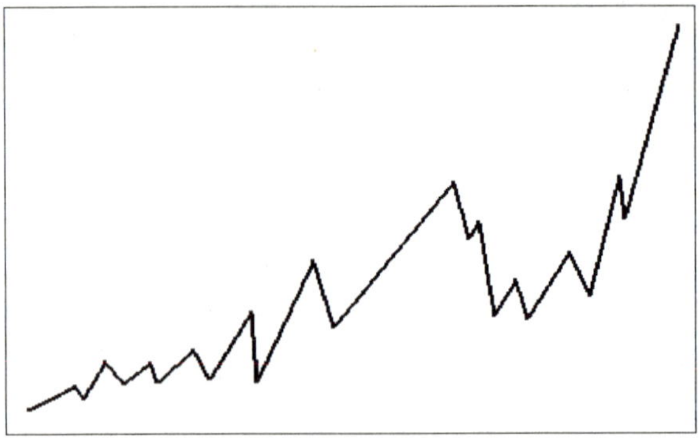

图 3-25

什么样的股票活跃度较高呢？一是看成交量，能够持续地换手，成交量持续增加的股票，市场的关注度就会持续增加，活跃度相对较好。二是看波幅，波动幅度较大，就能够给我们的操作带来更多的机会，让短线操作更加有利。

而在实盘操作中，我们更加关注的是活跃度逐步增加的股票，这样的股票往往是资金逐步关注的结果，买盘的增加会推动股价持续上升，所以该类股票的盈利机会会更大。

图 3-25 中所示分时走势，是标准的活跃度逐步增加的股票形态，分时的波幅从小到大，无论是角度、长度、力度都逐步增大，该类股票就是我们短线操作的首选。

如图 3-26 所示，图中个股分时走势开盘后比较稳定，稍稍做了一个顺势下探后，围绕分时均价线上下波动，此时的成交量没有出现增减。

围绕分时均价线上下波动的分时图，股价波动较小，股性呆滞，没有太多的操作机会，无论是买入还是卖出，在盘中都没有太好的机会。此时股票波动活跃度较差，我们可以对个股进行跟踪，等待比较明显的买入、卖出信号的出现。

随着交易时间的增加，股价的波动区间开始增大，增大的波动区间激发了场外资金和场内投资者的交易欲望，买卖盘开始逐步增加。此后，无论股票是上涨还是下跌，必须要有相对应的成交量和突破位置。有相对应的成交量配合，并且成交在关键突破位置的走势，才是有价值的分析因素。

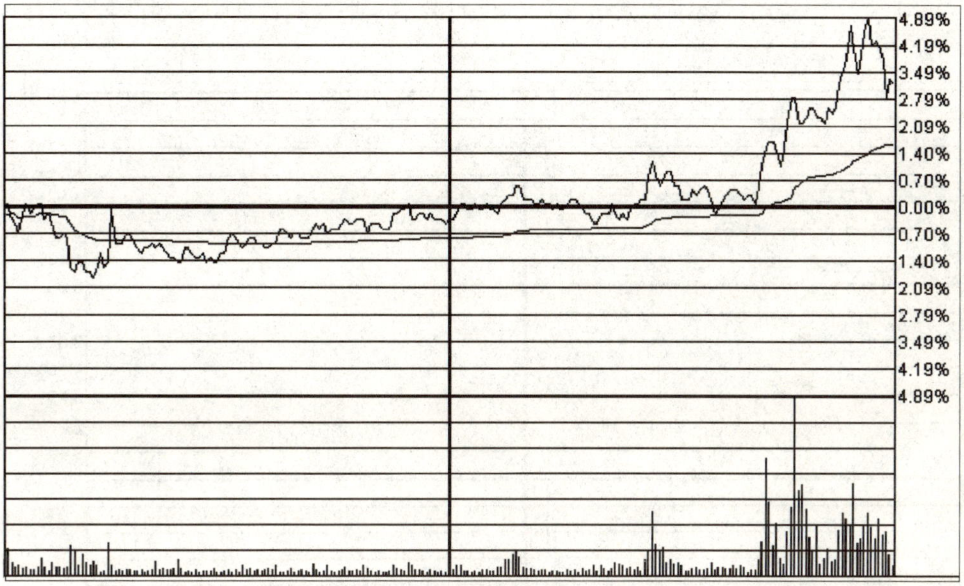

图 3-26

下午时分，股票的走势越来越趋于活跃，成交量逐步增加，股价由绿翻红，再由红翻绿，上下波动幅度也逐步增加。股价上下波幅的增大，触发了更多投资者的买卖欲望，交易趋于活跃，股票也有了冲破上行压力的动力，只有活跃的股票冲破压力才是有效的突破。

随后临近收盘的近一个小时时间里，股价在受到分时均价线有效支撑后，反身向上，成交量逐步放大，分时线的上涨幅度、角度、长度均开始支持股价上涨。

尾盘分时快速上涨让该股当天阳线收红，而活跃度的增加，是该股能够实现快速上涨的动力之一，股票的活跃度不增加，瞬间的上涨也是不稳定的上涨。短线操作中，应注重寻找活跃度逐步增加的股票，这是一项重要功课。

如图 3-27 所示，股票要想实现持续上涨，活跃度必须要跟上，上下的波幅也必须要增加，股性表现呆滞的股票就算上涨，上涨的幅度和力度也不会太大。当然，这里不排除有的股票是受到突发利好或利空消息影响，因消息影响或外部环境发生变化而引发的巨幅波动，属于特殊情况，是我们所不能把握的，所以要排除掉。

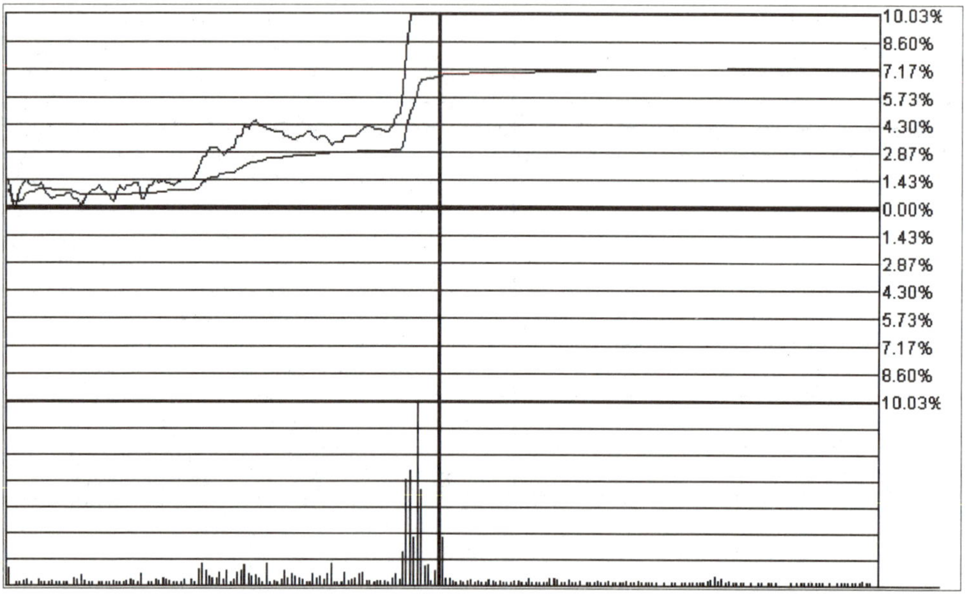

图 3–27

我们所要进行分析的股票是那种市场自然博弈、走势能够通过技术分析来把握住的股票，炒作消息的短线操作，不适合散户。消息面的不对等，让我们在得到消息的时候往往已经是消息被提前透支的时候，有时候反而会被反向利用。所以，受到消息面影响而活跃的股票，我们反而需要回避。

图中的个股实现了涨停的走势，而其涨停必定是由前期的股票活跃度增加做支撑的。股票早盘高开后在 1.5%涨幅之间上下波动，完成了初步的横盘走势。随后成交量温和地稍稍放大，股性活跃度开始增加，上涨幅度开始逐步增加。

此时我们应该对该股进行关注，随着成交量的持续放大，该股的分时线拓展的空间也越来越大，上涨下跌的幅度也增宽，活跃度增加。有了买入盘的集中涌现，在临近中午收盘时分，股价急剧拔升，以近乎 90° 角的力度封住涨停。

活跃的股票，无论是涨幅上还是瞬间涨幅上都会被排在前列，更容易被市场所关注，更容易吸引到较多的资金入场。所以，入场的资金推动股票活跃度再度增加，活跃度较好的股票更容易被市场关注，如此良性循环，让股票的上涨更加有力，也让短线投资者有更多的获利机会。

第十节　股票的活跃度对股性的影响

如图 3-28 所示，活跃度增加的股票可以让股票上涨，同样也可以起到助跌的作用。上涨的股票容易引发更多的投资者注意，能够吸引到更多的买盘资金。同样，下跌的股票活跃度增加会引发更多的持筹者恐慌抛售手中筹码，助跌效果也很明显。

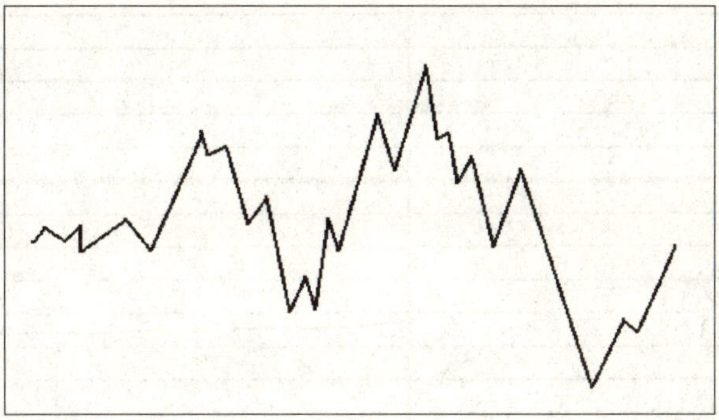

图 3-28

所以，在实盘操作中，不是所有活跃度增加的股票都会有较好的上涨预期，而是还要根据当日股票分时的角度、长度、力度、对比度以及日 K 线所处的位置，对股票进行综合分析。有了多因素的综合分析，才能让我们的操作预期更加准确。

分时活跃度的定性，主要是用来判断股票当日的股性，活跃的股票是我们重点观察和分析的股票，可以作为我们的目标股。实盘操作中，要寻找活跃度增加的股票来进行操作，但不是所有活跃度增加的股票我们都可以进行操作。

图 3-28 中所画的分时走势图是标准的活跃度逐步增加的分时形态，从开盘的小幅波动，到逐步的大幅波动，股票的活跃度逐步增加。

此时股票若有更大的上涨动力，则快速上涨有可能一触即发，我们应该在此时择机买入股票。若该股此时压力趋于上风，有更大的下跌动力，形成快速下跌的概率将急剧增加，则要远离该股或者尽早抛出手中筹码为佳。

在短线操作中，只有活跃度增加的股票，其上涨和下跌的幅度才会逐步增大，股票有了涨跌空间后，短线操作才有获利的空间。若我们所持股的时间较短，资金的使用效率还想要增加，那么选择活跃度增加的股票是非常重要的。

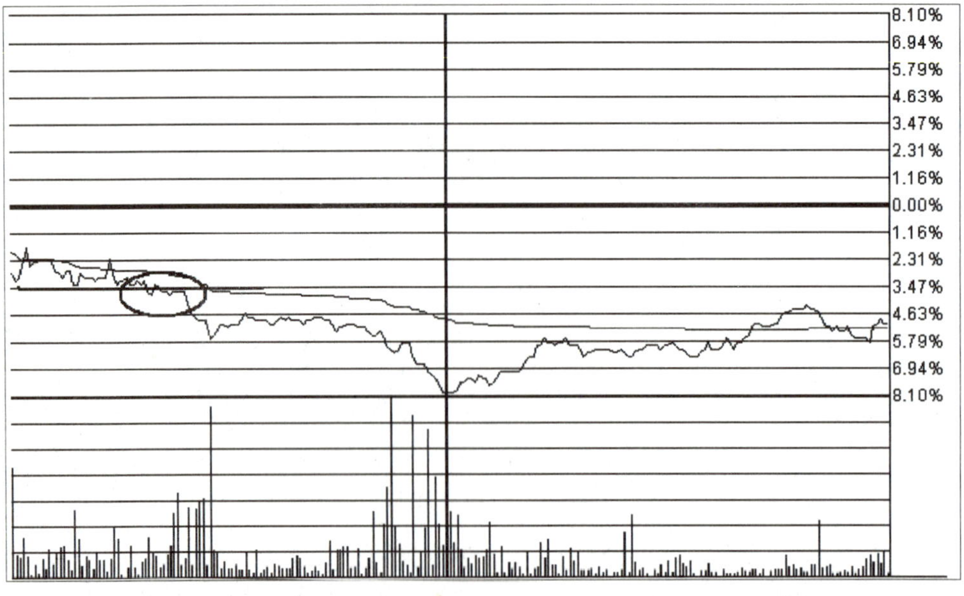

图 3-29

如图 3-29 所示，图中股票早盘直接低开，低开的股票直接显示了较弱的股性特征。低开后的股票分时没有形成向上回补缺口的走势，上涨乏力，分时均价线形成有效压制。

在接下来的走势中，股价小幅波动沿着分时均价线慢步向下拓展空间，虽然跌幅不是很大，但是盘面始终处在一种被压制的状态，没有有效的抬头上攻征兆。低开低走的股票，让场中持筹心态不稳定的投资者有了抛售的欲望，若此时盘面不给予上涨环境的配合，则下跌将一触即发。

股价内在的下跌动力是比较充足的，但是此时的下跌需要一个导火索，在股价形成一个初步的破位后，股票的成交量开始有效增大，活跃度增加，从开始的小幅波动拓展为大幅下跌的走势。

随着股性变得越来越活跃，成交量也逐步放大，股票的涨跌空间也越来越大，股价的快速变化，让投资者的可购筹码和账户资产变化幅度增加，促使短线投资者交易分歧增大，交易欲望增加，从而再次推动股价快速涨跌。

从开盘的谨慎投资观察，到盘中的分歧加大下单，到后期的受环境影响恐慌或者跟风的操作，是一个循序渐进的过程，活跃度增加的股票，不但可以影响到当日的分时走势，同时也会对第二个交易日的走势起到铺垫作用。

当日分时走势活跃度增加的股票，会对第二个交易日的走势起到助涨和助跌作用，尤其是早盘走势比较呆滞，下午开始走势活跃度逐步有规律增加的股票，要么是先知先觉的资金提前操作，要么是个股内在动力即将爆发的前兆。

如图 3-30 所示，图中个股早盘分时直接低开将近 1%的幅度，低开显示股票当日开盘属于弱势开盘，股性当时为弱空状态。

随后的 15 分钟内，股价开始上攻很快收回了失地，对失地毫不费力的再度占领，有效冲减了早盘低开的弱势特征，股性由早盘的弱势特征转为平衡状态。

在多空双方区域平衡之后，股价上午交易时间始终保持较小的波幅，且成交量和涨跌幅度越来越收缩。此时单单从分时走势中，我们不能够有效判断出股价的波动性质，股性定位只能定位中性。此时的横盘若想进行股性的准确定位，则必须结合大盘进行对比分析，通过对比分析可以进行强弱定性，然后对后期的上涨和下跌进行判断。

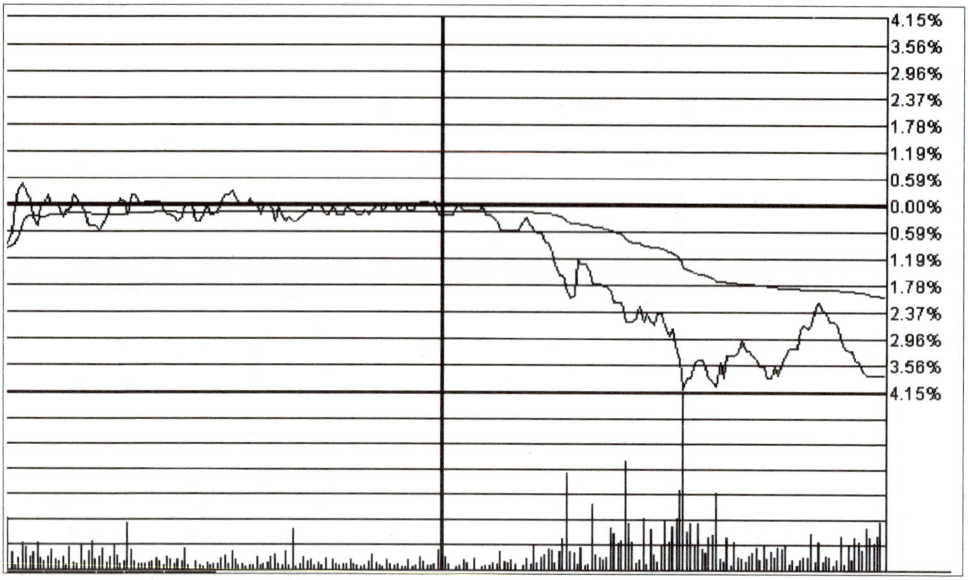

图 3-30

物极必反。极度收缩的涨跌幅和极度呆滞的盘面必将会被打破，在下午开盘后不久，随着盘面活跃度的增加，股价开始逐步下行。活跃度的增加促进了成交量的增大，成交量的增大推动了股价的进一步下跌，股价的进一步下跌吸引到更多的投资者对该股关注和进行操作。

股票的内在动力以资金博弈的方式体现在了分时走势上，股价展开了一波大于一波的下跌走势，下跌中主动卖盘将买入资金通通吃掉，分时线的下跌快速而有力，与上午呆滞的盘面判若两样。

股票分时走势的角度、长度、力度、对比度、活跃度会综合体现在同一只股票上，相互之间既有影响又有推动作用，在实盘操作中，我们要合理地运用好这“五度”分析，提高技术分析的准确度。

第四章

实战解析——让账户资金实现几何增长

把理论知识熟练的运用到实战中，才能让我们的账户资金实现增长。在实战中，把握好进场点、离场点，并在合适的时候运用合适的技巧，做到得与失的准确把握与操作技巧的准确应用，就可以让账户资金实现几何增长。

第一节 盈利状态下主动离场与被动离场解析

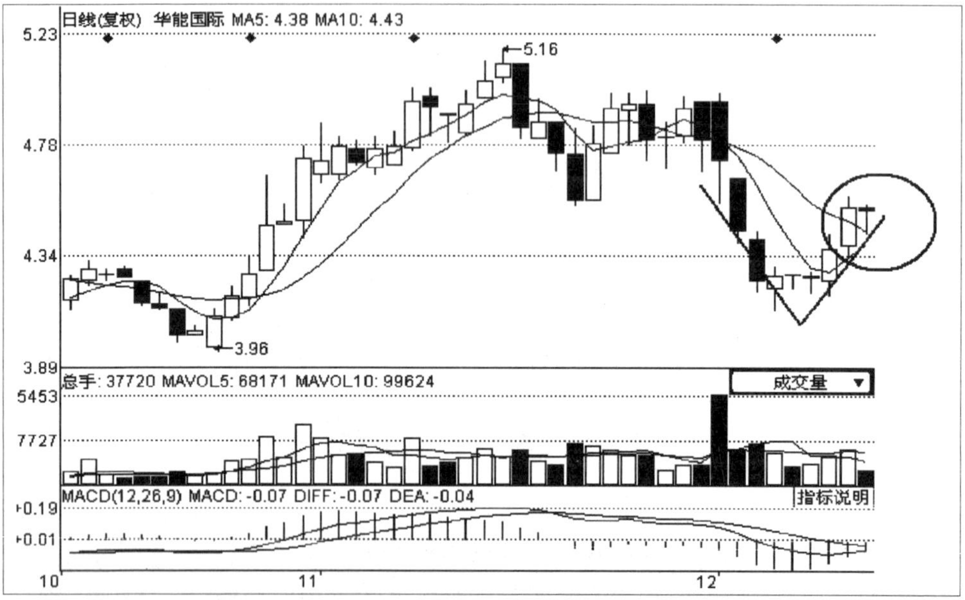

图 4-1

如图 4-1 所示，2011 年 12 月 13 日，股票 600011 华能国际。

学员：

老师好，我发现股票 600011 华能国际符合我们前期所学习过的操作模式，我想对该股进行短线买入，可以吗？

笔者：

你好，如果你通过多因素分析，综合得出的操作结论是可以短线买入的话，就可以大胆地进行买入操作。

对自己的操作一定要有信心。

你先进行大胆地操作，有什么问题咱们再沟通，在实战中不断总结经验。

学员：

好的。我觉得今天的小阴线只要不走弱，就可以买进，下面我将对量能进行预测分析，并对分时进行追踪。

笔者：

是的，你的思路比较正确。反弹中的量能是非常重要的，通过量能的分析，我们可以把握股票涨跌的内在原因，只要日 K 线位置和形态符合操作模式，大盘环境比较支持做多，我们就可以决定进行短线的买入。

在决定买入后，就需要对分时进行追踪，寻找分时的较佳买入点，通过对分时走势的准确把握，既可以准确判断出股票当日的股性，同时可以寻找到一个较好的买点，让我们的短线操作把握住主动权。

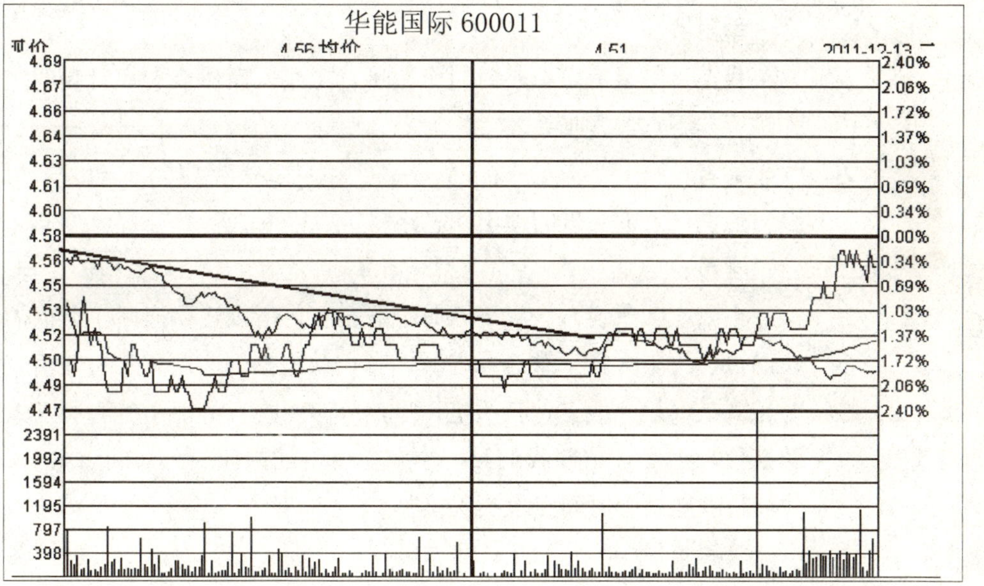

图 4–2

如图 4-2 所示，2011 年 12 月 13 日，股票 600011 华能国际。

学员：

今日的大盘和华能国际都是低开，属于当日弱势的特征对吧？

笔者：

早盘的大盘和个股都低开，并且低开后向下拓展空间，属于弱势。但是，我们还要对大盘和个股进行综合分析。早盘大盘低开后直接向下运行，同时向下的幅度随着时间的变化而增大。

我们再来看个股，华能国际当日低开后，虽然低开的幅度比大盘大，但是下跌的速度和幅度远远要慢于大盘。早盘的低开是对前两个交易日获利盘的主动回吐。随后大盘下跌，个股横盘，该股表现相对比较强势。在日K线所处位置和形态符合我们的操作时，个股的分时走势也比较支持买入，我们就可以在盘中寻找买入点位进行操作。

你看，随后大盘持续下跌，但是跌幅开始逐渐减缓，这时候我们就要对大盘进行判断，只要大盘止跌，我们就可以对个股进行择机买入。

学员：

我在下午最后一个小时对个股进行了买入操作。老师对我的操作进行一下点评好吗？

笔者：

能说一下你买入的理由和思路吗？

学员：

正如老师所说，大盘下跌时该股上涨，所以我要把握住大盘的止跌点。下午大盘下跌速度趋缓，有止跌迹象，这是买入的理由之一。其次，日K线支持我买进，虽然分时中没有特别完美的买入走势点位，但是，依照我们第一本书中所讲的最佳买入时间点来看，也支持我在这个时间点上买入该股。

笔者：

你的思路很清晰，买入后第二个交易日要密切关注该股的强弱，同时别忘了做好止损计划。

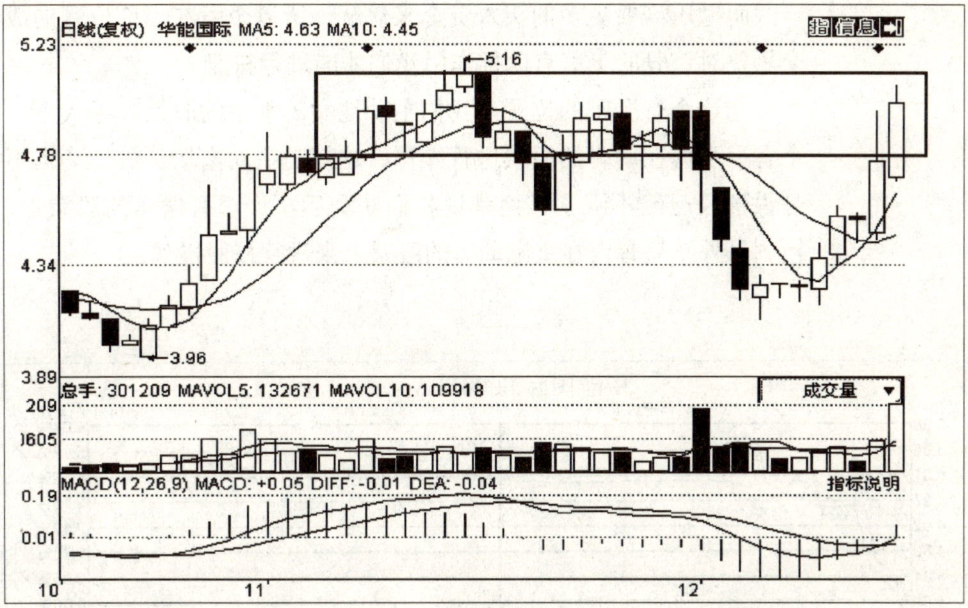

图 4-3

如图 4-3 所示，2011 年 12 月 15 日，股票 600011 华能国际。

学员：

哈哈，两日的快速上涨让我实现了短线的快速获利，老师能讲讲如何在获利情况下正确持股吗？

笔者：

在短线获利的情况下，有主动离场和被动离场两种操作模式。只要个股表现强势，主动离场和被动离场条件不成熟，我们就可以安心地持有手中筹码。

学员：

什么情况下应该主动离场，而什么情况下被动离场更合适？

笔者：

比如该股，经过两日上涨后，我们来对日 K 线进行分析。日 K 线所在位置正好到了前期高点的横盘位置，在这个位置上前期的解套盘将有卖出的欲望，而在低位买入的短线投资者也获利了，所以也有卖出的欲望。在这个位置抛压比较严重。

而抛压需要更多的买入资金来化解，所以个股在当前位置的成交量要对该股的上涨有助推作用我们才能进行持股。

在这个有抛压的位置，我们主动地卖出手中的股票，寻找下一个有上涨内在动力的股票进行操作，这就是主动离场。主动离场不是说该股已经不涨了，而是说我们获利后从一个有抛压的股票上，换到另外一只有内在上涨动力的股票上来进行持股操作。

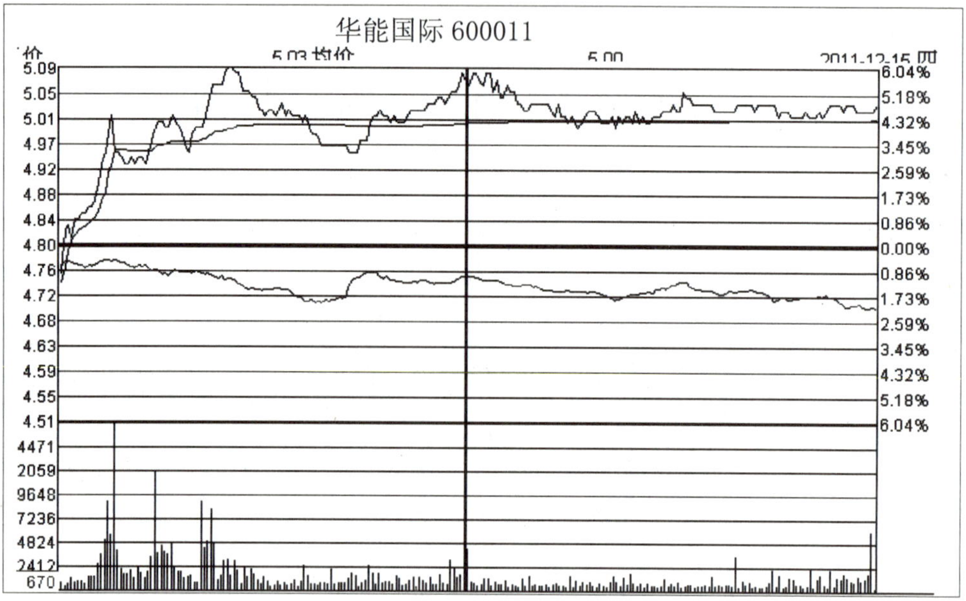

图 4–4

如图 4-4 所示，2011 年 12 月 15 日，股票 600011 华能国际。

学员：

虽然这个位置存在压力，但是今天华能国际的分时走势比较强。您看大盘下跌，该股却能够横盘不跌，当日的股性属于较强，我觉得应该继续持股。

笔者：

是的。在这个抛压比较严重的位置，大盘下跌，而该股能够不跟跌，表现的确强势。并且，该股在当日能够低开后直接向上拉升，在高位横盘不跌，成交量缩量配合，属于一个好现象。

值得一提的是，该股的横盘不但没有理会大盘的下跌，而且是波动的幅度越来越窄，在分时均线上来回穿插，逐步走到了在分时均价线上的窄幅震荡。这说明抛盘抛售的主动性越来越低，资金抛压的力度逐步减少。

学员：

通过一天的跟踪，我没有找到卖出的理由，决定继续持股待涨。

笔者：

这样操作是可以的。不过，要是想采用主动离场的操作模式的话，可以在早盘冲高的时候离场，如果不想采用主动离场的操作，那么，持股也是一种非常好的选择。

在接下来的交易中，密切关注成交量的变化和股票强弱就可以了。

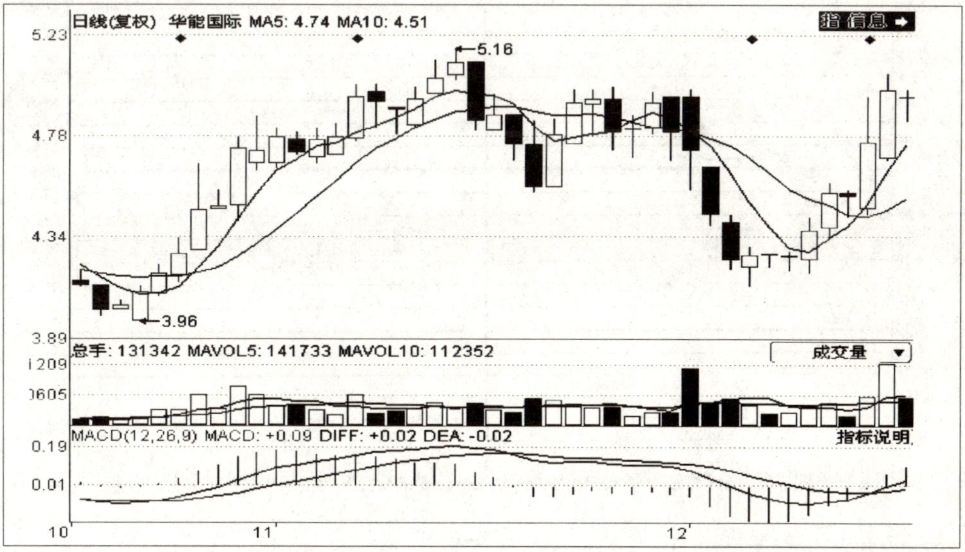

图 4-5

如图 4-5 所示，2011 年 12 月 16 日，股票 600011 华能国际。

学员：

今日的华能国际低开，大盘高开，似乎不是一个好的兆头啊？

笔者：

对。大盘高开，个股低开加上对该股日 K 线当前所处的位置来看，是不太好。

该股今天的开盘要引起我们的重视，要对分时进行跟踪，发现股性不强就可以进行卖出操作，同时要对成交量进行跟踪。

要是想进行主动离场的操作，就可以随时进行卖出，反正是获利了，那就寻找下一个符合操作的股票。只要大盘环境比较好，好股票很多。

当然，要是想继续跟踪的话，要保持警惕状态进行谨慎的持股操作。

学员：

那我对分时再进行追踪吧，看看分时走势最后会是怎么样的特征。

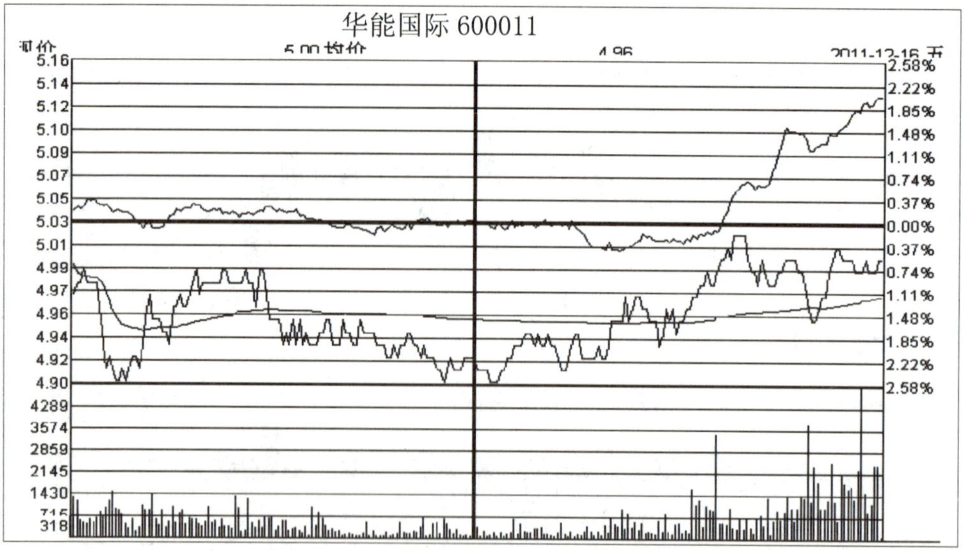

图 4-6

如图 4-6 所示，2011 年 12 月 16 日，股票 600011 华能国际。

学员：

分时能够保持横盘的震荡走势，没有继续早盘的下跌而持续下行，尾盘的上涨好像可以继续持股。

笔者：

你的分析有一定道理。尾盘的上涨从个股的表现上来看，属于比较好的，但是若要结合大盘的走势，那么该股今日尾盘的表现就有些力不从心的感觉。

如果要进行主动离场操作的话，则可以在尾盘大盘上涨、该股不涨的时候进行主动地卖出操作。

从中长线操作来看，该股虽然早盘表现出了一些弱势，但是经过前期的上涨，同时个股的日 K 线所处的位置来综合分析，今日的缩量调整属于正常现象。

但是，我们进行的是短线操作，所以在这个位置选择快速离场，也不失为最佳选择。因为我们离场以后可以寻找到更好的操作机会，让自己资金的利用价值更高。

大盘的尾盘急速拉升，让我们对明天的股市有一个好的预期，无论今日是否卖出，在大盘良好的预期下，在没有寻找到更好的操作股票的情况下，等待更好的卖点也可以，但一定要保持高度警惕状态，随时做好离场的准备。

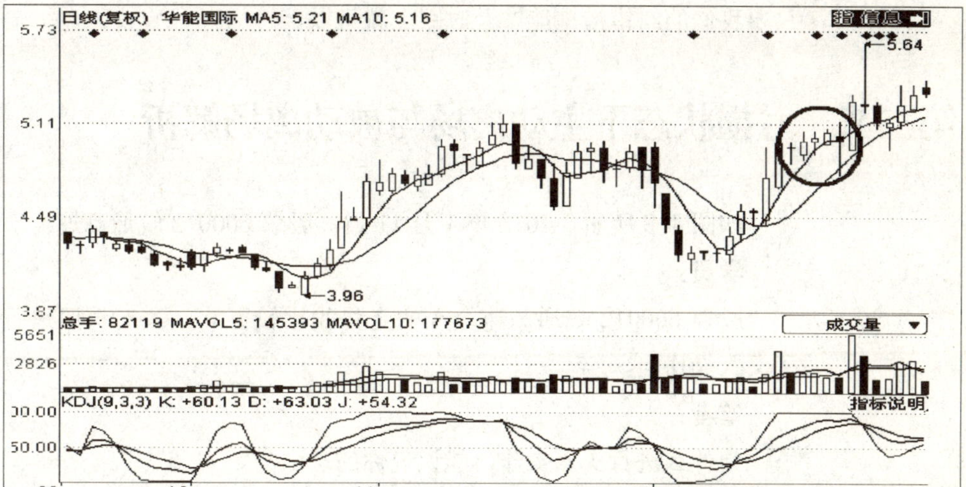

图 4-7

如图 4-7 所示，2011 年 12 月 16 日，股票 600011 华能国际。

学员：

在随后的操作中，卖出了手中的股票。该股的表现还算强势，后期依然创出了高点，老师能对该股的全过程进行一下讲解吗？

笔者：

在实盘操作中，我们要有一种全局观，离场点不一定是最高点，买入点也不一定要求是最低点。

正确的操作点不是要求卖出以后股价不在上涨，买入以后股价不在下跌，而是要最为符合当时大概率事件发生方向的操作。

当我们买入股票后，股价经过两个交易日的快速拉升，很快就实现了短线获利。随后我们看到了抛压的区域，在该区域股价滞涨或者显弱，我们可以立即进行主动地卖出操作。这样资金的利用率最高，因为是短线操作，没有必要跟有下跌动力的股票进行纠结。

至于后面是否再次上涨，我们不要懊悔，本次我们想要的利润拿到手了就可以，卖在最高点那是神仙做的事情。

该股后期的继续慢慢攀升也能给我们更多的离场机会，中长线的操作和短线的操作风格永远是不一样的，我们进行的短线操作风格就是要快，发现问题立即解决，发现风险立即离场。错了不怕，只要我们的纠错措施能够及时跟上就可以。

第二节　亏损状态下主动离场与被动离场解析

如图 4-8 所示，2012 年 1 月 11 日，股票 600012 皖通高速。

学员：

股票 600012 皖通高速今天的走势我比较喜欢，我对该股进行了买入操作。

笔者：

为什么进行买入操作，能说说你的理由吗？

学员：

该股的日 K 线形态和位置处在我比较喜欢的位置。股价经过前期的横盘后，有了一个快速下跌的过程，在下跌中，成交量表现比较平稳，同时股价在下跌的后期有初步止跌的迹象。

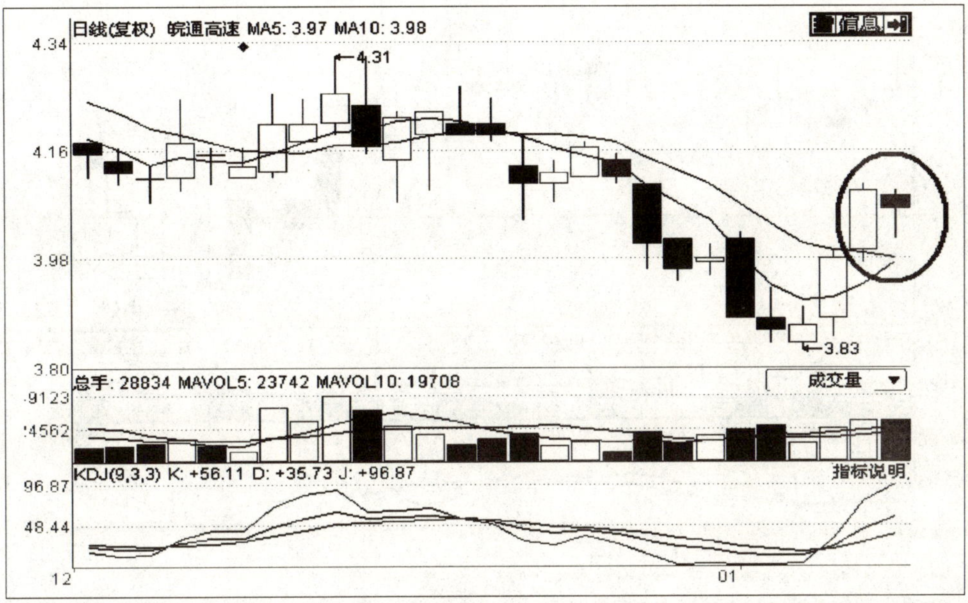

图 4–8

随着股价的止跌，股价快速回补前期的下跌空间，在相对高位走出了一个较小的调整走势，比较符合我的操作买点。

笔者：

每个人都有属于自己的操作系统，你的操作系统也需要自己不断地完善。但是，无论是什么样的操作系统，都必须要有一个周密的止损计划作为操作保证，若没有合理的止损，就不要进行操作。

学员：

我的止损计划也有，所以我敢大胆地操作。

笔者：

是这样的，有了止损做保障以后，我们才能建立更加充足的交易信心，而交易信心也是我们短线操作所必不可少的交易品质。在买入中，一定要牢记对分时走势进行准确把握，分时走势不好的话，也尽量不要操作。

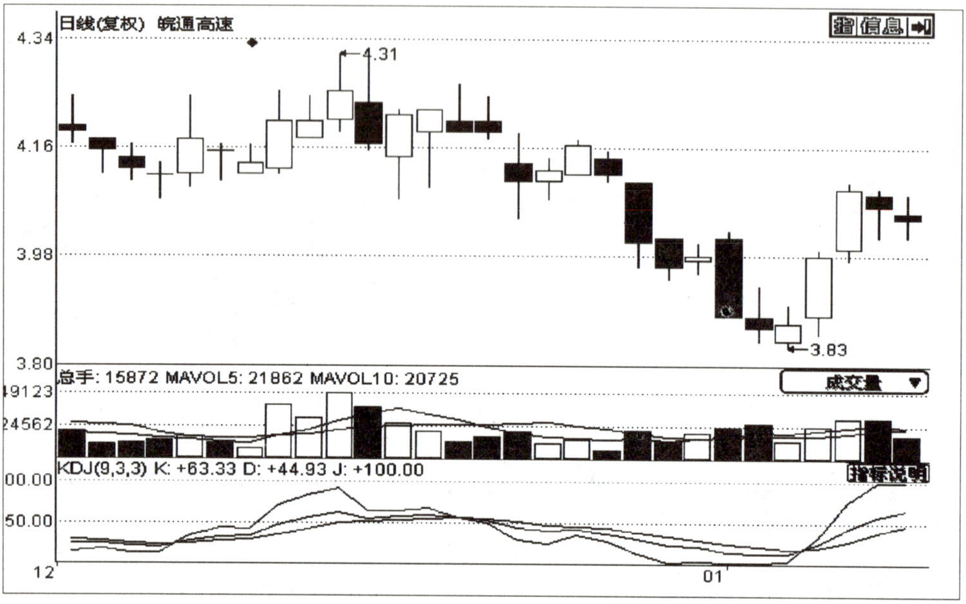

图 4-9

如图 4-9 所示，2012 年 1 月 12 日，股票 600012 皖通高速。

学员：

买入后的第二个交易日，股价继续进行调整，与我们的操作预期不相符。看来此次的买入操作有些不太理想。

笔者：

我们的操作不可能每次都那么完美，有瑕疵很正常，出现错误也不奇怪，只要能够及时地纠错就可以。

学员：

老师，那我需要进行止损操作吗？

笔者：

先说说你的操作系统是否支持你在今日进行止损。

学员：

我觉得大盘能够上涨，所以我本次采用的操作系统是选择了保守的止损模式，也就是如果大盘走弱，只要该股盘中显弱，我就离场。如果对大盘后期的预期较好，认为能够上涨，那么我就在下跌吃掉昨日的阳线后再止损，或者该股在这里进行持续几个交易日的不涨后再止损。

笔者：

你的思路是正确的，还要坚持能够执行自己的操作系统。

学员：

根据我当前的分析，我想按照吃掉阳线后止损的止损模式。

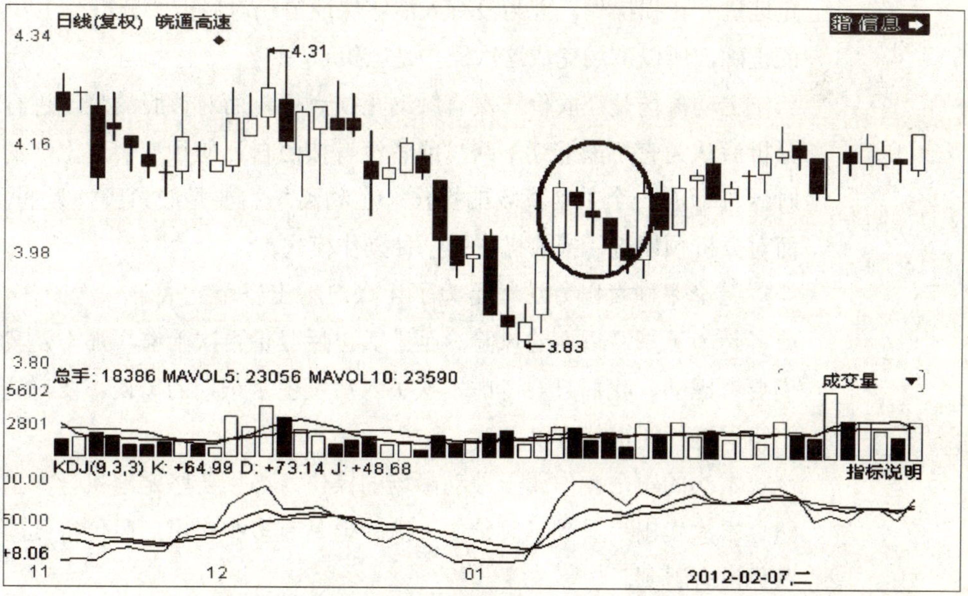

图 4-10

如图 4-10 所示，2012 年 1 月 13 日，股票 600012 皖通高速。

学员：

在第三个交易日股价继续下跌的时候，我进行了止损操作，看来这次操作失败了。

笔者：

虽然本次操作我们的账户资金缩水了，但是操作并算不上不正确。你能够按照自己的操作模式进行严格地操作，虽然有些地方需要完善，但还是属于符合你操作模式的正确操作。

学员：

在我卖出股票后，股价又进行了持续地慢步推进，亏损离场，多少有些可惜了。

笔者：

亏损状态下的卖出也分为主动卖出和被动卖出。

在止损位置被击破的时候卖出股票，属于被动卖出，被动卖出是没有商量余地的，无论下一步股票向哪个方向涨跌，我们都要坚定地进行止损操作。因为没有人能够保证自己对后市的分析是100%的正确，所以离场完成这次操作是上策。

主动离场是在股价还没有触动止损点位，而对该股的表现进行分析后认为有可能继续下跌，或者没有按照自己的预期快速上涨的时候进行的一个主动离场的操作。主动离场主要是股票股性显弱，而对分析预期进行提前操作的一种操作模式。

无论哪种卖出方法都是为了让账户腾出资金完成下一次操作，或者是为了规避后期的风险。至于卖出后股价再次上涨，那不是我们要考虑的，我们只要考虑本次买入后发生了预期的错误，要对这个错误进行纠错就可以了。

本次的卖出操作属于被动离场的操作，必须要坚定地执行。虽然你本次卖出后看到了股价的上涨，但是有多少卖出后股价持续暴跌你没有看到。

学员：

老师说的太对了，看来交易品质很重要。

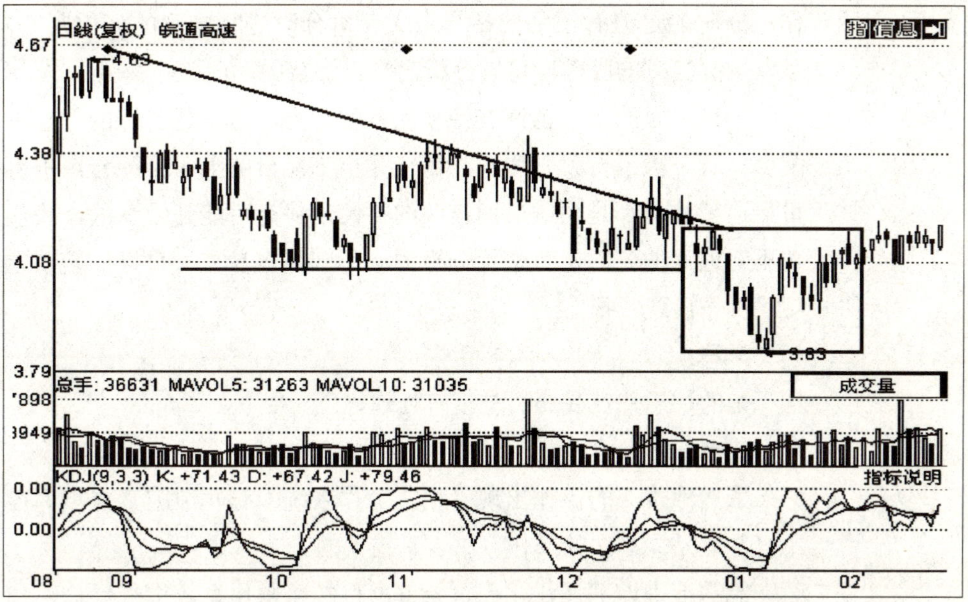

图 4-11

如图 4-11 所示，2012 年 1 月，股票 600012 皖通高速。

学员：

本次的操作亏损应该总结一下经验，我的分析好像还有一些问题。

笔者：

你的分析思路和方向总体还是不错的，但是有几个因素你没有考虑到，只能说大局观不强，需要今后注意。

学员：

老师能替我找找问题吗？

笔者：

好的。本次的操作最为重要的一个因素你忽略了，该股处在一个长期的下跌区间，在这个趋势中对该股进行操作，风险本来就比较大。同时，在本次的下跌中，下跌的幅度不是很大，股价稍有上涨便接触到了前期横盘的区间，上涨的空间不是很足。

在操作中，你对分时的辅助分析有些忽略，我们是进行短线操作，分时的走势有很强的指导意义，对分时进行准确的分析判断，可以了解当时的股性，可以分析出当时资金的动向。

一只很好的股票也许有持续上涨的动力，但是若当日的资金不配合，有可能当日就是阴线，后续几个交易日的盘面不配合，也有可能连续几日都是阴线。而该股的持续走势有可能是上涨的，我们若不对近期的分时走势进行分析的话，则很容易在一只好的股票上短线操作出现亏损。

学员：

是的，这几点我还真是没有处理好。

笔者：

虽然你本次的操作出现亏损，操作系统中有几个因素点把握得不好，但是，本次的操作算不上是错误的。

能够准确地把握住止损，能够严格按照操作系统进行操作，都是一种良好的操作习惯。我们的操作不可能每次都盈利，再完美的操作系统也会有出现亏损的现象，所以在实盘中不要惧怕亏损。不要忘了，亏损也是我们实现持续整体盈利的一个不可缺少的因素。

学员：

谢谢老师的讲解，让我的操作思路更加开阔了。

第三节　操作机会与短调买点的准确把握

如图 4-12 所示，2012 年 2 月 21 日，股票 600653 申华控股。

学员：

看到有的股票持续上涨的时候，我就有一种想买入的冲动。

笔者：

对于很多投资者，这种感觉是很难克服的。当大家看到大盘不断地上涨，自己看好的个股也在不断地拉出阳线的时候，总是害怕会错失机会，有一种想买入的冲动。

面对这种情形，我们一定要冷静地进行分析，通过多因素的综合判断，看看所面对的股票是否符合自己的操作模式，操作系统是否支持当前买入。

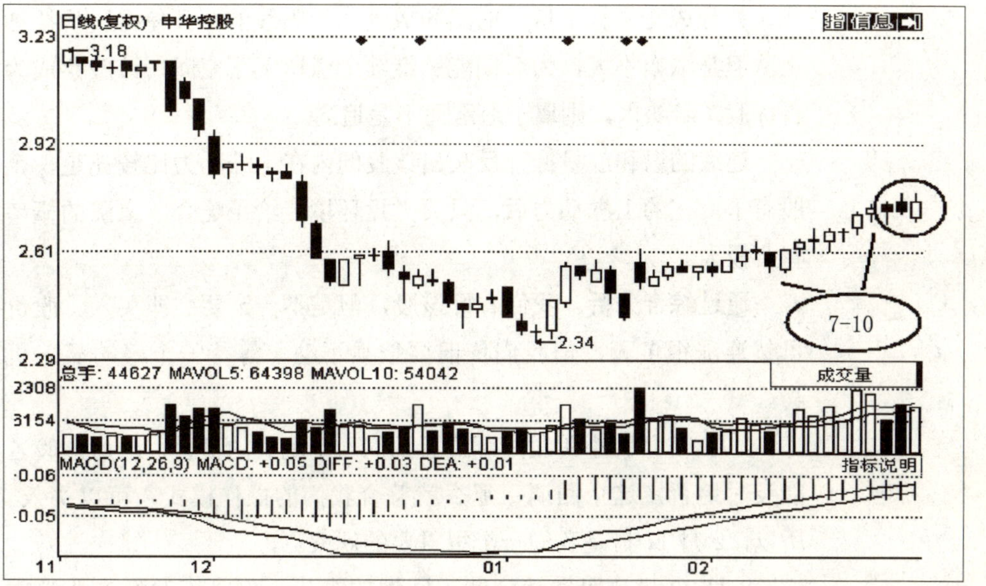

图 4–12

在建立和完善操作系统的时候，也要避免追高的操作。请注意，追涨和追高是两个概念，要区别对待。

尤其是短线操作，我们买的是短线的机会，买的是大概率事件的发生，所以有很多看似机会的机会我们要学会放弃，学会等待。

学员：

比如股票 600653 申华控股在 2012 年 2 月期间，股价就不断地攀升，其实当时我已经看好该股，要是买入就可以实现短线获利，一直没有找到符合我的操作系统的合适买点，所以就一直没有买入。直到 2 月 20 日和 21 日前后，我发现符合我们前期学过的操作方法，我才进行下单。

笔者：

是的。发现操作机会后我们要做的事情不是立即操作，而是观察和等待，我们找到了好的股票，还要等待好的操作机会。

该股票在 2012 年年初，以两根大阳线停止了下跌的步伐，随后就开始不断地小碎步儿向上攀升。在 2 月份，股价连续拉出小阳线，并且成交量有了持续的温和放大。小阳线的拉升使得股价持续上涨但是涨幅不大，为后期能够继续上涨留下了空间，该股票成为目标股，若买入，则属于追涨而不是追高。

连续的温和放量推升反映出该股的内在上涨动力比较充足，个股有了内在的上涨动力后，只要大盘环境能给予配合，上涨的概率将会极大。

通过综合分析，我们看好该股，但是不一定要立即买入。股价虽然连涨很多天，但我们依旧要按兵不动，等待一个好的买入机会。

2 月 17 日的小阴线回调给了我们一个观察的机会，随后该股若能及时地否定这个回调，那么就符合我们的操作模式，可以买入。所以，2 月 17 日是我们一个很重要的观察点。

2 月 20 日该股继续延续了回调的走势，但是下跌幅度非常有限，还有走出假阳性的嫌疑，可以看出该股的上涨动力还是比较充足。

在 2 月 21 日，阳线出现后，我们就可以进行短线的买入操作。此时，对该股进行操作，止损价格也比较好设定，买入的理由也比较充分。

如图 4-13 所示，2012 年 2 月 24 日，股票 600653 申华控股。

学员：

买入后股价又开始了连续的小阳线推升。虽然我们错过了前期的小阳线推升阶段，看好的股票在眼皮底下不断地上涨，有些遗憾，但是选择了一个较好的买点再操作，应该也是不错的。

笔者：

是的。前期的推升只是让我们把该股票放进了自选股中成为目标股进行追踪，而追踪的目标股不一定要对它进行操作，只有资金和买点共振的时候，才有机会对其进行买进。

虽然放弃了一些机会和利润，但是寻找到一个更有把握的点位进行操作，对于短线来说其意义非常重要。

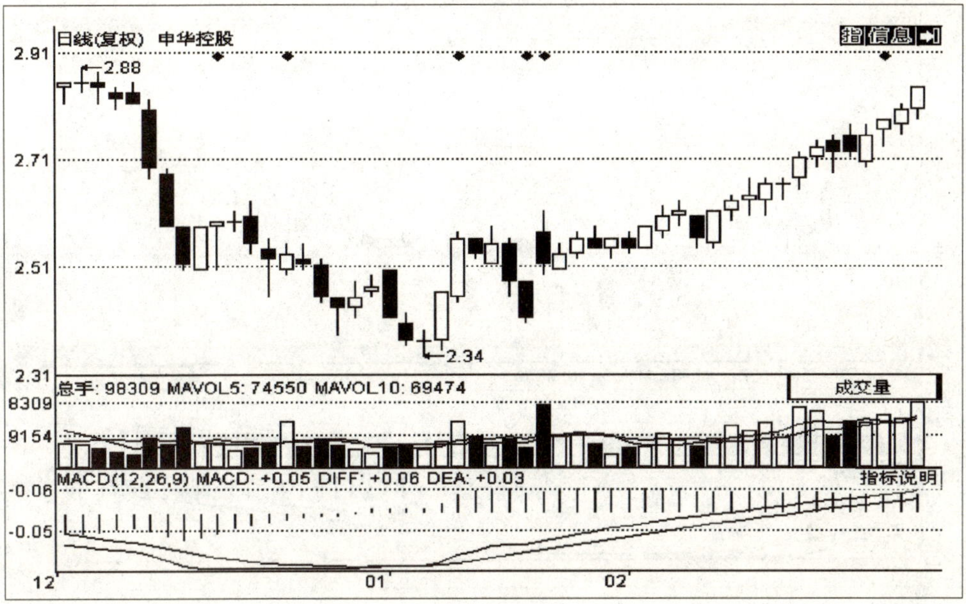

图 4–13

学员：

买入后接下来就是选择合适的机会进行卖出操作了，老师能不能讲讲该模式下的卖出要注意什么？

笔者：

买入后的第一件事情就是要启动止损保护。初期密切关注是否触及了止损，后期才能考虑如何让账户利润增值更多。

该股从盘面上看，只要量能配合应该有一个快速拉升的过程。在我们确定的买入点位买入后，成交量配合还比较完美，但是没有我们所预期的快速上涨的走势，上涨的力度和幅度有些疲软。

任何一种盘面语言我们都要进行判断，所以短线操作比较辛苦。该快速拉升的时候，有快速拉升理由和动力的时候不出现快速拉升的走势，只是连续的小阳线推进，我们就要注意了。

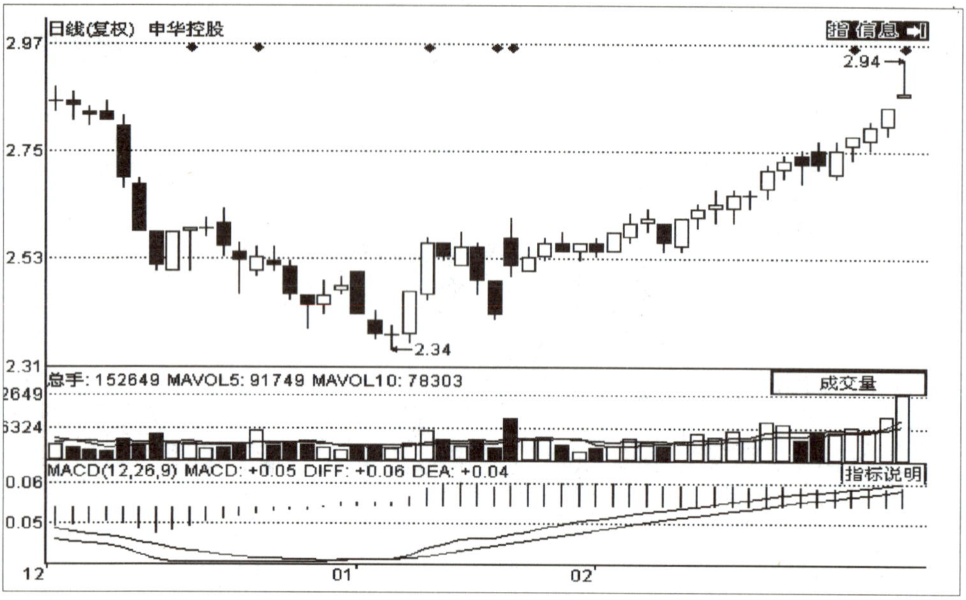

图 4-14

如图 4-14 所示，2012 年 2 月 27 日，股票 600653 申华控股。

学员：

这是否就是我们常说的该涨不涨和该强不强呢？

笔者：

是的。该涨不涨的时候我们要进行卖出操作，该强不强的时候我们要对盘面进行认真分析，分时不配合，成交量不配合都是我们卖出股票的理由，此时的持股就需要谨慎了。所以我们经常会说，可以大胆持股，可以谨慎持股，持股的方法也是有区别的。

学员：

2 月 27 日，股票 600653 申华控股量能放大，但是从盘面来观察，似乎有不强的表现，同时通过早盘分析我们就能够推算出当日的量能应该是近期的一个高量能。

笔者：

是的。此时无论从个股的日 K 线形态和位置来判断，只要量能放大股价就应该持续地向上拓展空间，量能越大，上涨的动力应该越大，放量不涨时，就必须要引起高度警惕。

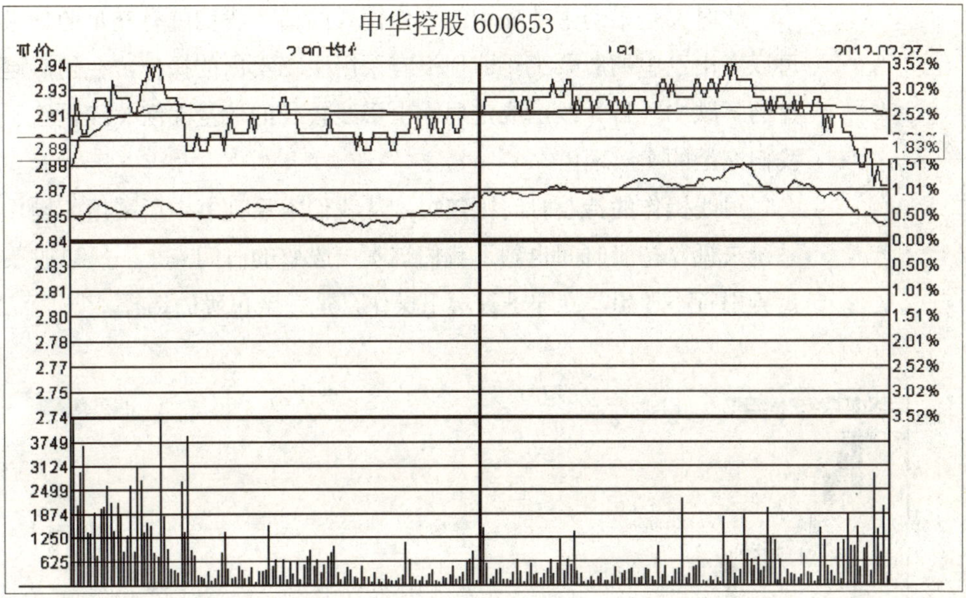

图 4-15

如图 4-15 所示，2012 年 2 月 27 日，股票 600653 申华控股。

笔者：

无论是买入还是卖出，一旦对日 K 线进行过初判后，接下来就要在分时线上做文章。

学员：

是通过分时走势寻找更为准确的卖出点对吧？

笔者：

是的。对分时的准确判断，可以让我们的短线操作更为主动。2 月 27 日申华控股的分时线同大盘同步高开，随后无论大盘如何，该股始终保持横盘状态。

虽然保持横盘状态说明不了太多的问题，但是从早盘的成交量和上午累计的成交量来推断日 K 线的成交量，我们发现，该股当天是放量的，而且是近期的最大量能。

放量滞涨的横盘，而且是在相对高位放量滞涨，同时处在该强不强位置的放量滞涨就有些不好了。

此时要是采用主动离场的操作模式的话，我们就有充足的理由可以卖出手中的股票了。即使没有采用主动卖出的操作，在随后尾盘的下跌中，日 K 线已成定局，上影线较长的放量滞涨 K 线也给了我们充足的卖出理由。

短线操作的持股时间比较短，从我们本系列书中所采用的操作系统来说，持股时间也到了我们该卖出股票的时间点上，所以股票走势稍有不理想，立即进行卖出操作，是完全正确的选择。

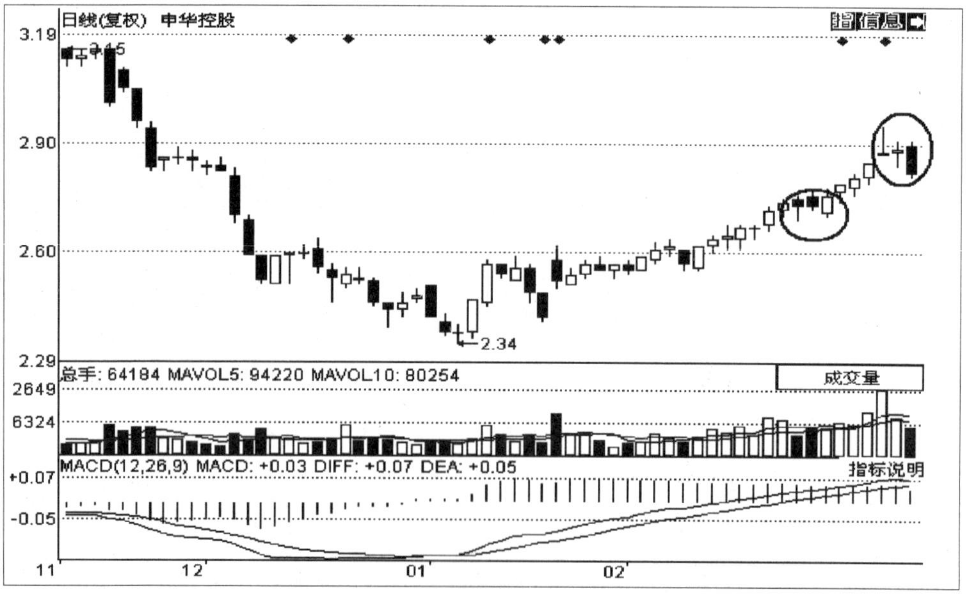

图 4-16

如图 4-16 所示，2012 年 2 月 29 日，股票 600653 申华控股。

学员：

这只股票的实盘讲解，让我明白了如何在机会来临的时候更好地把握一个相对比较完美的买点，也让我知道了操作预期与实盘走势发生变化的时候如何应对。

笔者：

我们来对该股进行一个全面的回顾。

在2月21日我们买进股票，你说说看，买进的理由是什么？

学员：

目标股持续走强，在我们进行持续跟踪后，寻找到了一个符合我们操作模式的买点，所以进行买入。

买入运用的技术点就是连续7～10日的小阳线拉升，股价没有上涨很多，但是内在的上涨动力已经充分显现，所以进行买入。

笔者：

那么卖出的理由呢？

学员：

该强不强时谨慎持股，发现问题后及时在盘中采用主动离场的方式进行卖出。

笔者：

基本把握了重点。在本次操作中，按照我们的操作系统仅仅只有4个交易日的持股时间，而对该股的分析、追踪和等待时间却很长。我们进行的是短线操作，其实该股也许还有更多的机会，但是我们只需把握其中这短短的4个交易日就可以了。

在实盘操作中，若资金不能与我们的分析发生共振，也不能强行买进股票，则很多的操作机会放弃掉并不可惜；若草率入场，账户资金缩水那才是可惜。

在短线操作中学会等待，学会寻找好的点位把握住操作的主动权才是难点，所以要多做功课。

第四节　操作机会与回调买点的准确把握

如图4-17所示，2012年3月15日，股票600253民丰特纸。

学员：

老师，当我们发现好的股票以后，按照我们学习过的操作思路，应该先加进自选股票池进行跟踪，那么在什么时候买进更为合适呢？

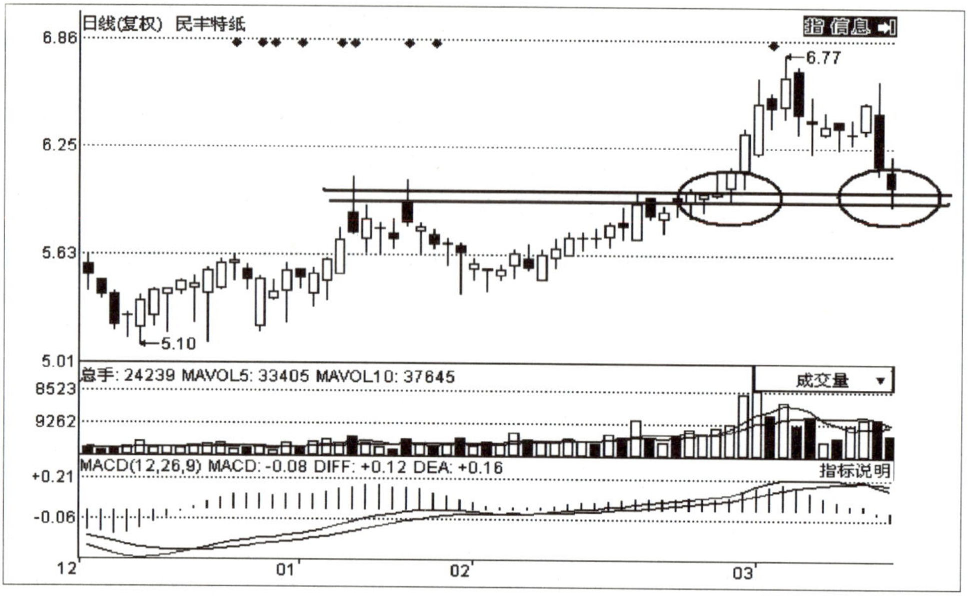

图 4–17

笔者：

每只股票的股性不同，每种操作模式也不同，我们所看好的股票因素不同，所出击的点位也不同。操作方法是需要因股票而异、因环境而异、因方法而异的。

短线操作我们追求的是成功率和大概率事件发生的方向，当我们看到一只好的股票后，可以对其进行跟踪，在合适的位置买进。有的股票看上去强势，但是我们要有耐心等待该股进行回调，回调到一个更安全的位置后再进行操作。

学员：

看到操作机会后，我们等待怎样的回调位置更合适呢？

笔者：

我们找个实盘案例来共同学习一下。你看股票 600253 民丰特纸，前期经过创新高的上涨后，短暂横盘，然后开始回调。今天回调到了关键位置，就需要我们对其进行重点追踪和关注。

从理论上来讲，前期次高点位置，有两根上影线较长的高开阴线，而后期在量能的配合下，该股放量突破了这两个放量高开的阴线。虽然经过上涨，但是该股当前的股价再次回调到了这个关键的支撑与前期突破位置。前期的突破说明了该股有上涨的动力，而当前的调整再次考验前期突破的有效性，所以要对该位置进行重点追踪观察。

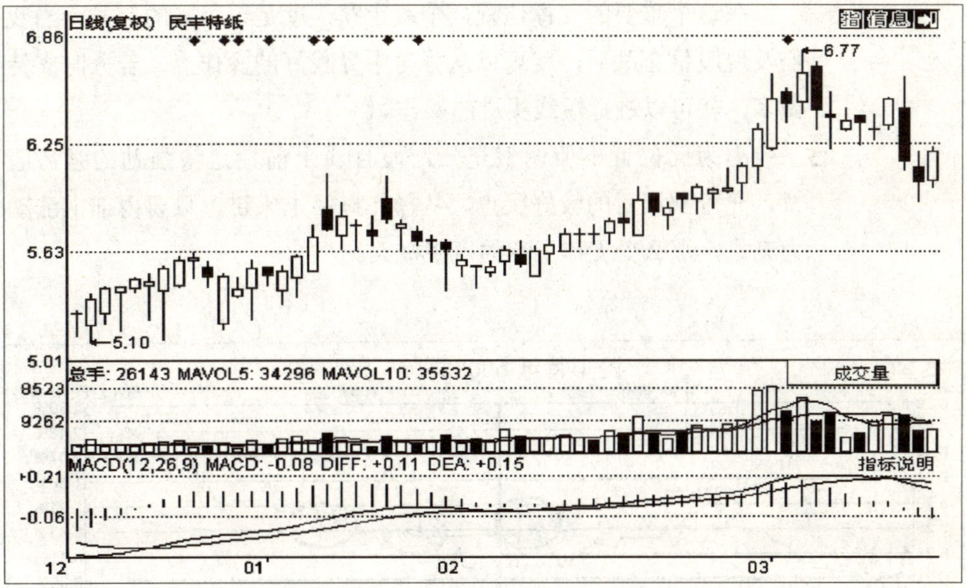

图 4-18

如图 4-18 所示，2012 年 3 月 16 日，股票 600253 民丰特纸。

学员：

今日的日 K 线是阳线，是不是就代表着止跌企稳了？

笔者：

在这个位置能够站稳前一日收盘价是个好现象。我们可以从前期两个高开带上影线的阴线来解读当前的盘面，高开带上影线的阴线是相对高点的同位阴线，经过两次洗盘，此位置属于一个重要的高抛位置。

随后，在经过调整后这个高点被放量阳线有效突破，说明该股还有进一步上涨的动力。而短暂上涨后的回调再次将股价打到了该位置。试想，经过第一次高开带上影线的同位阴线洗盘，然后再以突破后横盘的形式进行了筹码清洗，盘面已经变得很轻。此时，若跌破前期高开带上影线的同位阴线位置，那么将宣告前期的强势走势全部结束。所以，只要该股有进一步上涨的要求，就不会跌破该位置。

在这个重要的支撑位置，个股止跌，就是一个好的信号。当我们发现股价止跌后，就可以从分时中寻找好的操作点，若分时支持做多，就可以进行短线买进的操作。

因为此位置不但调整充分，而且属于前期走势强劲的强势股票，充分回调后的较好买点。从操作概率上来讲，只要内部上涨动力充足，那么受支撑上涨的概率极大。

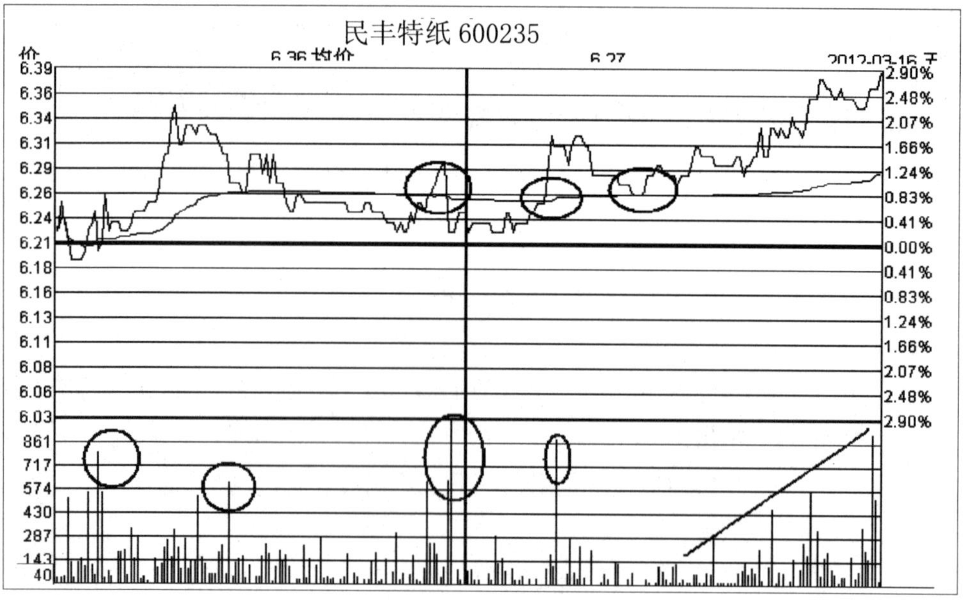

图 4-19

如图 4-19 所示，2012 年 3 月 16 日，股票 600253 民丰特纸。

学员：

看好日 K 线后，如果要进行买入操作，就必须要对分时进行把握对吧？从分时中寻找一个较好的买点，就可以让我们把成本降低。

笔者：

你说得很对。但是，看好日 K 线后然后看分时，不仅仅是为了降低成本。

我们在第一本书中介绍过，短线操作要追求什么你还记得吗？

学员：

我知道，是要争取做到买入后当天就能够解套。

笔者：

是的。我们把握分时，其中一点是通过更加有利的买点让我们能够当天解套，这样第二个交易日的操作会非常主动。

还有一个重要的原因，就是通过分时的分析，我们可以准确判断出该股当日、当时的股性，通过股性来对日 K 线进行辅助分析，来决定是否买进该股。

在 3 月 16 日，股票 600253 民丰特纸的分时中，我们寻找到了几个关键因素，并且用圈示的方式进行了重点标注，这几个因素非常重要，希望大家都能够理解其中所能表达出来的语言。

学员：

老师把几个重要位置的成交量圈了出来，同时把分时的几个关键点圈了出来，我觉得在前几次对分时均价线进行突破的位置上，成交量没有能够持续放大是突破后股价不能够保持上涨的原因。

笔者：

对的。尾盘的持续上涨和成交量的持续温和放大，是股票走强的重要因素，同时尾盘的走势奠定了当日收阳线反包阴线成为定局，所以是一个非常好的买入机会。

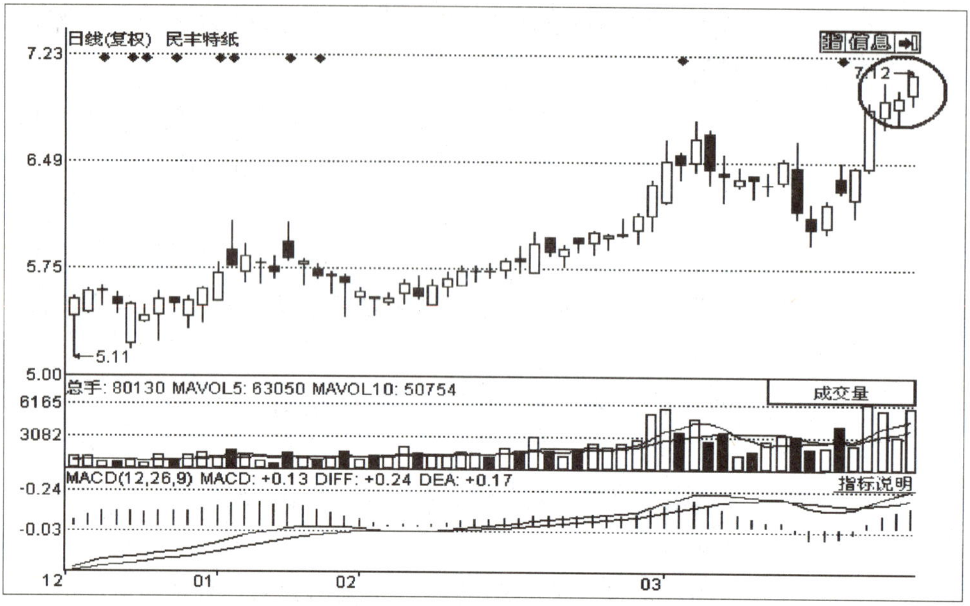

图 4-20

如图 4-20 所示，2012 年 3 月 27 日，股票 600253 民丰特纸。

学员：

买入后，股价持续向上拓展空间，并且在第三个交易日创出了历史新高。在获利的情况下，我们占据了主动权，随时可以获利离场。

笔者：

买入后第二个交易日的高开收阴线，是一个假阴线，高开就是强势走势的表现。第三个交易日和第四个交易日的阳线拉升，让该股很快创出了历史新高。

由于股票走势表现强劲，我们没有必要那么快卖出手中所持筹码，但是股价创出了历史新高，多头部队完全暴露在了空头部队的面前，谨慎持股还是有必要的。

学员：

我觉得在创出新高后，股价上涨乏力的时候就可以考虑卖出股票了。

笔者：

我们的操作本来就是超级短线，持股时间按操作模式要求是1～5个交易日为宜。所以，只要股票表现不强，走势与预期有差异，我们就可以主动地卖出手中的筹码，后期是否还会上涨，与我们本次操作无关。

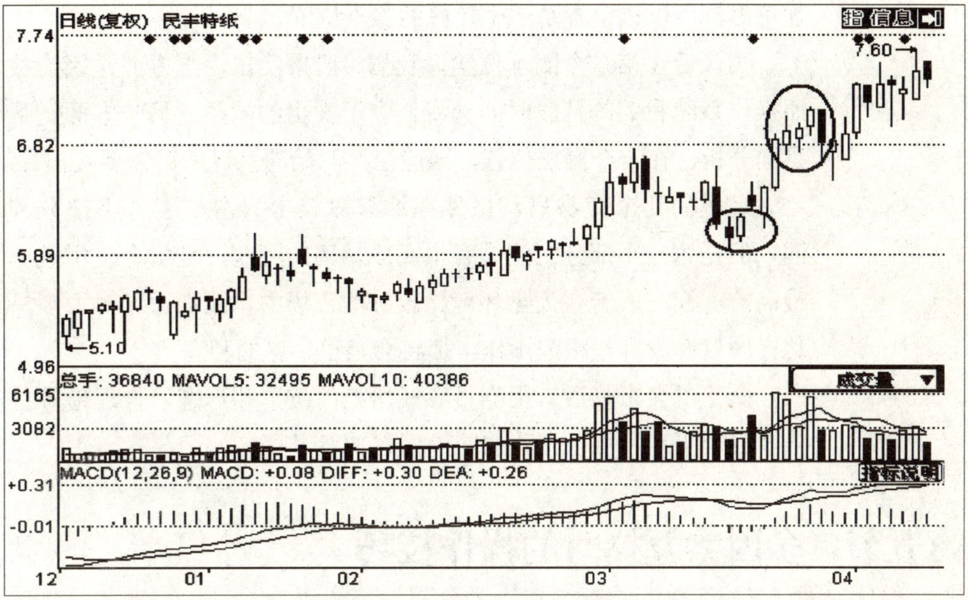

图 4-21

如图 4-21 所示，2012 年 4 月 13 日，股票 600253 民丰特纸。

学员：

当完成本次操作后，我们将该股进行复盘学习发现，此次短线操作仅仅把握住了其中的很小一部分。

笔者：

短线操作的特点就是短、快。虽然我们的资金在该只股票上仅仅把握了一小部分，但是从该股出来后，又转到了别的股票上，资金的利用率很高。

通过这只股票我们可以看出，发现好的操作机会后，不一定是立即操作，而是在这个好的机会中寻找一个比较合适的操作点。

这个操作点也许是通过对该股的追踪和等待等来的，也有可能是通过对分时的把握来主动找出来的。但是，通过对好的操作机会的进一步把握，可以提高操作的准确度。

在第一个圈示位置，我们找到了该股的充分回调后的买点和前期突破、支撑的重要点位的共振位置，这个位置比单因素的分析更加可靠，所以该位置是一个较好的买点位置。

买入后在第二个圈示位置，我们将股票卖出，一方面是因为按照操作系统我们的持股时间让我们有了卖出的欲望，另一方面是从盘面分析，在一个抛压位置，该股已经开始滞涨，所以需要卖出。

短短的几个交易日，虽然在这只股票上只拿到了一小部分利润，但是这一小部分利润是有很高成功率的利润，是资金使用效率最高的利润段。若在大盘环境比较好的市场中，我们通过对很多只这样的目标股进行跟踪操作，那将会是很丰厚的利润。

操作机会来临后，根据日 K 线所处的位置和形态，合理地等待一个回调买点，可以让我们的操作成功率更高。

第五节　多因素互捧时的操作技巧

如图 4-22 所示，2012 年 2 月 9 日，股票 600239 云南城投。

笔者：

600239 云南城投今天早盘有异动，从日 K 线的位置和和形态上来看，是一只值得我们关注的股票，若能与自己的短线资金发生共振，那么可以对分时密切跟踪，寻找一个好的买点进行短线操作。

我先不说关注的理由和原因，你通过多因素分析来谈谈看法。

学员：

好的。确实是一只值得我们关注的股票，该股从下跌状态止跌后，就展开了横盘的走势。在横盘过程中，成交量相对比较稳定，5 日、10 日、30 日、60 日四条均线也从压制股价上涨，逐步地有走缓的迹象。

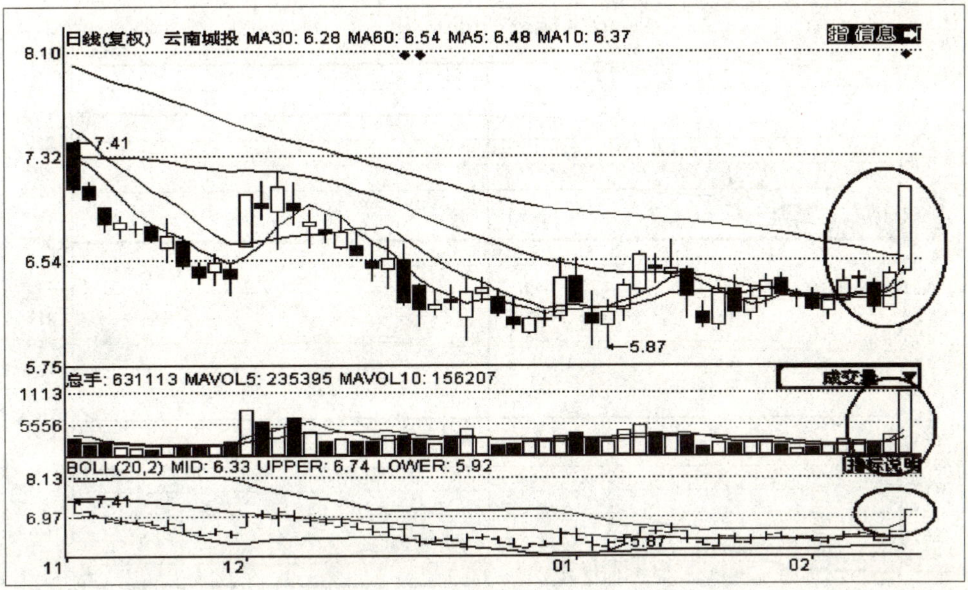

图 4-22

在近期几个交易日，股价始终在 5 日、10 日、30 日均线附近上下穿梭，对三线的压制和支撑进行了有效化解。上个交易日该股一阳穿三线，今日开盘就继续上攻，从早盘的成交量来推演全天走势，应该是放量的走势，所以可以密切关注。

笔者：

是的。只要当日通过分时能够推演出日 K 线的形态和成交量的变化，就可以根据当前形态对当天 K 线对后期的影响来决定是否值得操作该股。

具体下单的时候参照分时走势寻找机会。

你运用了四线的分析方法找到了买入的因素，若把 Boll 指标调出来，我们不难发现，该股经过横盘后，Boll 线也形成了突破的走势。股价在今日有效地突破了 Boll 线指标的上轨，加上成交量的放大，支持我们进行买入的操作。

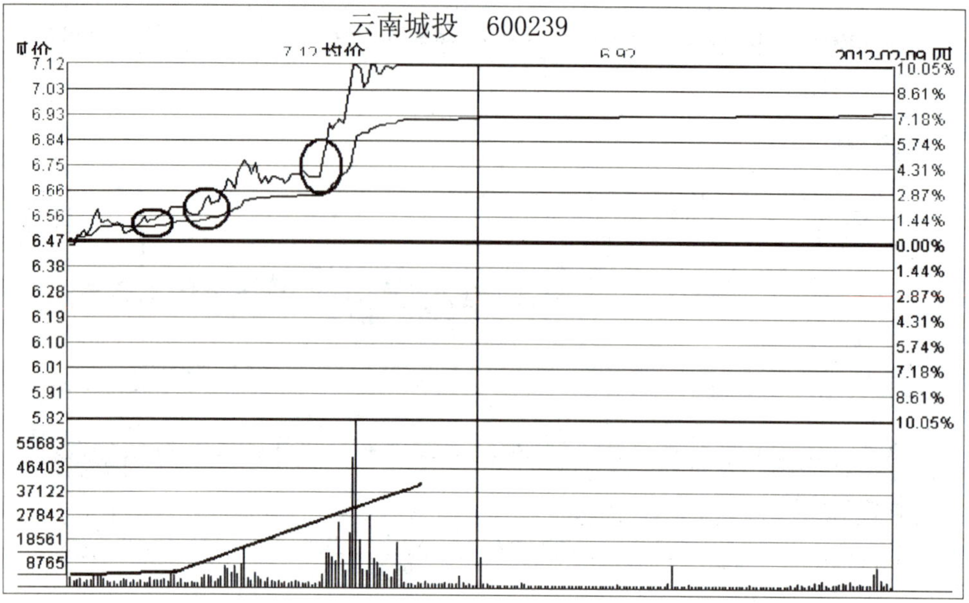

图 4-23

如图 4-23 所示，2012 年 2 月 9 日，股票 600239 云南城投。

学员：

决定买入后就要对分时进行追踪了。老师，当我们看到该股的时候，股价已经有了一小波的上涨，此时买入是否属于追高？

笔者：

追涨和追高是两回事。昨日该股的收盘让日 K 线突破最后一道防线 60 日均线的距离很短，今日开盘后股价的直接上冲，就充分反映了该股的强势特征。

当股价经过早盘的第一波上冲后，在该股的日 K 线上，我们就很清晰地看到，日 K 线形态是阳线，已经站上了 60 日均线的上方。

最为重要的是，通过早盘对分时的观察，成交活跃，活跃的交易让买盘增加，充足的买盘可以有效地推动股价继续上涨，有了充足的内在上涨动力，该股当日的持续上涨就可期。

早盘半个小时的成交活跃，通过对量能的推演，我们可以粗略地计算出全天的量能大小，全天量能属于放量的量柱，一个放量的阳线突破 60 日均线在日 K 线上对后期的上升也有推动作用，早盘就有了充足的买入因素支持我们买进该股。

学员：

也就是说，早盘开盘后的低点我们是买不到的，通过观察后，我们寻找到充足的理由后，就要下单进行操作了。

笔者：

是的。早盘的盘面特征让我们有了买入的理由，然后再在盘中寻找买点，最佳的买点不一定是最低点，却是最适合我们操作的点位。

10 点以后，是我们经过分析后开始对该股进行操作的时候，分时的几次回调都属于强势回调，调整的幅度不大，成交量也非常配合，根据量能特征，我们可以在回调的相应位置买进股票。最后的一次买入机会也是在股价上涨 5%以下的位置，虽然最后股价形成了涨停的走势，但是后期的涨停位置追高买入是不可取的。

我们进行的是短线操作，所以对与当日上涨幅度较大的股票，在较高的位置就算买入当日也没有太多的获利空间，所以盘中已经上涨较多的股票，我们一般是不进行买入的。

学员：

这个高度多大为宜，多高为好呢？

笔者：

这是没有标准的。我个人的操作习惯是高于 6%以上涨幅的股票当日买入就要谨慎对待，从盘中要寻找到充分的理由后才能进行追买的操作。高于 8%以上涨幅的股票是坚决不在当日买入的，除非有特殊的原因。

当日股价已经上涨 8%，就算是买入后涨停，当日仅仅只有 2%的空间，还不如在盘中寻找其他个股较好的操作机会，只要有一个较好的股票池在，就没必要对这样的股票进行追高。

这个幅度因人而异，每个人的承受能力不一样，操作习惯和操作方法不一样，所设定的也不一样，这里提供的这个幅度仅供参考，不是一个标准值。

我们还有几种操作技巧是专门针对追高的操作模式，在后面几本书的讲解中，我们会集中几节来学习在牛市中对强势股进行追踪的操作方法。通过对强势股票的追涨，我们不但要在分时中找上涨幅度较大的股票进行操作，还要进行追高的操作。若采用追涨强势股的操作方法，那么，这里所说的涨幅限制的问题就另当别论了。

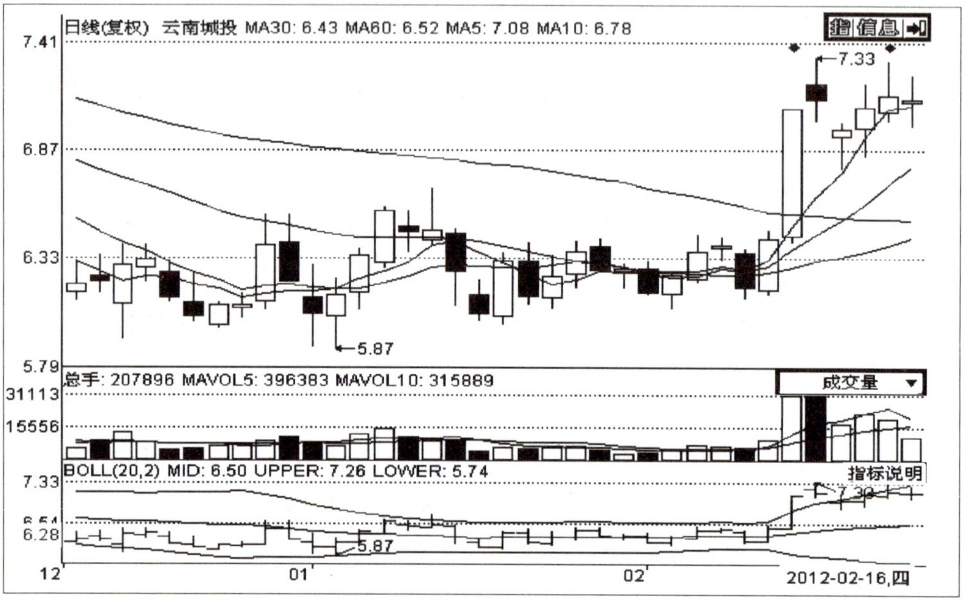

图 4-24

如图 4-24 所示，2012 年 2 月 16 日，股票 600239 云南城投。

学员：

买入后第二个交易日高开，高开的股票已经开始获利，持股还是离场有没有一个标准呢？

笔者：

标准当然有，这个标准就是你的操作系统决定的。我反复强调每个人要有自己的操作系统。你的操作系统是怎样的，就要在实盘操作中完全的遵循，若发现有问题，则可以对其进行完善。

云南城投第二个交易日高开后，前一日的涨停走势让我们已经有了获利，当日的高开获利空间再一次扩大，若喜欢主动离场操作的投资者，那么可以根据分时的盘面特征进行卖出的操作。这里重点是对自己的操作获利空间的预期多少，加上分时的走势是否符合强弱标准来决定自己是否卖出的操作。

该股经过充分的调整，从日K线所处的位置来看，初次突破就表现如此强势，虽然高开滞涨，但是K线位置依然是强势，我们也可以进行持股待涨的操作。

持股待涨后第三个交易日的低开并不算什么问题，低开后股价还能有效站牢5日均线上方，该股依然是强势。

在持股中，有一个最为简单的方法，就是股价只要不跌破5日均线，我们就可以进行持股。这对于强势股票，可以持续跟踪拿到大部分的快速拉升利润。简单的方法有时候却是最有效、最实用的方法。

当然，要是投资者想吃掉每一分钱的利润，想卖到最高点，想不错过任何一次的拉升，在这种错误的心态下，就没有任何标准能够满足他了。

股价快速拉升后获利丰厚，股价稍有不强就主动离场寻找下一个好的操作机会。成交量配合，不出现异常的量能，股价站稳5日均线持股。在股价出现滞涨的时候，5个交易日的持股周期的标准，也是我们卖出股票的理由之一。这些都是我们操作的标准。

如图4-25所示，2012年2月28日，股票600239云南城投。

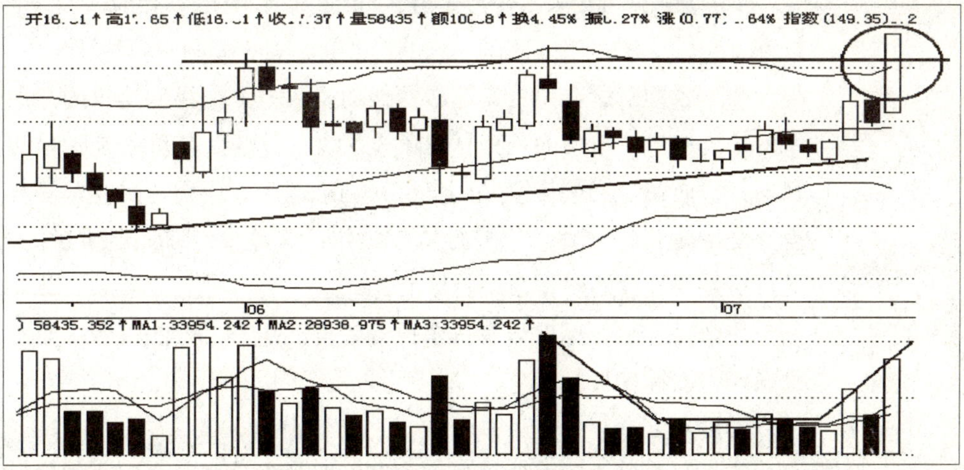

图 4–25

学员：

老师我明白了，只要不贪心，能够把握住自己能够把握住的利润，运用符合自己建立的操作系统为标尺来进行操作，无论买卖的点位是否是最高和最低，都是正确的。

笔者：

是的。短线操作最为可怕的是思路不对和心态不好。贪心和恐惧是短线操作的大敌，必须克服掉。

若我们采用主动离场的操作，或者采用5个交易日滞涨点卖出的操作方法，则可能卖出在了第二波拉升的起涨点上。但是我们抓住了一波上涨，腾出的资金完全可以进行其他股票的操作。

换个思路来思考，我们采用主动离场完成了一次成功的操作。当该股第二次开始拉升的时候，也是一次买入的机会，离场的资金可以再回来对该股进行第二次操作。把大的战役分割成每个小的单元，把握住每个细节。这就是把中长线看好的股票分解成每个小的单元来进行短线操作。

学员：

我发现若按照Boll指标来对该股进行跟踪，则我们也可以持股超过5个交易日而吃掉更多的利润。

笔者：

多因素共振既是买入时候使用的一个好方法，也是卖出时候的一个好方法。5日均线和Boll指标支持我们持股，就可以进行持股操作。

而本系列书所介绍的是超级短线的操作方法，我们追求的是短线的快进快出，使用的是特有的操作系统，所以我们的标准是1～5日的持股时间。当多因素共同支持我们进行持股操作的时候，只要有充足的理由，依然可以进行持股操作，这是我们前面所讲过的，关键还是要看你的操作系统的标准。

什么是标准？标准只有每个投资者自己知道。方法很多，而实盘操作中，标准只有一个。

学员：

若按照5日均线不破和Boll指标持股的操作模式，则我们依然可以吃掉更多的利润，所以操作的买卖点位是以我们的操作系统为标尺，方法很多，标准只有一个。这个理论是我本节最大的收获。

一本书能有一个亮点启发到我，就是一本有价值的书。每一次实盘操作能够对我的操作系统进行一点儿完善，就是一次非常有价值的操作。我相信，积少成多我一定能够成为高手。

笔者：

呵呵，不要忘了还有每次操作，只要能够获利，无论有多少，只要能够持续的获利，就会堆积出来一个大的蛋糕。道理是一样的。

第六节 多因素互逆时的操作技巧

如图 4-26 所示，2012 年 5 月 29 日，股票 600137 浪莎股份。

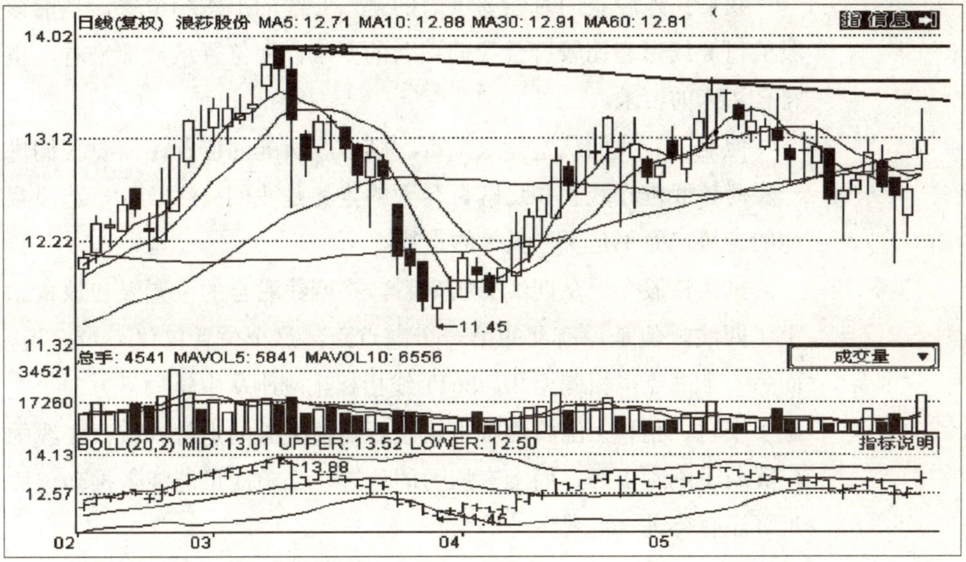

图 4-26

学员：

600137 浪莎股份今日破了四线，我想对其进行买入操作，老师能否给点参考意见。

笔者：

能说说你买入的理由吗？

学员：

该股处在上涨趋势中，前期创出新高后主动回调消化获利盘，同时回调的时候成交量有效萎缩。在回调到 11.5 元附近后股价止跌企稳，向上拓展很快就收复了下跌的空间。应该算是强势的表现。

在收复下跌空间后，该股没有立即向上继续涨升，而是采用了横盘震荡的走势继续消化抛压，经过横盘和短暂跌破四线后，该股在成交量的配合下，今日放量站上四线，有快速拔高的意图，所以可以大胆地进行短线买入的操作。

笔者：

你的分析很正确，思路也很清晰。

我们买入股票的时候要考虑的是日 K 线的形态和位置，当前该股的日 K 线形态比较符合我们买入的要求，而位置从局部来看，也符合买入的要求。

但是，若我们从整体来分析，则该股所处的位置还需要我们进一步对该股进行观察和追踪。今天的走势是我们关注放入自选股票池的走势，而不是下单买入的走势。

虽然该股今天从四线分析来看，在四线黏合的位置温和放量站上了四线，但是，前期的第一个高点距离这个位置仅仅一步之遥，而另一个高点也相差无几，Boll 线指标也刚刚从中轨的下方向上突破了中轨，稍稍上涨将面临上轨是否能被突破的走势。该日 K 线的位置属于刚刚走好，而上有压力的位置，当前的量能能否推动该股走好还有待进一步观察。

综合来看，虽然四线给了该股一个充足的买入理由，但是其他因素并不支持我们立即对该股进行操作，所以要把该股放入股票池中进行跟踪，等待其他因素也开始支持时我们再大胆买入也不迟。

如图 4-27 所示，2012 年 5 月 30 日，股票 600137 浪莎股份。

学员：

我明白了，我们不能只看到支持买进的因素，还要综合来对该股进行一下分析。

5 月 30 日该股放量走高，盘中突破了两个高点，Boll 线指标也冲破了上轨，这时候是不是把这几个不支持买入的因素都化解了呢？

笔者：

从形态上来看，是化解了，但是我们还要看实质。

首先，创出了历史新高后有没有站不住的现象？突破了前期的高点后如果抛压盘涌现，买盘不能够吃掉这些抛压，股价不能够有效站稳，那么这个突破就值得进一步观察了。

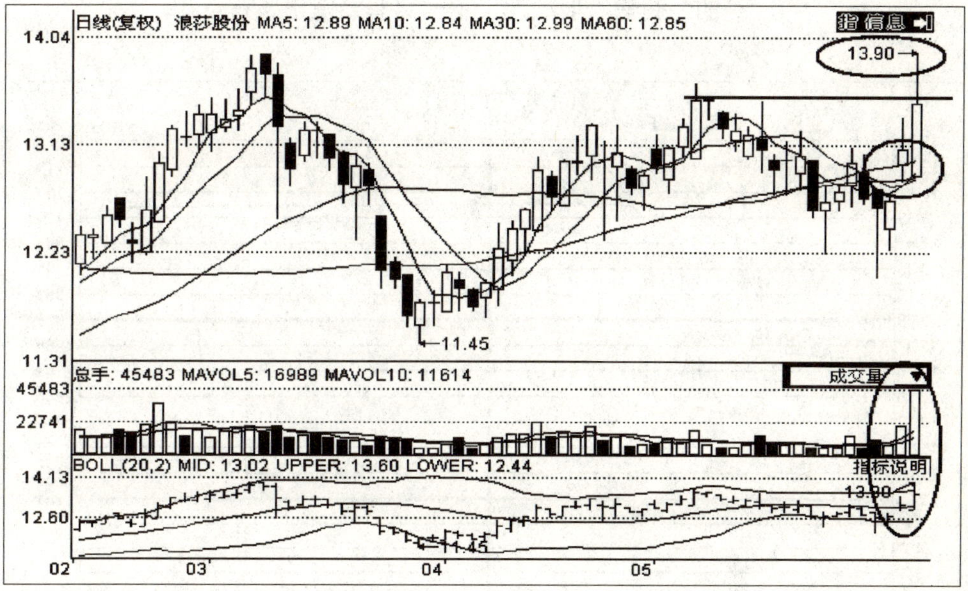

图 4-27

从成交量上来看，今天的放量上涨说明有大量的买盘对其进行关注，但是，从成交量上我们同样读到了另外一个信息，那就是有大量的抛压与买盘进行抗衡。

若大量的抛压被买盘通吃，股价就会稳定地站在新高的位置，那么买盘和卖盘的博弈，谁输谁赢我们就可以从股价中看出来。成交量的急速放大在后市能否继续延续，这是我们是否看好该股的一个重要因素，因为我们已经分析出来当前的抛压比较重，后期股价要进一步攀升就必须要有成交量能够继续跟上。

所以从提升成功率上来讲，我们最好是再等等，对其进行观察后再做决定。

学员：

机会是等出来的，看形态符合时再买入，分析本质，有不少因素是不支持买入的，这时候等待或者放弃这个机会应该是一个不错的选择。

笔者：

是的。我们有股票池，不一定非要操作该只股票。

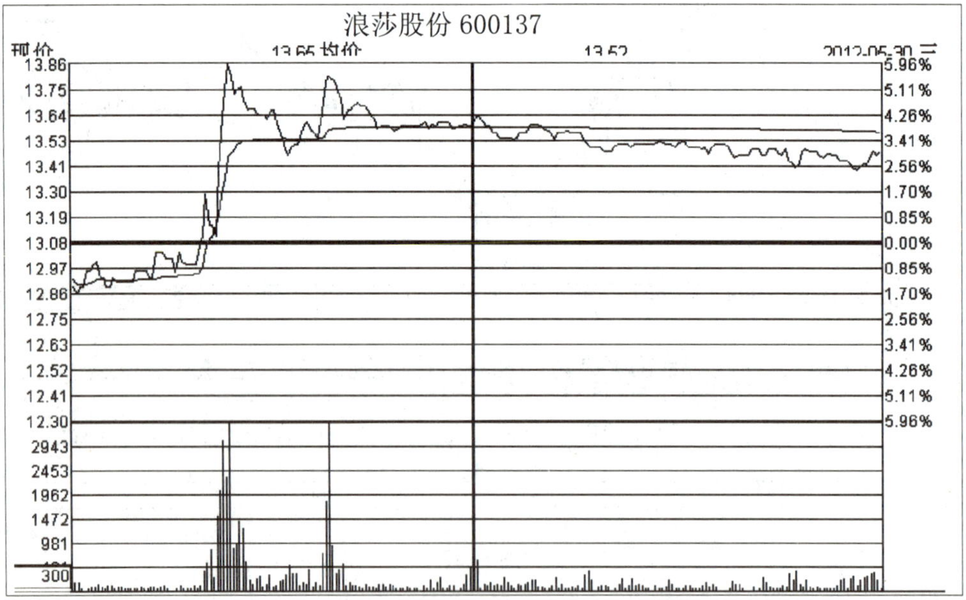

图 4-28

如图 4-28 所示，2012 年 5 月 30 日，股票 600137 浪莎股份。

学员：

其实从分时上我们也能够看出一些不好的因素。短线操作第一步是看日 K 线，第二步是对分时进行追踪选择买点，分时不支持买入，所以也没有机会买入该股。

笔者：

你说得很对，进一步说说你对分时的分析。

学员：

首先当日是低开，低开就表现为不强势，我们要谨慎地对该股进行追踪。低开后该股经过短暂小幅向上补缺，然后快速拉升，拉升幅度和角度都比较吸引人，同时在拉升的时候放量，这些都是比较好的。

但是拉升到新高的位置后，该股没有能够站稳高点，在日K线形成新高后股价波动幅度较大，最后向下滑落，这些都是不好的现象。

笔者：

是的。若该股慢慢地稳步攀升，采用向上推进的方式吃掉抛压创出新高，属于强势走势。而采用快速的直线拉升，还不能站稳高点，就不是良性的走势了。尤其后期，股价不断滑落，直到尾盘都没有站稳高点，所以当日的分时不支持我们对其进行买入的操作，需要进一步跟踪观察。

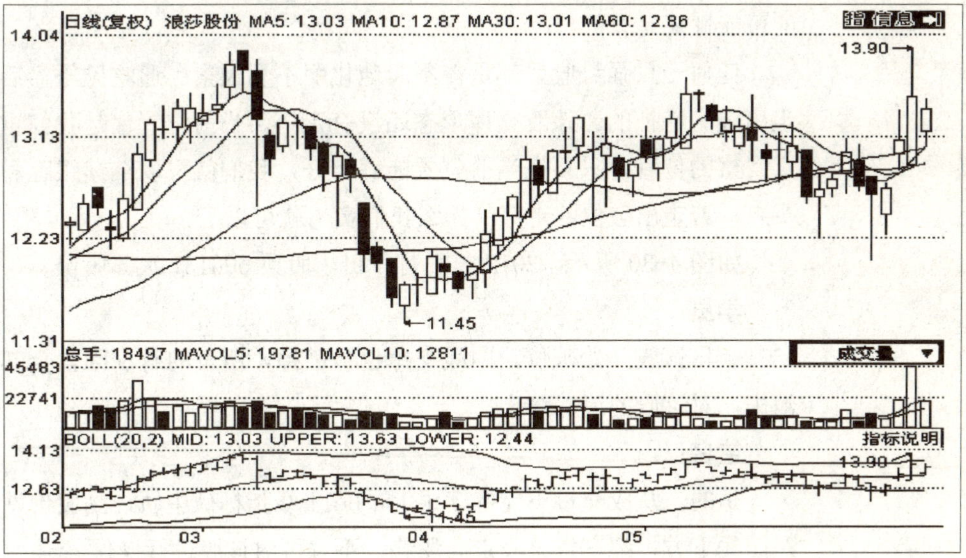

图 4–29

如图 4-29 所示，2012 年 5 月 31 日，股票 600137 浪莎股份。

学员：

今天是我们对其追踪观察的第三个交易日，该股依然在四线上方波动，收出了一根假阳线。

笔者：

看似阳线，实为阴线。股价早盘低开幅度比较大，对上个交易日的上涨直接给予了否定态度。可以看到该股在当前位置的卖出压力是比较大的，需要采用量能或者时间来消化掉这些压力后才可以进一步上涨。

学员：

是不是这只股票已经不值得我们关注了呢？

笔者：

暂时还不是。从近几个交易日的走势中，我们看到了当前位置的抛压，看到了内在上涨动力的不足，但是有抛压不一定代表不上涨。

从日 K 线的形态和位置来看，若该股在抛压面前能够经过充分的吸收和消化掉抛压，然后充足的买入盘涌进，那么该股向上拉升的可能性还是有的。

任何一只强势股票都是在不断地化解不利因素，通吃抛压盘后走出强势特征的。该股整体形态还没有走坏，当前位置也是我们重点观察的位置，只要在当前位置能够走好，我们就可以继续跟踪和买入，若走出破位的走势，那么我们卖出就可以了。

如图 4-30 所示，2012 年 6 月 4 日，股票 600137 浪莎股份。

学员：

今日该股开始破位，四线支撑也被破掉，所有的有利因素全部消失，对该股的追踪终止。

笔者：

是的。从成交量不能持续跟上，Boll 线指标破中轨，到股价站在四线下方，都宣告该股走向弱势，不宜再对该股进行操作。

当早盘该股低开的时候就是我们高度警惕的时候，股价直接以破四线的方式低开，所有的利多因素在低开中直接被全部打破。

在低开后股价不能快速向上占领四线，就是我们对该股进行放弃的时候，只要个股有向上拉升的欲望，就不会让股价在不利于操作的位置停留很长时间，出现低点会被等待买入机会的买盘疯狂地抢购。而该股在早盘低开后不能向上收复失地，就是一个不好的现象。

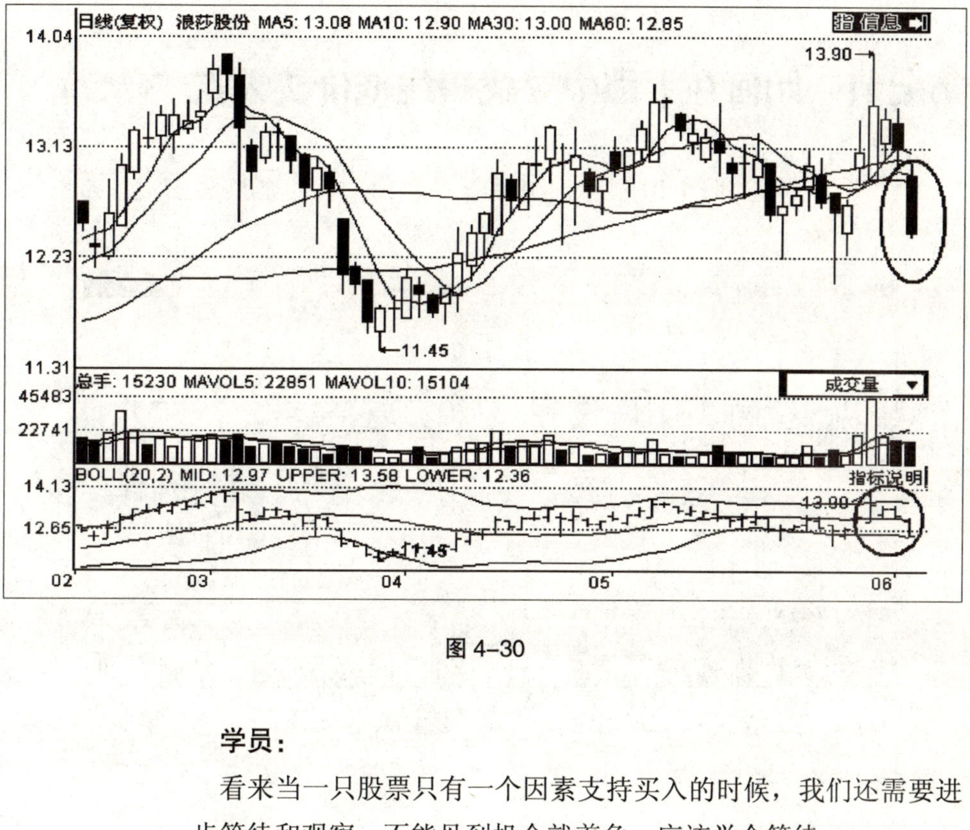

图 4–30

学员：

看来当一只股票只有一个因素支持买入的时候，我们还需要进一步等待和观察，不能见到机会就着急，应该学会等待。

笔者：

是的。对于买入来说，有一个条件支持我们买入，我们不能操之过急，只要其他因素不支持我们买进，就需要我们谨慎对待该股了。

而对于卖出来说，只要有因素对持股发出了警告，我们就要谨慎对待持股，宁可少拿利润也要保证资金的安全。

买入的时候要充分追求成功率，卖出的时候要充分考虑规避风险。这样操作虽然会放过很多机会，但是成功率高了，风险小了，我们账户增值的概率也就高了。

短线操作买的就是高概率，只要账户能够持续地增值，就如同股市的 K 线图一样，只有阳线没有阴线，那么就是上涨，何愁没有利润空间呢？

第七节 如何在上涨中寻找短线低价买入点

如图 4-31 所示，2012 年 4 月 13 日，股票 600128 弘业股份。

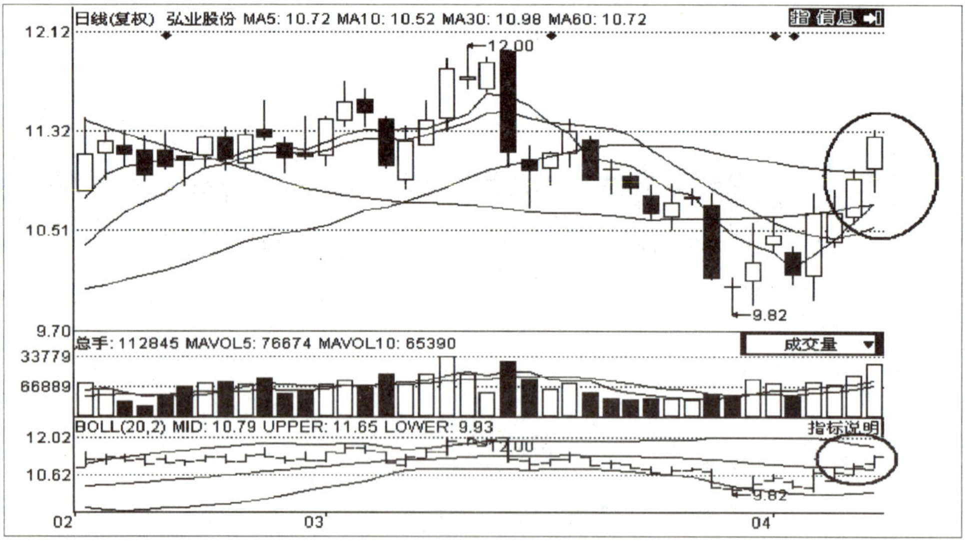

图 4-31

学员：

600128 弘业股份今日走势不错，日 K 线的形态和位置都处在较好的位置，值得我们关注或者买进。

笔者：

是的。该股在经过四线下方短暂调整后温和放量上涨，上涨在成交量的配合下站上了四线，同时 Boll线指标的中轨今日也被有效攻破。通过对该股日 K 线形态和位置进行分析，今日可作为重点股票进行跟踪，但是也没必要立即买入。

首先该股已经经过了连续四个交易日的上涨，积聚了一定的获利盘。同时，前期的高点距离当前位置较近，所以我们不要急于买进，最好还是等待和观察一下寻找一个好的买点。

学员：

发现好的股票后，我总是着急，生怕错过买进的好时机。

笔者：

短线操作虽然要求准、快，但是不能着急。发现机会第一步是观察，然后再分析分时走势。该股成交量比较温和放大，是一个较好的兆头，如果我们不对其进行操作，就算错过了上涨的机会也不用可惜，因为市场的机会太多了，放掉机会的同时也是在规避风险，除非有十足的把握，否则不要担心任何放掉机会的操作会给自己带来损失。

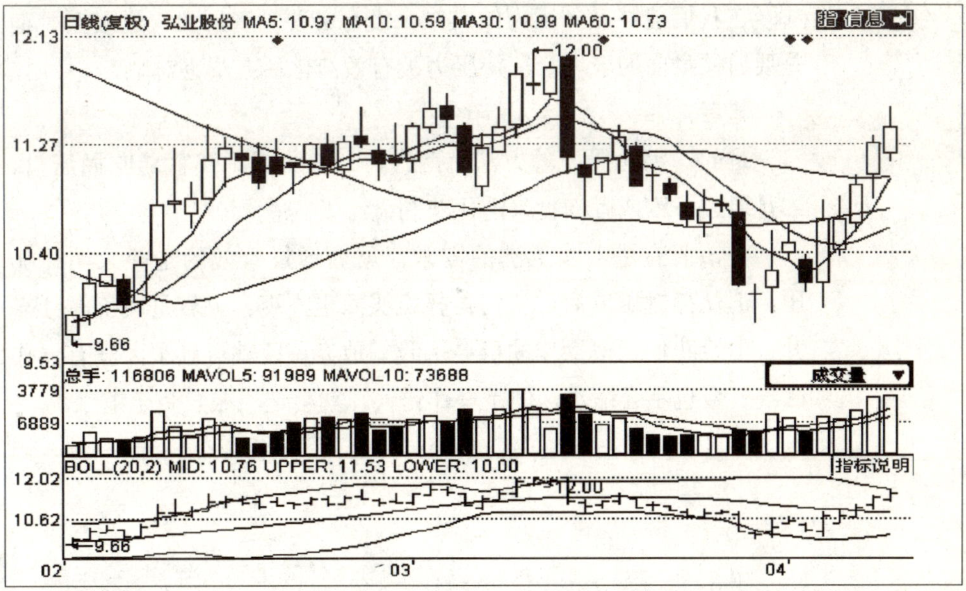

图 4-32

如图 4-32 所示，2012 年 4 月 16 日，股票 600128 弘业股份。

学员：

今日弘业股份再次上涨，又拉升出一根阳线，对于昨日没有买入，是否有些可惜呢？

笔者：

没有任何的可惜而言，如果该股继续上涨，我们同样是放弃不对该股进行操作。除非你的操作模式制订的就是追涨的操作模式，否则，按照我们本系列书中所讲解的技术点，只要没有完全符合，我们就要等待，或者放弃。

任何上涨都会是吸引人的，但是我们要做到理智的分析，理智的决策，我们买进股票的唯一理由就是以自己的操作系统来作为标尺，而不是情绪。

学员：

我明白了，当前就算是股价再上涨一步，也是面对着前期的高点抛压的压力，同时还要面对着连续五个交易日收阳线的获利盘的压力。

在我们能够看到压力的时候，没有必要顶着压力买进股票，而是要通过盘面的表现，等待压力被有效消化后在买进对吧？

笔者：

是的。消化压力的方法有两种，一是大量地买盘通吃抛压盘，二是通过下跌或者横盘来消化获利盘。

若该股有进一步上涨的需求，就会通过有效的走势来消化抛压，消化掉抛压以后，我们再择机买入也不迟。就算是股价继续攀升，不给我们任何操作的机会，我们放弃该股就可以了，没有操作账户资金也不会缩水，但是操作错误，就会造成账户资金缩水。

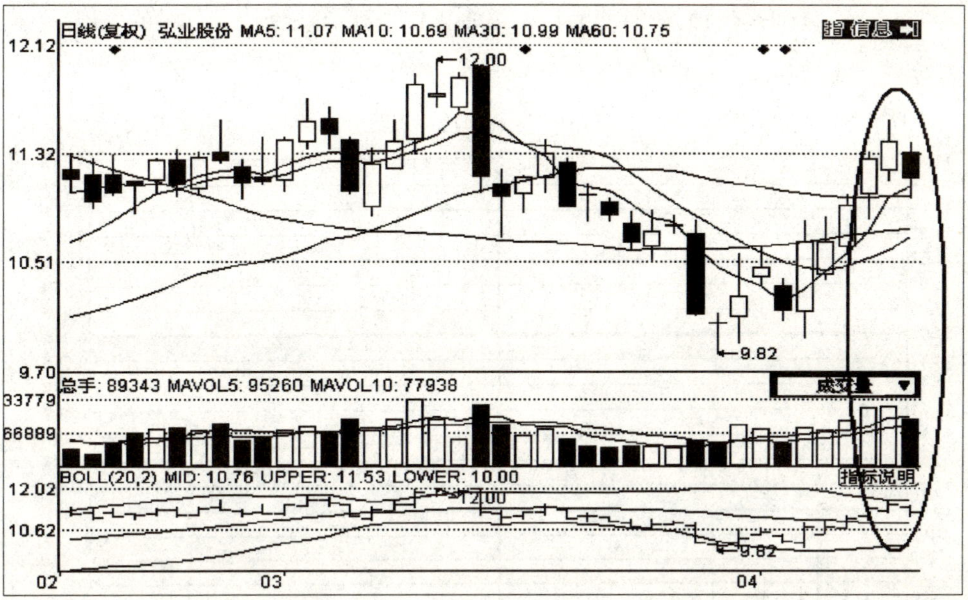

图 4–33

如图 4-33 所示，2012 年 4 月 17 日，股票 600128 弘业股份。

学员：

连续五连阳后，今日终于收阴线了，这个位置看上去还不错。

笔者：

该股的成交量表现得非常好，相比前面小节中所讲述的股票，它的优势就是成交量的完美配合。

在这种有效量能的完美配合下，我们可以对该股进行重点关注。能够主动回调消化抛压，为下一步的上涨积聚能量，就是一个好的现象。

在上涨前，主动地回踩四线支撑，同时缩量回调消化获利盘和解套盘的抛压，将会给下一步上涨带来机会。

此时重点我们就要对这次回调进行定性，强势回调，有进一步的内在上涨动力的时候，我们就可以买进进行短线操作。

若是弱势回调，而调整的压力非常大，盘中成交量不配合，则我们就要谨慎对待此次的回调。所以近两个交易日是我们对该股进行追踪后的决策交易日，是否操作，就取决于该股分时的表现。

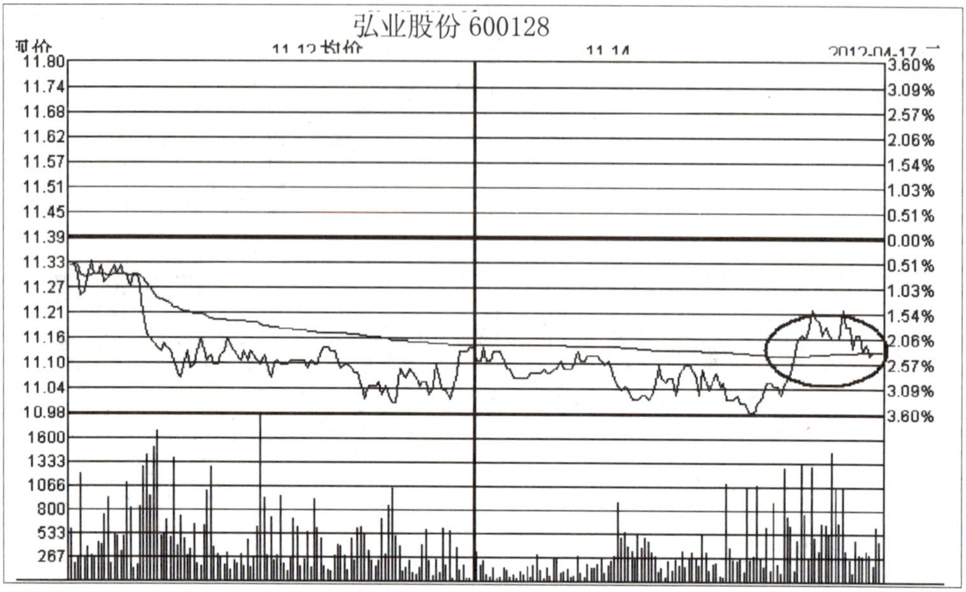

图 4-34

如图 4-34 所示，2012 年 4 月 17 日，股票 600128 弘业股份。

学员：

决定对个股进行操作后，就要立即对分时进行重点跟踪，看来认真分析弘业股份今天的分时是非常有必要的。

笔者：

是的。你能先从自己所掌握的知识点来对分时进行一次分析吗？

学员：

好的。早盘低开，低开后不好，我们进一步对股票进行观察。低开后短暂横盘，然后直接下杀，股价下跌到了 2%的位置又展开了横盘，横盘期间成交量不能有效缩减，也是一个不好的现象，该股今日表现较为疲软，总体评价不好。

笔者:

虽然早盘的低开股性显弱，但是低开也要根据日K线的位置来进一步地分析，有的低开对日K线的整体是一种破坏，有的低开和收阴反而是一种积聚量能的走势。

低开低走，在四线附近的价格止跌横盘，若对后市看好，则可以选择尾盘的最佳买入时间进行买进的操作。

持续地在分时均价线下运行，尾盘放量有效站上分时均价线，此时我们可以试探性地买入股票。日K线在当前位置，就算是设置止损位也非常有力。

敢于大胆买入，与成交量的完美走势是分不开的，若量能没有如此完美的配合，在尾盘买入就显得有些鲁莽了。

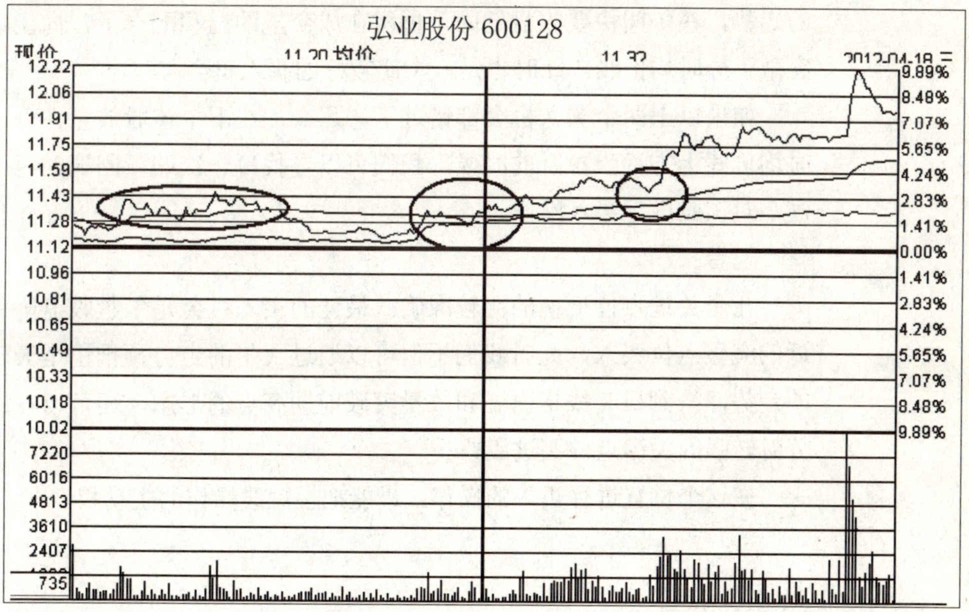

图 4-35

如图 4-35 所示，2012 年 4 月 18 日，股票 600128 弘业股份。

学员:

4 月 18 日，股票 600128 弘业股份的盘面也表现得非常漂亮，若昨日没有买入，那么今天也是一个非常漂亮的买入机会。

笔者：

是的。上一个交易日的尾盘买入虽然打了提前量，但还是稍稍有些冒险。而今天的买入是一个中规中矩的买入点，多个因素都支持买入。

你能结合今日买的分时图，在盘中寻找一下比较好的操作点吗？

学员：

好的。分时走势早盘直接高开，给我们一个重点关注的理由。高开后，股价随势上涨，在分时均价线的上方开始横盘。在横盘期间，表现得比较强势，结合日K线的位置和形态，加上对大盘环境的分析，我们可以在10点到10点半的位置，对该股进行买入操作。

随后该股分时在分时均价线的下方进行了一段时间的横盘调整的走势，在午间快要收盘期间，再次在成交量的温和配合下，向上突破了分时均价线，此时也是一个比较好的买入机会。

如果以上两个买入机会都错过了，那么，在下午该股放量在分时均价线上方逐步拉升的时候，我们可以寻找每一次缩量回调的时候，对该股进行买入操作。

笔者：

几个关键点位把握的比较准确。最佳的买入机会是午盘收盘附近的突破点位买入，此时我们不但可以通过上午的走势预推出全天的走势，得到日K线走出温和放量突破前期高点的形态，还可以在分时转强的关键点位买进股票。

在这个位置进行买入的操作，最能把握短线操作的主动权。

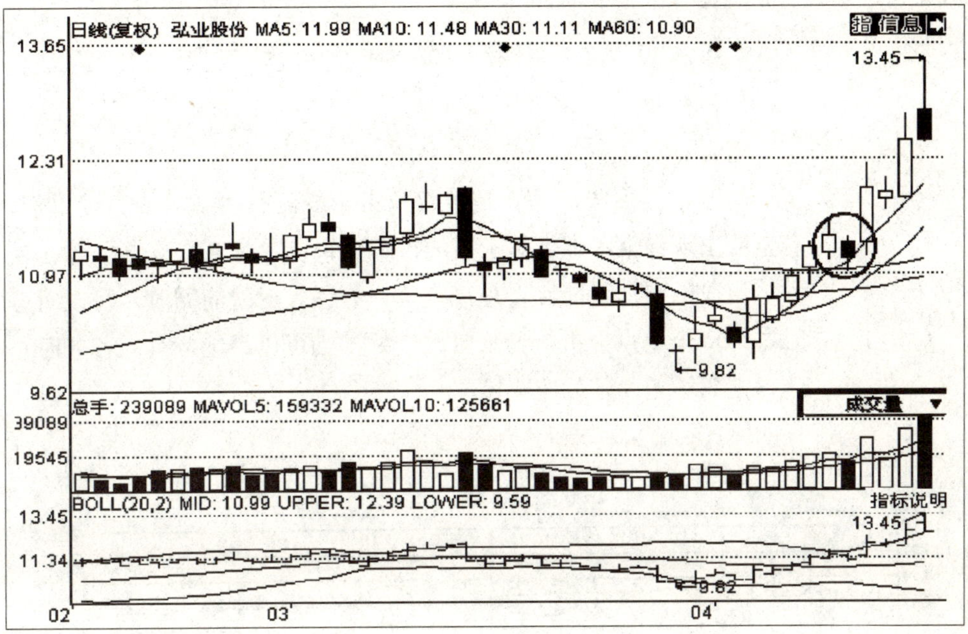

图 4-36

如图 4-36 所示，2012 年 4 月 23 日，股票 600128 弘业股份。

学员：

在买入后，随后的第二个交易日，该股走出了缩量高位调整的走势(图中圈示位置)。在新高位置缩量调整，按照我们所学习过的知识来看，应该属于一个好的现象。

笔者：

高位能够站稳，成交量不出现异常，就是一个好的因素点。短暂的调整与放量滞涨是两个概念，我们要给股票的上涨留一定的休息时间，但是短线操作不能给任何放量滞涨留机会，只要是放量滞涨就应该高度警惕。

短暂的缩量调整后，次日的放量拉升化解了一切，所以可以安心持股。值得注意的是，该股在上涨期间，从开始突破四线到目前，量能始终是温和放大的，量能的中规中矩让该股的走势显得异常稳健。

学员：

4 月 23 日的高开阴线，量能有所放大，对于这种高开阴线我们应该如何应对？

笔者：

高开放量阴线，尤其是带有长上影线的阴线必须要高度重视，若量能出现异常，那么对于短线投资者来说，首先的操作是离场。

该股的整体量能比较理想，所以在谨慎对待的同时，可以对分时进行一个重点分析，若分时比较好，则可以继续持有，若分时不佳，则离场无疑是最佳选择。

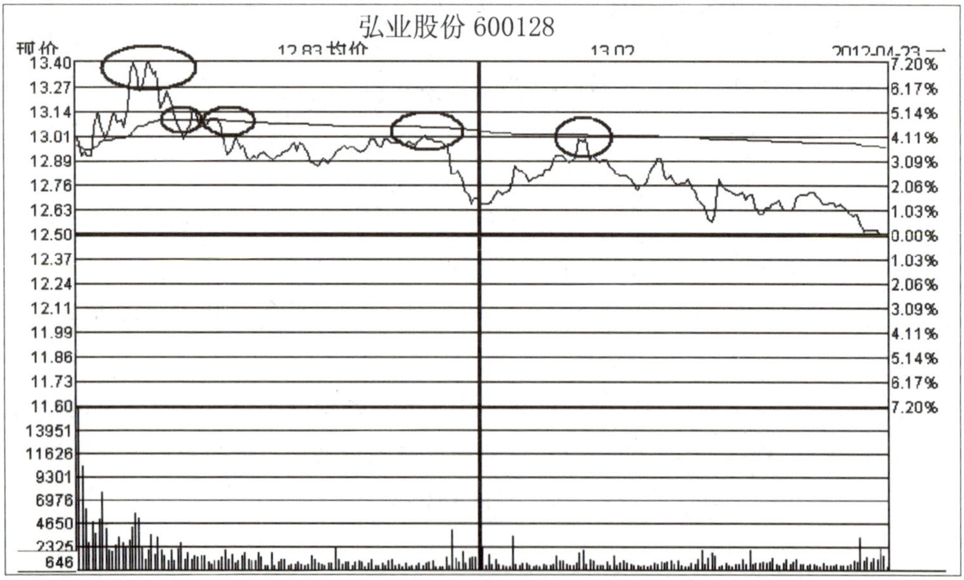

图 4-37

如图 4-37 所示，2012 年 4 月 23 日，股票 600128 弘业股份。

学员：

我们打开分时进行一个复盘，其实若按照第一本书中我们所介绍的最佳卖出时点的操作模式，那么，完全可以在早盘进行卖出的操作，这样就可以卖在一个高点位置。

笔者：

早盘该股高开4%，加上前几个交易日的上涨幅度，总获利比较丰厚，短线操作利润空间比较可观。按照主动离场的操作模式，早盘该股高开后直接冲高到7%的高度，分时的成交量早盘异常巨大，且呈现逐波萎缩的状态，这是在高点进行卖出的操作是最为明智的决定。

若按照早盘的成交量，预推全天成交量，除非股价涨停，否则是一个异常巨量。结合前期买点和几个交易日的持股获利幅度，在最佳卖出时点上卖出股票，是正确的。

第二个卖出位置是股价得不到成交量的支撑，跌破分时均价线的位置。接下来在分时均线下方运行后，每一次反抽分时均价线都是一次比较好的离场机会。

分时走势中，量能逐步萎缩，让我们对该股的预期越来越差，此时日K线形态已定，应寻找合适的卖点离场。虽然我们不能在最高点卖出，但是整体来说利润也是比较丰厚的，整个战役是胜利的。

短线操作中必须要有得有失，不要懊恼每一次的低点被放过，每一次的高点从眼前溜走，既要寻找比较合适的操作点，还要考虑当前我们应该做什么，做什么事情是正确的。

前期已经上涨的利润与我们无关，后期也许还会上涨的利润也与我们无关。跟我们有关系的是当前，按照我们的操作系统我们要进行的操作是什么，这个操作是否执行了操作系统预订的操作计划，这才是关键。

第八节　如何在下跌中寻找短线低价买入点

如图4-38所示，2012年5月9日，股票600239云南城投。

学员：

当我们预期大盘即将止跌的时候，我们应该选择怎样的股票进行操作呢？

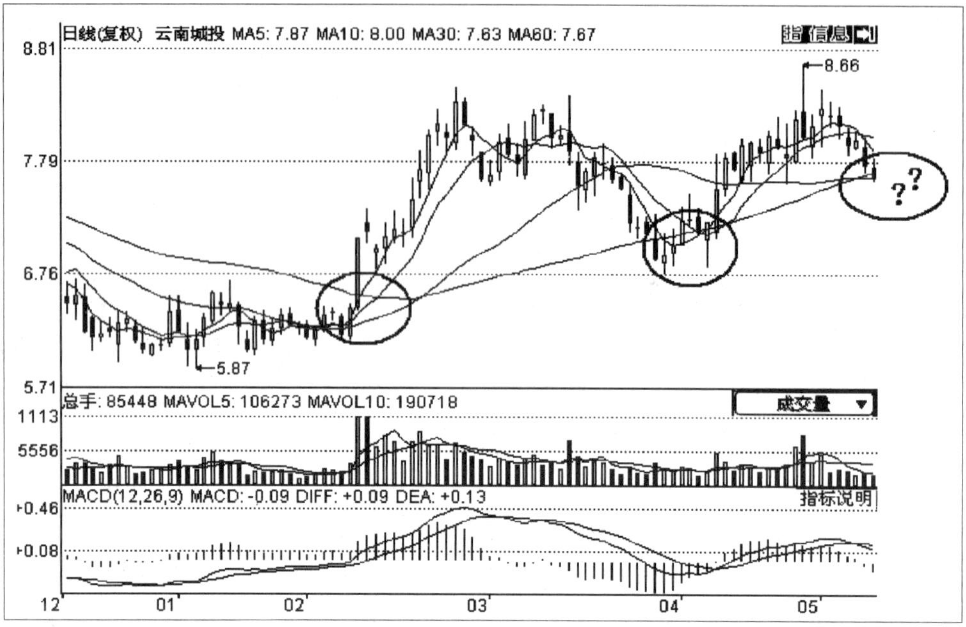

图 4-38

笔者:

当我们预期到大盘要止跌的时候，我们一般选择两种股票进行操作。一是有强烈的内在上涨动力的股票，受制于大盘的下跌而没有能够上涨，当大盘一旦止跌，该股在买盘的推动下会展开快速地上涨。二是选择调整到位的股票，寻找那些波段走强，经过一段时间的调整后，在相对低点的位置买进，进行大概率事件的持股操作。

学员:

600239 云南城投我们前期进行过操作，一次成功的操作后我觉得该股依然还有进一步上涨的可能，所以还在我的自选股中，这几个交易日经过下跌，是不是有买入的机会呢？

笔者:

我们看好的股票，可以进行持续的跟踪观察，若价格有了调整，只要不破位，符合我们的买入操作，就可以大胆地进行买进。

把看好的股票放进股票池有两个目的。一是进行跟踪观察，看是不是符合我们的操作模式，寻找更多的买入因素。二是寻找更佳的买入点，力争以较低的价格买进，寻找一个最为合适的操作机会。

600239 云南城投今日可以说回调到了一个很重要的位置，前期首次突破四线后起涨，然后拉升，全盘获利后横盘消化获利盘。

高点横盘后，回调回踩 60 日均线，虽然该股的涨势和节奏比较慢，但是我们可以看到该股的走势稳健而符合强势特征。60 日均线对该股的支撑作用明显，今日股价再次触摸到了 60 日均线的支撑，可以说是一个非常关键的位置，需要我们重点关注。

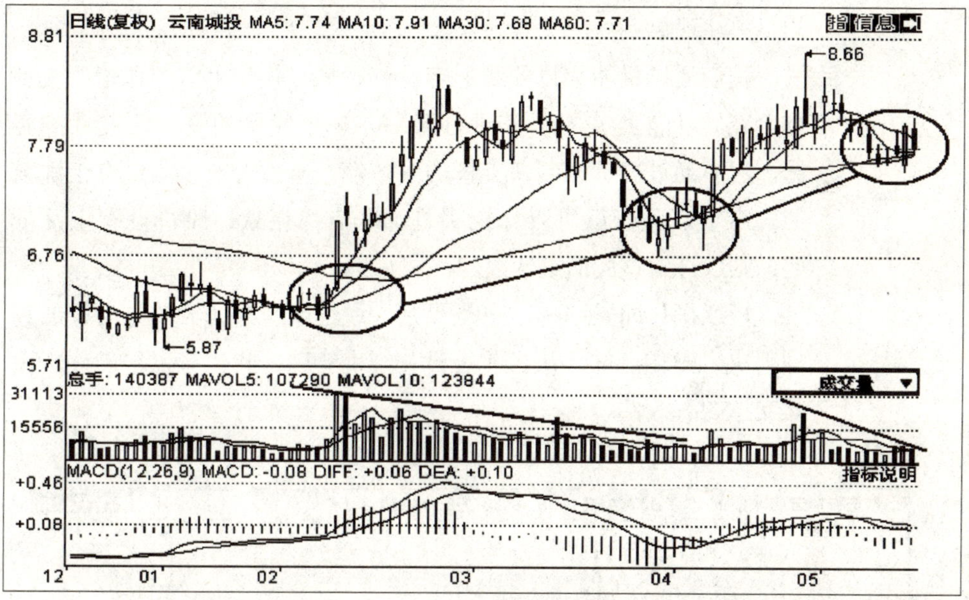

图 4-39

如图 4-39 所示，2012 年 5 月 16 日，股票 600239 云南城投。

学员：

关注不等于买入，对吧？通过追踪和观察，寻找合适的操作机会，然后再在分时上寻找买点。

笔者：

是的。前期的走势是对后期走势推演的重要参考依据，后期可以参考前期股票的表现来进行分析，但是不能依照前期的走势来操作。

从 60 日线突破到 60 日均线支撑有效，我们可以判断出该股的调整重要支撑位是60日均线，是几条均线的黏合点，但是并不是说在这个位置一定能够支撑有效。

通过多方面的考虑，首次突破30日、60日均线的时候，日K线放量突破，见顶调整时，成交量温和地持续萎缩。第二次再见高点的时候，依然是高量能见高点，随后温和地持续缩量调整。

这些信息都告诉我们该股的盘中资金运作都比较温和而理性，有进一步做多的动力，没有出现集中的宣泄，也没有出现异常清淡的不关注现象。

我们通过量能和日K线形态及位置来寻找到了这个理论的支撑点，在这个支撑点上对其进行跟踪，观察股价的变化，股性的强弱，然后通过分析来判断支撑的有效性。支撑有效，股价有上涨欲望的时候，我们就可以择机买进。若支撑疲软，股价没有上涨欲望，则放弃对该股的继续追踪。

短线操作即是跟踪，也是预判。通过跟踪寻找大的方向，通过预判决定操作点位。从当前的日K线走势中，我们可以初步判断出其支撑的有效性。

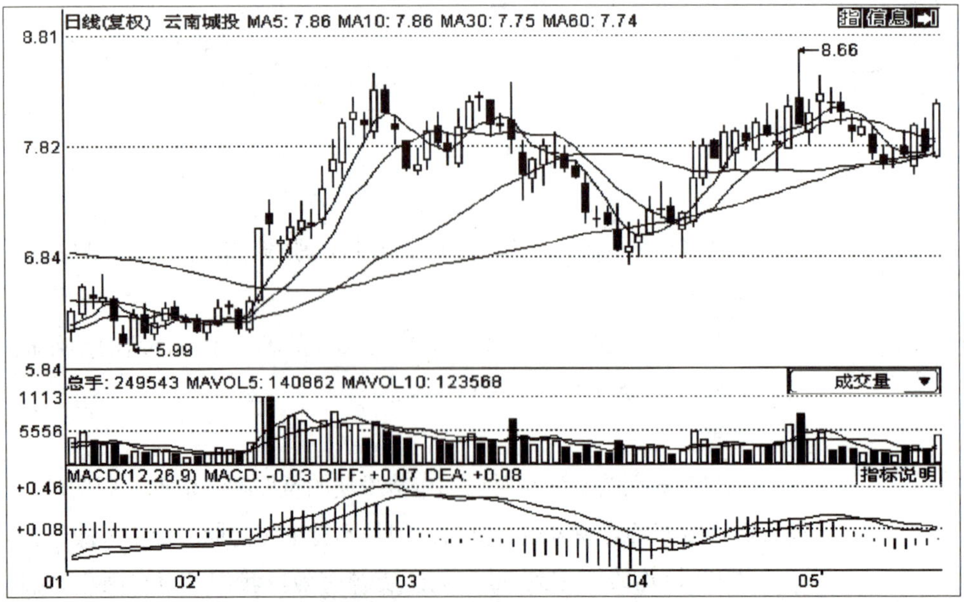

图4-40

如图 4-40 所示，2012 年 5 月 17 日，股票 600239 云南城投。

学员：

在 30 日和 60 日均线上方，该股止跌，我们应该可以对该股发出买入的操作指令了。

笔者：

止跌可以说是非常有效的，30 日、60 日均线对其当前价格的支撑效果明显。近期几个交易日，成交量萎缩的情况下，该股止跌，同时从今日的走势中，我们不难判断出该股有上涨的欲望。

5 日均线有突破 10 日均线的预期，30 日均线和 60 日均线对其进行支撑，在这个位置上，只要该股在量能的配合下向上发出冲击，将会是一个非常快速的拉升阶段，短线获利将会非常丰厚。

从全局来分析该股，前期冲破四线压力，放量上涨到一定高度后横盘调整。横盘调整消化掉获利盘，回踩支撑有效，然后再次上涨。上涨再次短时回调消化获利盘。只要回调不破位，支撑有效，买盘积极涌入，推动股价向上拓展空间创出新高的概率极大。

现在我们可以在该位置进行短线操作，设置好止损价格，等待的就是量能是否支持进一步的上涨。

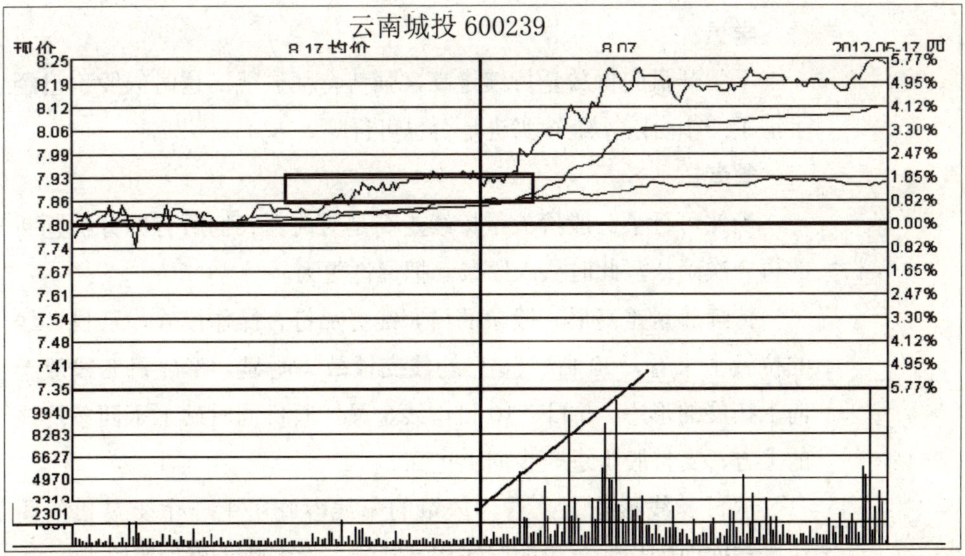

图 4-41

如图 4-41 所示，2012 年 5 月 17 日，股票 600239 云南城投。

学员：

决定买入后，就要对分时进行重点的跟踪，寻找合适的操作机会，老师，我们对分时进行跟踪吧。

笔者：

买入必须要结合分时走势。前几个交易日股价在 30 日和 60 日均线上方已经形成了明显的止跌信号，所以对该股随时可以进行买入。

早盘开盘后还没有太多的信号支持我们买进该股，随着时间的推移，股价沿着分时均线上下波动，成交量相对低迷。经过上午近一个小时的无方向的走势后，10 点半以后，该股开始脱离分时均价线的吸引，向上拓展空间。

虽然此时股价上涨仅为 1.6%左右，但是在日 K 线形态上形成了一个进一步向上拓展空间的阳线。这个阳线的意义重大，它将有效地拉动 5 日均线上穿 10 日均线，而且大盘也有走好的预期。

所以，在此时，我们只要从逐笔的成交中寻找到上涨欲望的信息，就可以进行大胆地买进。盘中每笔成交量的变化，以及主动买盘和卖盘的分析，也是我们寻找是否有进一步上涨的重要因素。

学员：

下午开盘股价放量持续走高，强势特征显现，这时候股价已经上涨了一个台阶，继续买进是否也可行呢？

笔者：

当然可行了。股价放量持续走高是对前面我们所有的分析判断的再一次确认，此时买入股票，把握性更大。

持续放量走高后，股票的日 K 线更加符合操作模式，从日 K 线的位置上来看，30 日、60 日均线支撑效果明显，形成日 K 线放量向上拓展的形态。5 日、10 日均线金叉，股价同时站上了四条均线的上方，支持股价进一步向上走高。

从日 K 线形态上来看，放量的阳线吞吃了上一个交易日的阴线，与前面受均线支撑的阳线相互呼应，做多势头更加明显。

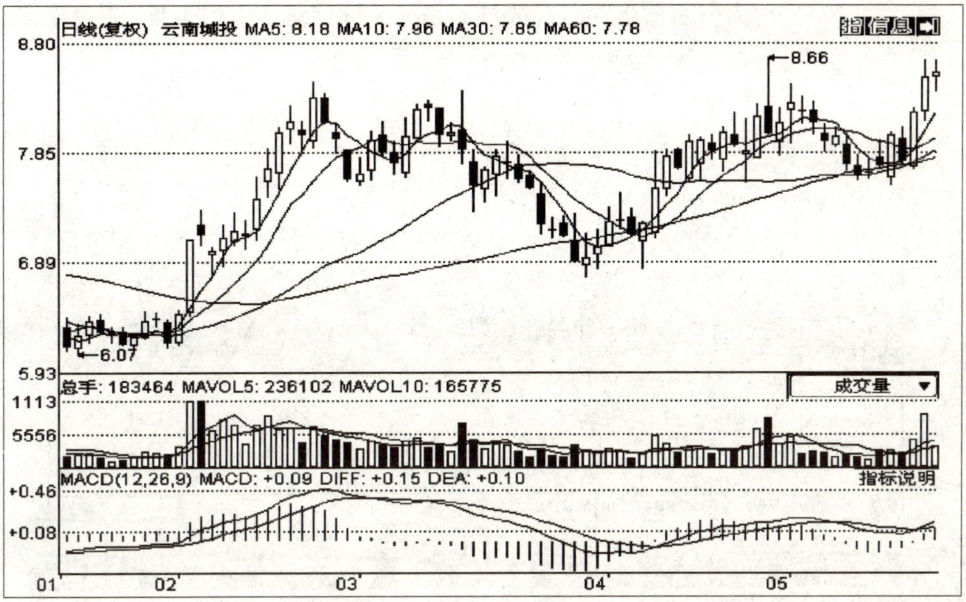

图 4-42

如图 4-42 所示，2012 年 5 月 21 日，股票 600239 云南城投。

学员：

距离前期高点仅一步之遥，股价连续两个交易日没有能够有效突破 8.66 元的前期高点，似乎出现了放量滞涨的走势。

笔者：

买入后的第二个交易日，量能进一步放大，推动股价向上拓展空间，这是一个非常良好的信号，我们可以放心持股。

虽然当日股价没有突破 8.66 元的前期新高，但是股价以历史最高收盘价收盘，这也是创出新高的一种。

随后的第三个交易日股价在高点徘徊，量能不能有效放大，这就需要我们进行跟踪观察了。量能不出现急速的放大，就算不上放量滞涨，应该叫作调整。在新高位置缩短调整，能够稳稳地站牢新高的位置，也算是一种强势特征，所以可以继续对该股进行追踪。

在这个位置可以短时调整和滞涨，但是绝对不能持续的时间太长，若持续时间较长，就需要谨慎对待，盘面不配合就要果断卖出。

或者在该位置出现放量，尤其是放巨量滞涨的走势，作为短线投资者，就必须要考虑卖出。

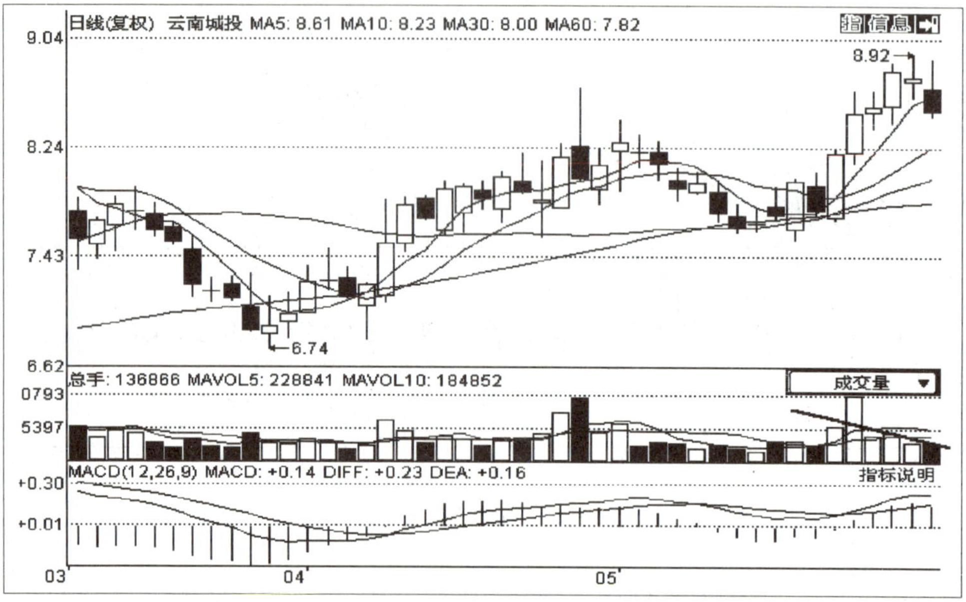

图 4-43

如图 4-43 所示，2012 年 5 月 24 日，股票 600239 云南城投。

学员：

从近几个交易日来看，虽然没有放巨量滞涨，但是似乎也走出了不强的走势，短线操作是否可以进行卖出了？

笔者：

本次买入后，虽然股价持续上涨，但是没有出现我们所预期的快速拉升的走势。股价创出了新高，但是成交量却持续的萎缩，这也是一个不好的信息。

从创出新高后的涨幅和涨速上来看，股价能够始终站稳 5 日均线，本来是可以继续持股的走势，但是成交量的不配合，让我们对持股的决定大打折扣。

放量后的第一次缩量幅度比较大，是需要引起警惕的位置。随后的几个交易日，成交量若能够再次回补上来，则可以对缩量调整定义为良性。而持续地缩量，无论是上涨还是下跌，此时对于短线来说都属于交易不活跃的走势，在历史高点上，没有经过充分地调整消化获利盘，而交易量不能够活跃，卖出手中的筹码是正确的主动离场操作方式。

走出 8.92 元的新高后，次日阴线调整打破了 5 日均线的支撑，本次短线操作彻底结束。最后一个卖点出现后，我们就不能对该股抱有任何幻想了，只能卖出后寻找下一次操作机会。

若依然对该股看好，则可以继续放在自选股票池中进行持续跟踪，当下一个买点出现后再次进行买进的操作。本次短线操作宣告结束。

从我们买入，对上涨抱有高预期，到我们在实盘走势中不断的调整思路，不断地更改操作方案，到最后的卖出，虽然经历了几次操作思路的调整，但是，最终是盈利的。

短线操作，只要买点把握得够准确，就很容易把握住主动权。把握住主动权后，盘中发现问题可以随时离场，也可以通过调整思路来改变策略，但是总的操作系统不能改变。

学员：

通过系列的学习，我觉得看待问题的思维模式有了很大的改变，收获很大。

笔者：

一两本书的学习还不够系统，本系列书还有第三本、第四本……，每本针对几个重点来讲解几个问题，通过系统的学习，我想大家的收获应该更大。

方法对了，思路正确了，然后还能够克制冲动，理性的对待每一次操作，距离短线持续获利的距离就很近了。只要我们能够坚持完善自己的操作系统，能够认真地对待每一次下单，通过坚持不懈地学习和提高，就一定能够成为短线高手。

本系列其他书籍目录介绍

学习是一个系统工程，需要长期地坚持，不断地联系，并且要反复地总结，然后再逐步地提高。想通过在很短的时间，看一本书、学习一两个技巧就能够成为短线高手，实现持续盈利，是不现实的。本书不止一本，而是一个系列，每本都有其重要作用，本书是其中的第二本，读者朋友们要想进行系统的学习，希望大家每本都要重视。现将第一本、第三本、第四本的目录介绍给大家，供广大读者朋友参考。后期该系列书将根据读者的需求和交流后的问题反馈，推出第五本、第六本……。

强化训练短线快枪手(1)——精准打击

强化训练短线快枪手(3)——实盘跟我练

第三部分　解答——盘面解析及操作策略

第四部分　实盘——后期走势追踪及分

强化训练短线快枪手(4)——实盘追踪与解析